Alois Prinz
Der erste Christ

Alois Prinz

Der erste Christ

Die Lebensgeschichte des Apostels Paulus

GULLIVER
von BELTZ & Gelberg

Für Susanne

www.gulliver-welten.de
© 2007, 2010 Beltz & Gelberg
in der Verlagsgruppe Beltz · Weinheim Basel
Alle Rechte vorbehalten
Lektorat: Frank Griesheimer
Neue Rechtschreibung
Einbandtypographie: Diana Lukas-Nülle
Einbandbild: Dorothea Göbel
Karte Seite 232/233: Mirko Rathke
Gesamtherstellung: Beltz Bad Langensalza GmbH, Bad Langensalza
Printed in Germany
ISBN 978-3-407-74216-2
3 4 5   16 15 14

Inhalt

Prolog
Liebesbriefe aus Korinth

Wir schreiben das Jahr 809 ab urbe condita, seit der Gründung der Stadt Rom. An der Westküste Griechenlands ist
eine Gruppe Männer unterwegs. Es ist der jüdische Gelehrte
und Prediger Paulus mit seinen Gefährten. Timotheus gehört dazu, Paulus' langjähriger Mitarbeiter, und zwei Männer aus Mazedonien, Jason und Sosipater. Eine lange Reise
liegt hinter ihnen. Sie sind müde und ihre Kleider sind ver-
staubt. In fünf oder sechs Tagen werden sie in der Hafenstadt Korinth ankommen. Sie hoffen, dass man sie dort
freundlich empfangen wird und sie längere Zeit bleiben
können. Sicher ist das allerdings nicht. Denn Paulus verbreitet eine Lehre, die fast überall auf Widerstand stößt und ihn
schon oft in Lebensgefahr gebracht hat. Er behauptet nämlich, der Messias, den die Juden seit vielen Generationen erwarten, sei schon gekommen und von den Römern getötet
worden. Das ist für viele Juden eine Beleidigung ihres Gottes
Jahwe und eine Verhöhnung ihres Glaubens.

Heute, fast zweitausend Jahre nach dem Tod dieses Messias, ist es selbstverständlich, die Zeit nach dessen Geburt zu
messen. Damals, als Paulus Kleinasien und Griechenland
bereiste, wäre niemand auf die Idee gekommen, die Zeitrechnung mit der Geburt eines Wanderpredigers aus der ent-
legenen römischen Provinz Palästina beginnen zu lassen, der

um das Jahr 783 a. u. c. als Hochverräter verurteilt und auf schändliche Weise am Kreuz hingerichtet worden war. Außer einer kleinen Schar von Leuten kannte niemand diesen Zimmermannssohn aus dem Dorf Nazareth. Diese Anhänger des *neuen Weges*, wie sie sich selber nannten, hielten die Erinnerung an jenen Juden wach und verehrten ihn als »Messias«, als Heiland und Sohn Gottes. Sie waren eine kleine jüdische Sekte, eine unbedeutende Bewegung. Hätten sie nicht selber Schriften verfasst, würde man nichts von ihnen wissen. In den Dokumenten der Zeit werden sie so gut wie nicht erwähnt. In den Geschichtsbüchern geht es um das Römische Reich, um glorreiche Siege, Eroberungen und Niederlagen. Und auch die Zeit berechnete man nach großen, wichtigen Ereignissen. Etwa nach der Gründung der Stadt Rom, den olympischen Spielen oder nach dem Amtsantritt eines Kaisers.

Das Jahr 809 nach der Gründung Roms oder, wie man heute sagen würde, das Jahr 56 nach Christi Geburt ist auch das zweite Regierungsjahr des römischen Kaisers Nero. Sein Vorgänger, Kaiser Claudius, ist vor zwei Jahren gestorben. Nicht nur böse Zungen behaupten, dass er von seiner Frau Agrippina umgebracht worden ist. Sie habe, so munkelt man, in sein Lieblingsessen, ein Pilzgericht, Gift gemischt. Der neue Kaiser Nero ist Agrippinas Sohn aus einer früheren Ehe.

Rom ist immer noch ein riesiges Reich. Es erstreckt sich von Kleinasien über die Länder des Mittelmeers bis Spanien, von Afrika über Gallien bis zum nebligen Britannien. Claudius hatte vierzehn Jahre lang über dieses Reich geherrscht.

Trotz seiner menschlichen Schwächen war er ein guter Kaiser gewesen. Er hatte für Sicherheit und Ruhe gesorgt und gegenüber den fremden Kulturen und Religionen Toleranz geübt. Man ist nun gespannt, wie es unter seinem Nachfolger Nero weitergehen wird. Schließlich ist noch in den entferntesten römischen Provinzen seine Macht zu spüren.

Eine dieser Provinzen heißt Achaia und liegt in Griechenland. Ihre Hauptstadt ist Korinth, wo auch der römische Verwalter residiert. In dieser Hafenstadt wohnt ein Mann namens Gajus. In seinem großen Haus werden Paulus und seine Begleiter als Gäste aufgenommen. Paulus war schon vorher zweimal in Korinth gewesen. Bei seinem ersten Besuch vor sechs Jahren hat er hier viele Freunde gefunden. Er hat ihnen von dem neuen Messias erzählt und viele überzeugen können. Auch Gajus. Ihn hat er sogar persönlich getauft. Der zweite Besuch war nicht mehr so erfreulich verlaufen. Paulus war beschimpft und beleidigt worden und musste dann gedemütigt wieder abreisen. Doch aus der Ferne hat er Kontakt zur korinthischen Gemeinde gehalten. Er hat Briefe geschrieben, eindringliche, lobende, manchmal auch richtig gepfefferte. Er war besorgt gewesen wie ein Vater, vor allem als einige aus der Gemeinde anderen Predigern nachgelaufen waren, die Paulus am liebsten eigenhändig mit dem Stock aus der Stadt vertrieben hätte.

Paulus hat in Mazedonien eine Sammlung durchgeführt und will nun das Geld nach Jerusalem bringen. Das Geld ist für die Armen in der Jerusalemer Gemeinde bestimmt. Insgeheim will Paulus damit auch seine jüdischen Mitbrüder versöhnlich stimmen. In Jerusalem ist man schlecht auf ihn zu sprechen. Es gibt dort viele, die ihm den Tod wünschen, weil er ihrer Meinung nach sein eigenes Volk verraten hat und sich mit ungläubigen Heiden abgibt.

Nun, er wird Jerusalem überstehen, wie er schon viele schwierige Situationen und Gefahren überstanden hat. Paulus ist eigentlich noch nicht alt, Anfang oder Mitte fünfzig vielleicht. Aber man sieht ihm an, dass er schon viel durchgemacht hat: lange, beschwerliche Reisen mit ihren Gefahren, mit Überfällen und Schiffbrüchen, schweren Krankheiten, Hunger und Durst, Kälte und Hitze, auch Zeiten im Gefängnis und immer wieder die körperlichen Strafen, die er aushalten musste. Mehrmals ist er mit dem Stock und der Peitsche geschlagen worden, einmal hat er sogar eine Steinigung überlebt. Sein Körper ist von Narben übersät. Er ist eher klein und gedrungen, seine Beine sind muskulös und krumm wie bei einem Marathonläufer und sein Schädel ist fast kahl. Er ist ausdauernd und zäh, und wenn er in Fahrt kommt, geht eine Energie von ihm aus, die alle mitreißt.[1]

Paulus hat fast die ganze östliche Hälfte des Römischen Reiches durchreist und in vielen Städten Gemeinden gegründet. Aber seine Mission hält er noch lange nicht für erfüllt. Er hat noch große Pläne, will seine Botschaft bis an die Grenzen der bekannten Welt tragen. Gleich nach dem Aufenthalt in Jerusalem will er aufbrechen, nach Rom und dann weiter nach Spanien, wohin noch kein Missionar gelangt ist.

In Rom, das weiß Paulus, gibt es bereits eine Gemeinde, und er will ihr einen Brief schreiben, um seinen Besuch vorzubereiten. Paulus hat schon viele Briefe geschrieben. Dieses Mal schreibt er nicht selbst. Er diktiert seinem Helfer Tertius, einem erfahrenen Schreiber.

Als Schreibzeug verwendet Tertius einen Schilfrohrstängel. Tinte gewinnt er, indem er Ruß oder Holzkohle mit Pflanzenharz zu einem harten »Kuchen« vermischt. Diesen Tintenkuchen kann er immer bei sich tragen und braucht ihn dann zum Schreiben nur mit ein wenig Wasser anzufeuchten.[2]

Tertius schreibt wahrscheinlich auf Papyrus, dem Papier des Altertums. Eine andere Möglichkeit wäre Pergament, aber das ist teurer und aufwändiger herzustellen, weil es aus Tierhaut gemacht wird, während Papyrus aus dem Mark der Papyruspflanze gewonnen wird. Die fertigen Blätter sind ziemlich glatt und entsprechen in ihrer Größe etwa unserem heutigen DIN-A-4-Format.

Tertius schreibt wahrscheinlich nicht gleich auf diese Blätter, weil das Eintauchen in das Tintenfass und das Korrigieren von Fehlern zu lange dauern würde. Schneller und einfacher geht es mit kleinen Täfelchen, die mit Wachs überzogen sind. Wenn Tertius alles, was Paulus ihm diktiert hat, auf diese Wachstafeln eingeritzt hat, überträgt er es korrigiert und in Schönschrift auf das Papyrus. Die einzelnen Blätter werden dann aneinandergeklebt und aufgerollt. Bis zu zwanzig Blätter werden auf diese Weise verbunden und ergeben dann eine Briefrolle von über drei Metern Länge.

Den Brief, den Paulus seinem Schreiber diktiert, muss ein Bote nach Rom bringen. Diese Aufgabe übernimmt eine Frau aus Korinth namens Phöbe. Ein Postsystem wie heute gibt es noch nicht, höchstens einen Kurierdienst für amtliche Schreiben. In der römischen Gemeinde wird der Brief des Paulus nicht etwa nur ein Mal gelesen und dann weggelegt. Er wird immer wieder vorgelesen und manche lernen ihn auswendig. Es werden Kopien gemacht oder sogar Teile herausgerissen und wieder neu verklebt. In Zeiten der Verfolgung wird der Brief versteckt und später wieder hervorgeholt. So ist er in dauerndem, lebhaftem Gebrauch.

Etwa hundert Jahre nach der Niederschrift des Römerbriefes kam ein Theologe namens Marcion auf die Idee, die Briefe des Paulus zu sammeln. Diese Sammlung ist nicht erhalten, aber man weiß, dass sie zehn Briefe enthielt. Wieder fünfzig Jahre später, also um das Jahr 200 n. Chr., sind erneut Paulus-Briefe gesammelt worden, diesmal nicht als Schriftrolle, sondern in der Form eines Buches. Dieser Kodex ist gefunden worden und Wissenschaftler gaben ihm den Namen P 46. Das P steht für die insgesamt 104 Papyrusblätter des Buches. Die Sammlung beginnt mit dem Römerbrief und enthält noch sieben weitere Briefe. Im Lauf der Zeit sind immer wieder Papyrusschriften mit Paulus-Briefen entdeckt worden, die letzten Anfang des 20. Jahrhunderts.

Lange Zeit ging man davon aus, dass Paulus dreizehn Briefe geschrieben hat. Erst zur Zeit der Aufklärung entwickelte die Theologie kritische Methoden, um die Echtheit der Briefe zu prüfen. Dabei fand man heraus, dass nicht alle Briefe, die Paulus zugeschrieben wurden, auch von ihm sein können. Offenbar gab es Nachfolger, die unter seinem

Namen Schreiben verfasst haben, um ihnen größere Beachtung zu sichern. Heute gilt von den vierzehn unter dem Namen des Paulus in den Kanon aufgenommenen Briefe nur die Hälfte als echt.* Echte wie unechte Briefe stehen in der Sammlung des Neuen Testaments und sind dort die ältesten Texte, älter noch als die vier Evangelien. Wie gesagt, sie stützen sich auf Abschriften, von den Originalen ist nicht ein Streifen Papyrus erhalten.

Alles, was wir über Paulus wissen, wissen wir aus seinen Briefen und aus einer weiteren Quelle, der sogenannten Apostelgeschichte, die auch zum Neuen Testament gehört. Diese Apostelgeschichte ist sozusagen die erste Biografie über Paulus. Ihr Verfasser ist ein gewisser Lukas, der wahrscheinlich auch das gleichnamige Evangelium verfasst hat, über den man ansonsten aber nicht allzu viel weiß. Einige Forscher halten ihn für einen Arzt und Reisebegleiter des Paulus. Andere glauben, dass er Paulus nicht mehr persönlich gekannt hat. Man kann sich Lukas vorstellen als einen Historiker, der alles, was er an Material bekommen konnte, zusammengetragen hat, um dann die Geschichte über Jesus von Nazareth, über den Apostel Paulus, über die ersten Christen niederzuschreiben. Dabei war es ihm nicht so wichtig, zwischen wahren Begebenheiten, Legenden und

---

* Als echt gelten der Römerbrief, die beiden Briefe an die Korinther, die Briefe an die Galater und an die Philipper, der erste Brief an die Thessalonicher und der Brief an Philemon. Als unecht gelten die Briefe an die Epheser und an die Kolosser, der zweite Brief an die Thessalonicher, die beiden Briefe an Timotheus, der Brief an Titus und der Hebräerbrief.

eigenen Erfindungen zu unterscheiden. Sein Bericht sollte spannend sein und die Leser von der Macht Gottes überzeugen. Diese Mischung aus Dichtung und Wahrheit macht es allerdings für heutige Historiker schwer, das äußere Leben des Paulus zu rekonstruieren.

Der amerikanische Theologe Ed Parish Sanders hat darauf hingewiesen, dass man bei Paulus immer zwei Schichten unterscheiden muss, eine innere und eine äußere.[3] Dementsprechend gibt es neben den Daten seines Lebenslaufs auch so etwas wie eine innere Biografie. Zu ihr gehören nicht nur historische Fakten, sondern auch Legenden, Bilder, mündliche Überlieferungen. Es ist die Geschichte einer dramatischen Lebenswende, welche die Welt veränderte. Die Geschichte von Saulus, der zum Paulus wurde. Die Geschichte eines jungen Juden, der ein besserer Mensch sein wollte als andere und der unter diesem Druck zerbrach. Es ist die Geschichte eines Fanatikers, der überzeugt war, auf der Seite der Wahrheit zu stehen, und der seine Feinde brutal bekämpfte. Die Geschichte eines Verzweifelten, der eines Tages herausgerissen wurde aus seinem Leben und von da an ein anderer Mensch war. Schließlich ist es auch die Geschichte eines Mannes, der unglaubliche Strecken zurücklegte und unvorstellbare Strapazen auf sich nahm, um die Botschaft von der befreienden Liebe Gottes in die Welt hinauszutragen.

Diesen Paulus hat man den »Gründer des Christentums« oder sogar den »ersten Christen« genannt.[4] Und das war nicht immer anerkennend gemeint. Für Kritiker wie den Philosophen Friedrich Nietzsche hat Paulus die ursprüngliche

Botschaft des Jesus von Nazareth verfälscht. Nietzsche betrachtete es deshalb als großes Unglück, dass das Christentum mit Paulus begann.

Wie auch immer – fest steht, dass mit Saulus/Paulus das Christentum ein eigenes Bewusstsein und eine eigene Sprache gefunden hat. Er war der Erste, der die christliche Botschaft über die jüdische Welt hinausgetragen hat. Er war es, der ein neues Gottesbild entwarf und eine Sprache entwickelte, um das Evangelium, die »frohe Botschaft«, wie es übersetzt heißt, allen Menschen nahezubringen. Er steht am Anfang einer Geschichte, die von einem kleinen verfolgten Haufen zu einer Weltreligion führt. Für den Theologen Adolf von Harnack war Paulus der Begründer der abendländisch-christlichen Kultur. »Das Werk eines Alexanders des Großen ist zerfallen«, so schreibt Harnack, »das Werk des Paulus ist geblieben.«[5]

Heute, nach über zweitausend Jahren Christentum, ist von dem Elan, mit dem die christliche Botschaft die Welt erobert hat, nicht mehr viel zu spüren, jedenfalls nicht in Europa. Für immer mehr Menschen spielt Religion in ihrem Leben keine Rolle mehr oder sie empfinden sie in einer aufgeklärten Welt einfach nur als »peinlich«[6]. Kirche erscheint als Machtapparat, der an längst überholten Ansichten festhält; Glaube als eine Ideologie weltfremder Idealisten oder als gefährliche Verblendung religiöser Fanatiker.

Andererseits wird das Bedürfnis nach spirituellen Erfahrungen, die über Arbeit und Konsum hinausgehen, immer größer. Esoterische Bewegungen haben Zulauf. Zugleich haben internationale Konflikte wieder häufiger religiöse Hintergründe. Es gibt auch in modernen Zeiten Glaubenskriege. Und Politiker rufen dazu auf, sich der christlichen Wurzeln unserer westlichen Kultur wieder bewusst zu werden. Aber was sind diese Wurzeln? Kann man zurückgehen zu den Ursprüngen unserer christlich geprägten Kultur und die geistigen Quellen wiederentdecken, aus denen eine Weltreligion entstanden ist?

Solche Fragen waren es, die auch mich dazu bewegt haben, mich mit Paulus zu beschäftigen. Die Auseinandersetzung mit Paulus war gleichzeitig der Versuch, mir über die eigene religiöse Haltung klarzuwerden. Kann das Christentum auch heute noch Bedeutung haben für jemanden, der die Glaubensgewissheit kirchlicher Lehren ebenso wenig nachvollziehen kann wie die Blindheit rein wissenschaftlicher, atheistischer Weltanschauungen? Welche Kraft war es, die das junge Christentum auf den Weg gebracht hat? Und kann man vielleicht bei Paulus lernen, ob und wie es möglich ist, auch heute noch ein religiöser Mensch zu sein?

Vor Paulus steht natürlich Jesus. Doch Jesus hat nichts Schriftliches hinterlassen. Und Schrift ist die Voraussetzung dafür, dass eine Botschaft überdauert und weiterwirken kann. Allerdings enthalten die Briefe des Paulus alles andere als eine fertige Lehre. Sie sind entstanden aus bestimmten Anlässen und verfasst in höchster persönlicher Betroffenheit. Daran liegt es wohl, dass sie auch heute noch, nach fast zweitausend Jahren, den Eindruck einer »unmittelbaren Nähe« entstehen lassen und wir Leser gleichsam, wie der Theologe Günther Bornkamm meint, den »Atem« des Verfassers spüren.[7] Das ist aber nur möglich, weil Paulus' Briefe immer zugleich auch Bekenntnis sind und in jedem seiner Sätze sozusagen seine Persönlichkeit eingeschmolzen ist. Umgekehrt heißt das aber auch, dass ein Leser das Entscheidende versäumt, wenn er diese Briefe nur als theoretische Abhandlungen nimmt und vergisst, sich selber angesprochen zu fühlen.

Eigentlich sind die Briefe des Paulus Liebesbriefe. Wie ein Liebender wirbt er um seine Leser. Er ist verzweifelt wie ein Liebender, wenn er auf taube Ohren stößt. Er freut sich wie ein Liebender, wenn er verstanden wird. Er ist wütend und enttäuscht, wenn er zurückgewiesen wird. Er selbst betont, dass alles, was er an andere schreibt, ihm vorher schon »ins Herz geschrieben« worden ist. Seine Briefe sollen wirken, als wären sie nicht »mit Tinte«, sondern mit lebendigem Geist geschrieben. Und er wünscht sich Leser, bei denen die Briefe aus Papyrus, Pergament, Stein oder Papier sich verwandeln zu »Herzenstafeln aus Fleisch«.[8]

Gleichzeitig betont Paulus immer wieder, dass die Liebe, von der er erfüllt ist und die er weitergeben möchte, eine empfangene ist. Es ist das Geschenk eines Gottes, der nicht dies und jenes tut und unter anderem auch liebt, sondern der die Liebe verkörpert. Gott ist Liebe. Das ist ein unerhörter Gedanke, der sich weniger begreifen lässt, sondern in den man sich hineinleben muss. Vielleicht musste Paulus deshalb zu poetischen Worten greifen, um einen Gott zu beschreiben, der Liebe ist:

Wenn ich in den Sprachen der Menschen und Engel
    redete,
hätte aber der Liebe nicht,
wäre ich dröhnendes Erz oder eine lärmende Pauke.
Und wenn ich prophetisch reden könnte
und alle Geheimnisse wüsste
und alle Erkenntnis hätte;
wenn ich alle Glaubenskraft besäße
und Berge damit versetzen könnte,
hätte aber die Liebe nicht,
wäre ich nichts.
Und wenn ich meine ganze Habe verschenkte
und wenn ich meinen Leib dem Feuer übergäbe,
hätte aber die Liebe nicht, nützte es mir nichts.
Die Liebe ist langmütig,
die Liebe ist gütig.
Sie ereifert sich nicht,
sie prahlt nicht,
sie bläht sich nicht auf.
Sie handelt nicht ungehörig,
sucht nicht ihren Vorteil,
lässt sich nicht zum Zorn reizen,
trägt das Böse nicht nach.
Sie freut sich nicht über das Unrecht,
sondern freut sich an der Wahrheit.
Sie erträgt alles,
glaubt alles,
hofft alles,
hält allem stand.

Die Liebe hört niemals auf.
Prophetisches Reden hat ein Ende,
Zungenreden verstummt,
Erkenntnis vergeht.
Denn Stückwerk ist unser Erkennen,
Stückwerk unser prophetisches Reden;
wenn aber das Vollendete kommt,
vergeht alles Stückwerk.
Als ich ein Kind war,
redete ich wie ein Kind,
dachte wie ein Kind
und urteilte wie ein Kind.
Als ich ein Mann wurde,
legte ich ab, was Kind an mir war.
Jetzt schauen wir in einen Spiegel
und sehen nur rätselhafte Umrisse,
dann aber schauen wir von Angesicht zu Angesicht.
Jetzt erkenne ich unvollkommen,
dann aber werde ich durch und durch erkennen,
so wie ich auch durch und durch erkannt worden bin.
Für jetzt bleiben Glaube, Hoffnung, Liebe, diese drei;
doch am größten unter ihnen ist die Liebe.[9]

Kapitel I
Das große Licht

Vor etwa zweitausend Jahren wurde der Legende nach[1] in Betlehem, einem kleinen Ort südlich von Jerusalem, in einem Viehstall ein Kind geboren. Es war ein Junge, und man nannte ihn Joschua, ins Lateinische übersetzt Jesus, was so viel heißt wie »Jahwe hilft«. Sein Vater war ein Zimmermann aus Nazareth in Galiläa und hieß Josef. Seine Mutter hieß Maria. Sie musste ihren Sohn so weit entfernt von der Heimat zur Welt bringen, weil Kaiser Augustus den Befehl zu einer Volkszählung erlassen hatte. Alle jene Familien, deren Heimatort in den vom Landpfleger Publius Sulpicius Quirinius regierten Provinzen lag, sollten sich dort in Steuerlisten eintragen lassen. Josef stammte aus Betlehem und so hatte er mit seiner schwangeren Frau zu dieser beschwerlichen Reise aufbrechen müssen. In Betlehem waren alle Herbergen schon besetzt, deshalb mussten sie mit jenem Viehstall vorliebnehmen.

Fünfhundert Jahre später machte der Mönch Dionysius Exiguus den Vorschlag, diese Geburt zum Fixpunkt einer neuen Zeitordnung zu machen. Er setzte das Jahr 754 a. u. c. als Geburtsjahr fest und bezeichnete es als das Jahr 1. So entstand unsere abendländische Zeitrechnung, die unterscheidet zwischen einer Geschichte vor und einer Geschichte nach der Geburt dieses Kindes. Dionysius hat sich zwar um einige Jahre verrechnet, trotzdem gilt seither diese Geburt als die Stunde null, als Anfang einer neuen Zeit.

Jesus wuchs zusammen mit seinen Geschwistern in Nazareth auf. Er war schon Ende zwanzig, als er damit begann, umherzuziehen und zu predigen. Viele hielten ihn für den Sohn Gottes und schlossen sich ihm an. Andere aber machte er sich zum Feind. Für die römische Besatzungsmacht waren Leute wie er nur lästige Unruhestifter. Und für seine eigenen jüdischen Glaubensbrüder war er ein Gotteslästerer. Sie erwarteten zwar einen Messias, aber so hatten sie sich ihn nicht vorgestellt. Der Messias, so glaubten sie, würde auftreten wie der mächtigste König und sein auserwähltes Volk befreien. Was war im Vergleich zu dieser Verheißung ein Zimmermannssohn aus Nazareth, der Feindesliebe predigte, mit zwielichtigen Leuten verkehrte und gegen gottgegebene Gesetze verstieß?

Besonders für bestimmte Kreise der jüdischen Schriftgelehrten war dieser Jesus aus Nazareth ein dauerndes Ärgernis und sie wollten ihn loswerden. Das gelang ihnen auch. Sie warteten eine günstige Gelegenheit ab, nahmen ihn fest und brachten ihn vor den Hohepriester Kaiphas. Der sprach ihn schuldig, aber zum Tode verurteilen konnte er ihn nicht, dazu waren nur die römischen Besatzer berechtigt.

So wurde Jesus zum Statthalter von Judäa, dem Prokurator Pontius Pilatus, gebracht. Der konnte zwar nicht einsehen, was dieser Mann verbrochen haben sollte, aber er hatte genug Probleme mit den Juden und wollte keinen neuen Ärger. Also gab er dem Druck nach und befahl, diesen selbsternannten König wie einen Schwerverbrecher oder Sklaven hinzurichten. Vor der Stadt, auf dem »Hügel der Schädel«, wurde er ans Kreuz genagelt. Über seinem Kopf ließ Pilatus eine Tafel anbringen, auf der wie zum Spott stand, dass dies der »König der Juden« sei.

Die römischen Behörden und die jüdischen Führer hatten fest damit gerechnet, dass mit der Hinrichtung der Fall erledigt wäre. Die Bewegung um diesen Jesus würde sich auflösen, und die Lehren, die er verbreitet hatte, würden sich für jeden als Lüge erweisen. Anfangs schien jene Rechnung auch aufzugehen. Die Anhänger dieses Jesus zogen sich zurück und schlossen sich aus Angst vor den Behörden in ihre Häuser ein.

Doch eines Tages traten sie wieder öffentlich auf und behaupteten, Jesus, den Pilatus hatte hinrichten lassen, sei nicht tot. Sein Grab habe man leer aufgefunden. Er sei von den Toten auferstanden. Es gebe viele, denen er dann leibhaftig erschienen sei und die das bezeugen könnten. Bei einem ihrer geheimen Treffen soll der Geist dieses Jesus in fünfhundert Leute gefahren sein, die daraufhin in fremden Sprachen reden konnten.

Für einen Juden, der fest in seiner religiösen Tradition lebte, müssen solche Reden der schlimmste Frevel gewesen sein. Der verheißene Messias ein verurteilter und hingerichteter Verbrecher? Das war völlig absurd und eine Verhöhnung ihres Glaubens. Stand nicht schon in der Thora, in den Gesetzen und Weisungen, die Jahwe der Überlieferung nach durch Moses dem Volk Israel gegeben hatte, dass jeder Gekreuzigte von Gott verflucht ist?[2]

Unter den Juden gab es eine Gruppe, die mit besonderem

Eifer versuchte, ein Leben nach den Geboten der Schrift zu führen. Diese sogenannten Pharisäer sahen es als ihre heilige Pflicht, den Glauben der Väter zu bewahren. Und was die Anhänger des toten Nazareners überall herumerzählten, war schlimmster Irrglaube, den man bekämpfen musste. Es hatte nichts gebracht, dass man die Anführer des Nazareners, einen gewissen Petrus und einen gewissen Johannes, vor den Hohen Rat befohlen und ihnen verboten hatte, weiterhin ihre Lügen unter die Leute zu bringen. Sie predigten weiter. Und das Schlimme war, dass immer mehr Leute ihnen zuhörten. Es durfte nicht sein, dass diese Sekte sich ausbreitete. Das musste man verhindern, mit allen Mitteln.

Zu den Pharisäern gehörte auch ein junger Mann namens Saulus. Er hatte sich schon im Studium der heiligen Schriften hervorgetan, war immer besonders ehrgeizig gewesen und wollte alle anderen übertreffen an Gesetzestreue und Glaubenseifer. Und auch jetzt, da es darum ging, gegen diese Jesus-Bewegung vorzugehen, war er kaum zu bremsen. Er lehnte jene abtrünnigen Glaubensbrüder nicht nur ab, er hasste sie, aus ganzem Herzen. Sein Leben lang hatte er sich bemüht, die Gesetze, die Jahwe seinem Volk gegeben hat, zu studieren und danach zu handeln. Und jetzt kamen diese Jesus-Leute, einfache, ungebildete Fischer und Bauern, und behaupteten, der Erlöser sei schon gekommen und als Verbrecher ans Kreuz geschlagen worden. Was für ein Unsinn! Was für eine Beleidigung Jahwes!

Noch dazu erlaubten sie sich, an den Gesetzen zu zweifeln, an den heiligen Gesetzen, die Jahwe seinem auserwählten Volk gegeben hat, damit sie den Weg des Heils gehen können. Ihr Meister, jener Jesus, hatte gegen die Gesetze verstoßen, er hatte die Ruhepflicht am Sabbat nicht eingehalten, und er hatte sich eingelassen mit unreinen Leuten, mit Heiden, mit Gottlosen, die in Sünde und Schande lebten.

Saulus war es ganz recht, als endlich einmal ein Exempel an diesen Jesus-Leuten statuiert wurde. Einer von ihnen, Stefanus hieß er, nahm den Mund immer besonders voll. Er hatte im Tempelbezirk wieder seine ketzerischen Reden gehalten. So lange, bis die frommen Juden, die um ihn standen, es nicht mehr ertragen konnten. Sie hatten ihn gepackt, vor die Stadt geschleift und dort hatte dann die Jagd auf ihn begonnen. Zuletzt lag er da, von Steinen erschlagen, mit zerbrochenen Knochen.

Saulus soll bei dieser Steinigung dabei gewesen sein. Er selbst hat keinen Stein geworfen. Er saß etwas abseits und passte auf die Kleider der anderen auf, solange die hinter Stefanus herrannten, ihn mit Steinen bewarfen oder auf ihn mit Steinen einschlugen, bis er am Boden lag und sich nicht mehr rührte. *Saulus aber war mit dem Mord einverstanden*, behauptet Lukas.[3] Ob das stimmt oder nicht, lässt sich nicht sagen. Aber man kann sich das gut vorstellen. Paulus selbst hat später zugegeben, dass er die Jesus-Leute *maßlos*[4] verfolgt hat und sie vernichten wollte. Außerdem wäre es für ihn als Thora-gläubigen Juden geradezu eine heilige Pflicht gewesen, bei der Bestrafung des Stefanus mitzumachen. Hatte doch Gott dem Moses gesagt, wie man mit Leuten umgehen soll, die den Namen des Herrn lästern. Sie sollen vor das Lager geführt und dort von der ganzen Gemeinde gesteinigt werden. So steht es im Buch Leviticus.[5]

Eine eigenmächtige Hinrichtung wie die des Stefanus war eigentlich von den Römern verboten. Entweder sie hatten nichts mitbekommen, was unwahrscheinlich ist, oder weggeschaut. Offenbar wollten sie auch nicht sehen, dass fanatisch rechtgläubige Juden richtige Rollkommandos aufstellten. Die Gruppe um die einstigen Gefährten des Nazareners in Jerusalem ließen sie in Ruhe. Sie hatten es abgesehen auf jene Jesus-Leute, die das Gesetz und vor allem den Tempelkult in Frage stellten.

Saulus war anscheinend einer der Anführer bei diesen Strafaktionen. Und er schreckte nicht vor Gewalt zurück, um seine Opfer ein für alle Mal mundtot zu machen. Sie wurden verprügelt und manchmal auch ausgepeitscht. Viele von Stefanus' Anhängern waren nach dessen Tod in das Umland geflüchtet. Aber auch da waren sie vor Verfolgung nicht sicher. Man wusste von einer Gruppe in Damaskus. Und Saulus übernahm die Aufgabe, mit ein paar Begleitern dorthin zu reiten und ihnen eine Lektion zu erteilen.

Wenn Saulus wirklich mit seinen Kumpanen von Jerusalem aus nach Damaskus aufgebrochen ist, dann stand ihm eine lange, beschwerliche Reise bevor. Damaskus war fast 300 Kilometer von Jerusalem entfernt und ein Teil der Provinz Syrien. Mit dem Pferd brauchte man dafür mehrere Tage. Mit Eseln noch länger. An Samaria vorbei ritt die Gruppe wahrscheinlich hinunter ins Jordantal. Dann mussten sie vom See Genezareth, der über 200 Meter unter dem Meeresspiegel liegt, hinauf nach Damaskus, ein Anstieg von mehr als 700 Höhenmetern. Der letzte Teil des Weges ging über kahle, steile Gebirgspfade. Und endlich kam Damaskus in Sicht, die leuchtende Stadt, die man verglich mit einem in Smaragd gefassten Diamanten. Es war mitten am Tag. Die Sonne stand hoch am Himmel. Und plötzlich geschah es.

Die Begleiter des Saulus haben ihre Eindrücke leider nicht aufgeschrieben. Wahrscheinlich aber haben sie anderen davon erzählt, was sie erlebt haben. Daraus sind Gerüchte und Geschichten entstanden, auf die sich dann auch Lukas, der Verfasser der Apostelgeschichte, gestützt hat. Er berichtet über das Ereignis in drei Versionen.[6]

Es war da plötzlich am helllichten Tag ein gleißendes Licht. Saulus wurde von dessen Glanz geblendet und stürzte vom Pferd. Dann hörte er eine Stimme, die zu ihm sprach: *Saul, Saul, warum verfolgst du mich?* Er fragte: *Wer bist du, Herr?* Die Stimme antwortete: *Ich bin Jesus, den du verfolgst,* und sie befahl ihm, nach Damaskus zu gehen und dort darauf zu warten, was weiter geschieht. Saulus aber war wie blind und musste von den anderen geführt werden.

Diese Szene ist eine der eindrücklichsten und bekanntesten in der ganzen Bibel. Und bis heute hat man versucht zu erklären, was in ihr eigentlich geschieht. Dabei gehen die Meinungen auseinander, ob das, was Saulus erlebt hat, ein natürliches oder ein übernatürliches Ereignis war. Es gibt Historiker, die überzeugt sind, dass hinter dem Vorfall ein Sommergewitter steckt, wie es in diesen Breitengraden bis heute vorkommt.[7] Andere glauben, dass Saulus einen epileptischen Anfall hatte und Stimmen in seinem Kopf gehört hat.

Auch bildende Künstler haben sich von der Damaskus-

Geschichte inspirieren lassen und auf ihre Art versucht, sie darzustellen. Das vielleicht berühmteste Bild stammt von dem italienischen Maler Caravaggio. Es zeigt ein verstörtes Pferd, das von einem dahinterstehenden Mann, einem Gefährten des Saulus, am Zaumzeug festgehalten und beruhigt wird. Saulus selbst liegt vor dem Pferd am Boden, wie ein auf den Rücken gedrehter Käfer. Er ist gekleidet wie ein griechischer Soldat. Das Schwert liegt neben ihm. Der Helm ist ihm vom Kopf gerutscht. Seine Augen sind geschlossen und sein Gesicht sieht aus wie das eines Schlafenden. Aber er schläft nicht. Er hat seine nackten Arme nach oben gestreckt, und man weiß nicht genau, ob er etwas abwehrt oder empfängt oder ob er Hilfe erfleht. Der Hintergrund des Bildes liegt im Dunkeln. Saulus und das Pferd sind erleuchtet von einem Licht, das offenbar von oben kommt.

Caravaggios Bild ist ein Versuch, etwas zu zeigen, was man eigentlich nicht zeigen kann. Ein inneres Erlebnis, in dem etwas Göttliches erfahren wird. Eigentlich könnte nur Paulus selber sagen, was ihm vor Damaskus geschehen ist. Aber gerade er ist merkwürdig zurückhaltend, wenn es um dieses Erlebnis geht. In seinen Briefen kommt er nur an wenigen Stellen und dann auch nur mit kargen Bemerkungen darauf zu sprechen. Nur so viel ist ihm wichtig: Er hat eine Offenbarung erlebt, jener Jesus, dessen Anhänger er verfolgt hat, ist ihm erschienen. Aber was bedeutet das? Wie lässt sich diese Erfahrung beschreiben und mitteilbar machen?

Was auch immer Saulus widerfahren ist und welche Geschichten und Bilder erfunden wurden, um das auszudrücken – so viel kann man sagen: Er ist von etwas erfüllt worden, das unvergleichlich größer war als er. Dadurch wurde er jedoch nicht erdrückt und vernichtet, im Gegenteil: Diese Überwältigung erlebte er als eine Befreiung. Das war für Saulus eine völlig paradoxe Erfahrung. Hatte er doch bisher sein ganzes Selbstbewusstsein daraus bezogen, dass er seinen Willen durchsetzte, gegen andere und gegen sich selbst. Und nun war er auf eine ungleich tiefere Weise zu sich selbst gekommen durch Hingabe, ja Aufgabe. Sein Zusammenbruch war zugleich ein Aufbruch. Seine Niederlage verwandelte sich in einen Sieg. Von dieser Erfahrung einer Kapitulation, aus der ein völliger Neuanfang entsteht, haben auch andere Menschen berichtet, die man gern ein wenig abschätzig als »Mystiker« bezeichnet. Edith Stein zum Beispiel, die Philosophin und Ordensschwester, berichtet einmal von einem Zustand der totalen Ruhe und Entspannung. Bezeichnenderweise machte sie diese Erfahrung erst, als sie mit ehrgeizigen Plänen gescheitert war und sich mit ihren Kräften total übernommen hatte. Das Gefühl, ausgebrannt zu sein und versagt zu haben, weicht in diesem Zustand einer neuen Stärke. An die Stelle von Resignation tritt nun, so schildert es Edith Stein, »das Gefühl des Geborgenseins, des aller Sorge und Verantwortung und Verpflichtung zum Handeln Enthobenseins. Und indem ich mich diesem Gefühl hingebe, beginnt nach und nach neues Leben mich zu erfüllen und mich – ohne alle willentliche Anspannung – zu neuer Betätigung zu treiben. Dieser belebende Zustrom erscheint als Ausfluss einer Tätigkeit und einer Kraft, die nicht die meine ist und, ohne an die meine irgendwelche Anforderungen zu stellen, in mir wirksam wird.«[8]

Die Verwandlung des Saulus geschah – anders als bei Edith Stein – nicht allmählich, sondern auf einen Schlag, mit der Gewalt eines Erdbebens. Sein Leben war von einem Moment auf den anderen von Grund auf verändert. Nichts war mehr wie vorher. Das Frühere war null und nichtig. Aus dem gnadenlosen Verfolger der Anhänger des Jesus von Nazareth war ein begeisterter Apostel, ein Verkünder seiner Botschaft geworden.

Radikaler kann eine Lebenswende nicht sein als die von Paulus. Und er greift in seinen Briefen auch zu drastischen Worten, um diesen Schnitt zu verdeutlichen. Alles, was ihm vorher wichtig und heilig war, erschien ihm nun als *Verlust* und *Dreck*.[9]

Aber kein Mensch kann sein früheres Leben ungeschehen machen, auch wenn es ihm noch so fremd erscheint, auch Paulus nicht. Er sah nun das Frühere mit anderen Augen, aber auslöschen konnte er es nicht. Er hat es auch nicht gewaltsam versucht. Sein altes Ich lebte in seinem neuen Leben fort, und das führte dazu, dass Paulus alles andere war als ein harmonischer Charakter. Starke Spannungen kennzeichnen seine Persönlichkeit. Bei ihm begegnet man den extremsten Gefühlslagen, von tiefster Verzweiflung bis zu jubelnder Gewissheit, von offenem Hass bis zu zartfühlender Liebe.

Dieses weitgespannte Innenleben hat Paulus auch dazu fähig gemacht, die Widersprüche des menschlichen Lebens wahrzunehmen. Wenn der Satz, dass jemandem »nichts Menschliches fremd« sei, auf einen zutrifft, dann auf Paulus. Nur muss man sofort hinzufügen, dass er auch das Göttliche kannte. Beides gehörte für ihn zusammen. Er hat die göttliche Wirklichkeit in seinem Leben so nahe und intensiv erfahren, dass er sogar von einem *Gott in mir* sprechen konnte. So war für ihn der Mensch einerseits heilig, ein Abbild Gottes, erfüllt von der Sehnsucht nach Erlösung, und andererseits eine von Trieben geleitete Kreatur, in der ein Wille zum Bösen wohnt.

Beide Seiten hat er auch an sich wahrgenommen. Wenn ein Heiliger einer ist, der fest in seinem Glauben verankert ist und den kein Zweifel mehr verunsichern kann, dann war Paulus kein Heiliger. Er war vielmehr eine »lebendige Grenze«,[10] von der aus der Absturz in menschliche Tiefen ebenso möglich ist wie der Aufstieg in göttliche Höhen. Für Papst Gregor den Großen war Paulus ein Mensch, der sich hinaufreißen ließ zu den größten Geheimnissen und gerade so auch wieder absteigen konnte, um »allen alles zu werden«, das heißt, die Nöte der anderen zu verstehen und sie als eigene zu begreifen.[11]

Und das alles bewirkte das große Licht, das ihn vor Damaskus zu Boden geworfen und ihn geblendet hat, ein Licht, das auch die heilige Teresa von Ávila kannte, das, wie sie überzeugt war, kein Mensch sich vorstellen kann und das man plötzlich sieht, ob man die Augen davor verschließt oder nicht: »Denn man sieht es auch, wenn man es nicht sehen will. Da hilft weder ein Sichabwenden noch der Versuch zu widerstehen, auch könnten weder Fleiß noch Bemühen es hervorbringen. Das habe ich deutlich erfahren.«[12]

Kapitel II
Götter über Tarsus

Damaskus war eine der schönsten Städte in der antiken Welt. Damaskus ist heute die Hauptstadt der Republik Syrien, gelegen in der krisengeschüttelten Region des Nahen Osten.

Damaskus, das ist aber auch ein nicht realer Ort, ein symbolischer Name für ein seelisches Erlebnis, für die Erfahrung einer Lebenswende. »Das war sein Damaskus«, so sagt man heute noch, wenn ein Mensch an einem Punkt in seinem Leben plötzlich seine Ansichten und Einstellungen geändert hat und ein ganz anderer geworden ist. Aus dem Kriegstreiber wurde ein Friedensaktivist, aus dem überzeugten Junggesellen ein glücklicher Familienvater, aus dem hartherzigen Egoisten ein Menschenfreund und großzügiger Wohltäter.

Solche Wandlungen können ganz konkrete Auslöser haben, etwa die Begegnung mit einem Menschen oder ein bestimmtes Ereignis. »Damaskus« meint aber eben auch eine Veränderung, bei der etwas Unerklärliches im Spiel ist. Eine Veränderung, die von außen ausgelöst wurde. In religiösen Lebensläufen spricht man dann von einer blitzartigen Erleuchtung oder einem göttlichen Fingerzeig. Die berühmtesten Beispiele dafür sind der Heilige Augustinus und Martin Luther. In beiden Fällen war Paulus, richtiger gesagt seine Briefe, der Auslöser.

Augustinus war ein Mann, der die Frauen und das Vergnügen liebte, ehe er im Jahre 386 n. Chr. sein Damaskus erlebte.[1] Er war damals ein Lehrer der Rhetorik in Mailand, als ihm ein Besucher von zwei jungen Männern berichtete, die von einem Moment auf den anderen ihr Leben geändert hatten. Diese Geschichte stürzte Augustinus in die größte Verwirrung. Er flüchtete in den Garten seiner Herberge, um allein zu sein. Verzweifelt fragte er sich immer wieder, warum er nicht zu einem solchen Schritt fähig sei. Den Willen dazu hatte er zwar, aber der war anscheinend zu schwach, etwas anderes war stärker. Augustinus warf sich unter einem Feigenbaum zu Boden und tobte und weinte, als er aus dem Nachbargarten die Stimmen zweier Kinder hörte, die sagten: »Nimm und lies! Nimm und lies!« Das einzige Buch in seiner Nähe war ein Band mit Briefen des Apostels Paulus. Er schlug ihn auf und las eine Stelle aus dem Römerbrief. Augenblicklich waren seine Zweifel verschwunden und er fühlte sich wie zu einem neuen Leben geboren.

Über tausend Jahre später ereignete sich etwas Ähnliches in einem kalten Turmzimmer des Augustinerklosters in Wittenberg. Dort saß der junge Martin Luther, bis dahin ein braver und papsttreuer Mönch, über seinen Büchern und zerbrach sich den Kopf darüber, was Paulus wohl gemeint haben könnte mit den Worten: *Der aus dem Glauben Gerechte wird leben.*[2] Nach schlaflosen Nächten und inneren Kämpfen ging ihm endlich ein Licht auf und diese Worte wurden ihm zur »Pforte des Paradieses«.[3] Das war nicht nur eine persönliche Befreiung, sie machte Luther auch zum Wortführer einer Rebellion, die zur Kirchenspaltung und zu blutigen Glaubenskriegen führte.

Augustinus und Luther – das waren sozusagen die Nachbeben jener Erschütterung, die Paulus vor Damaskus erlebt hat. Dabei wollte Paulus sicher nicht nur auf große Geister wirken. Bei jedem Leser sollen seine Worte ein Damaskus auslösen. Wie soll das aussehen? Paulus gibt einen wichtigen Hinweis, wenn er sagt, dass *ich [...] durch und durch erkannt worden bin.*[4] Er hat Gott demnach nicht erfahren als etwas Fremdes, sondern als jemanden, der ihn besser kennt als er sich selbst und dem er sich blind anvertrauen kann. Das höchste Wesen ist ganz innerlich geworden und hat ihm zu einer Klarheit über sich selbst verholfen, die ihm vorher nicht möglich war.

Paulus gilt als »Entdecker des inneren Menschen«. Was er entdeckt hat, das würde man heute umschreiben mit Begriffen wie das Ich, Identität oder Existenz. So gesehen war das Damaskus-Erlebnis für Paulus auch die blitzartige Erfahrung von sich selbst, von dem, was es bedeutet, zu sein, zu existieren. Laut Peter Sloterdijk, einem zeitgenössischen Philosophen, ist das eine schockartige Erfahrung, vor der ein Mensch zu keiner Zeit gefeit ist. Von einem Moment auf den anderen kann sich ein Abgrund auftun, in den man fällt. Es ist ein Sturz ins Innere, durch den sich schlagartig alle Sicherheiten auflösen, sich aber auch eine neue Klarheit einstellt. Der Skandal des Menschen, so Sloterdijk, bestehe darin, »dass er sich finden kann, ohne sich gesucht zu haben. Man ist dreiundzwanzig Jahre alt, oder einunddreißig, oder älter, und entdeckt beim Überqueren der Straße oder während ein Schlüsselbund zu Boden fällt, dass man wirklich existiert. Davor gibt es keinen sicheren Schutz. Weder Theorie noch

Alkohol können eine lückenlose Daseinsverhütung garantieren. [...] Auch wer regelmäßig Waldläufe macht und ab dreißig zur Vorsorgeuntersuchung geht, kann nicht ausschließen, dass bei ihm über Nacht der Existenzfall eintritt.«[5]

Bei Saulus ist dieser »Existenzfall« eingetreten. Er hat sich nicht gesucht. Er hat auch keinen anderen Gott gesucht als den, den er schon hatte. Nichts deutete auf das hin, was ihm vor den Toren von Damaskus passieren würde. Keine Zweifel, keine Unzufriedenheit gingen diesem Zwischenfall voraus, jedenfalls keine erkennbaren. Augustinus und Luther litten unter ihrem Zustand, sie wollten sich ändern, und sie wussten, dass ihnen dazu etwas fehlte, war es nun ein stärkerer Wille oder eine tiefere Einsicht. Paulus fehlte nichts. Er litt nicht an sich. Er wollte sich nicht ändern. Im Gegenteil, er war mit sich zufrieden und wollte die anderen zwingen, sich zu ändern.

Er war erzogen in einer festen Tradition und ging den Weg, den diese Tradition ihm zeigte. Dieser Weg begann in einer Hafenstadt in Kleinasien. Paulus erwähnt seinen Geburtsort nie. Vielleicht gehört er zu seiner Vergangenheit, mit der er abgeschlossen hat. Lukas jedoch lässt ihn in der Apostelgeschichte seine Herkunft verraten. Gegenüber einem römischen Oberst, der ihn mit einem ägyptischen Aufwiegler verwechselt, bekennt Paulus stolz: *Ich bin ein Jude aus Tarsus in Zilizien, Bürger einer nicht unbedeutenden Stadt.*

Tarsus heißt heute Tarsus Cayi und ist eine kleine Stadt in der Türkei, in Südanatolien, an der Hauptstraße von Adana nach Mersin. Von der Küste des Mittelmeers ist der Ort ungefähr 30 Kilometer entfernt. Sozusagen im Rücken der Stadt, im Landesinneren, sieht man die Berge des Taurusgebirges, mit Gipfeln bis über 3000 Metern. Tarsus selbst ist heute recht reizlos. Sehenswürdigkeiten hat es nur wenige zu bieten. Es gibt zwar ein Paulus-Haus, einen Paulus-Brunnen und einen Paulus-Bogen. Aber mit dem historischen Paulus haben diese Denkmäler nichts zu tun. Sie sind vermutlich erst im 16. Jahrhundert entstanden.[6]

Drehen wir die Zeituhr zurück um über 2000 Jahre auf das Jahr 0, auf jenes Jahr, als in einem Stall bei Betlehem Joschua geboren wurde. Zilizien war seit 66 v. Chr. römische Provinz und Tarsus war deren Hauptstadt. Ein blühendes Zentrum in der fruchtbaren zilizischen Ebene. Auf den Feldern ringsum wuchsen Trauben, Getreide und vor allem Flachs, der in großen Betrieben zu Leinen verarbeitet wurde. Weithin berühmt war das kostbare Nardenöl, das besonders bei Begräbnisritualen verwendet wurde.

Durch die Stadt floss der Fluss Kydnos mit seinem eiskalten Wasser. Er war so breit und tief, dass er vom Meer her mit Schiffen befahren werden konnte. In Taurus weitete sich der Fluss zu einem See, der einen idealen Binnenhafen bildete. Schiffe kamen aus Ägypten oder Syrien und brachten ihre Ware, die dann auf andere Schiffe umgeladen und weiterbefördert wurde an die Küste der Ägäis oder ans Schwarze Meer.

Auch auf dem Landweg war Tarsus gut zu erreichen. Es lag an einer wichtigen Handelsstraße, die den Osten mit dem Westen verband. Aus Palästina oder dem syrischen Antiochia kamen die Händler mit ihren Kamelen und reisten weiter bis zur ägäischen Küste Kleinasiens und den dortigen Städten Milet, Ephesus, Smyrna und Pergamon. Tarsus war auch der Ausgangspunkt einer abenteuerlichen Route, die das Mittelmeer mit dem Schwarzen Meer verband.

Es war erst eine Generation her, dass dieses rege Handelsleben fast zum Erliegen gekommen wäre. Schuld daran waren Seeräuber, die sich an den Küsten Kleinasiens eingenistet hatten und nahezu jedes Schiff überfielen, das sich dort sehen ließ. Das aber war auch gegen die Interessen Roms. Der Feldherr Pompejus hatte Kleinasien in den 60er Jahren v. Chr. für Rom erobert, eine römische Verwaltung eingeführt und Städte wie Tarsus zu Handelszentren ausgebaut. Das alles sollte nicht durch Piraten gefährdet werden. Pompejus wurde vom Senat beauftragt, die Piraten auszurotten. Und schon nach wenigen Monaten hatte er den ganzen Mittelmeerraum von dieser Plage befreit. In dieser Zeit wurde Tarsus wegen seiner Treue zum römischen Kaiser von Antonius und Augustus ausgezeichnet.

Im Machtkampf mit Julius Cäsar war Pompejus weniger erfolgreich. Er musste nach Ägypten fliehen und wurde dort erschlagen. Julius Cäsar, der ihm gefolgt war, lernte die junge, erst sechzehnjährige Kleopatra kennen, die er als Königin einsetzte. Nach Cäsars Tod war es dann Markus Antonius, der Kleopatra den Hof machte. Auch die Bürger von Taurus bekamen einen Eindruck von dieser märchenhaften Verbindung. Sie erlebten ein noch nie da gewesenes Spektakel, als eines Tages eine festlich geschmückte, vergoldete Galeere samt Begleitbooten und Vorratsschiffen in ihren

Hafen einlief. An Bord thronte Kleopatra, verkleidet als Göttin Isis, von Meerjungfrauen und Amoretten umgeben. Antonius trat als Dionysos auf und es wurde eine heilige Hochzeit gefeiert. Der Römer war der schönen Königin hoffnungslos verfallen und brachte bald den römischen Senat gegen sich auf. Als die ägyptische Hauptstadt Alexandria von römischen Truppen eingenommen wurde, war das auch das Ende des Traumpaares Kleopatra und Markus Antonius. Sie begingen Selbstmord und der Weg an die Macht war frei für Antonius' Gegenspieler Octavian Augustus.

Unter dem Kaiser Augustus setzte nun das ein, was man später »Pax Romana«, den Römischen Frieden, nannte. Es war, abgesehen von üblichen Grenzkonflikten, wirklich eine friedliche Zeit. Der Handel konnte sich entfalten und die Römer erwiesen sich als Meister in der Kunst des Straßenbaus. Bis zu acht Meter breit waren die gepflasterten Wege, die wie Adern das Reich durchzogen und in die entlegensten Gebiete führten. Paulus profitierte später als viel reisender Apostel davon.

Tarsus war ein Knotenpunkt in diesem weitverzweigten Verkehrssystem. Viele Völker und Kulturen kamen hier zusammen. Perser, Syrer, Römer, Phönizier, Griechen und Juden lebten in der Stadt friedlich nebeneinander und machten Tarsus auch zu einem geistigen Zentrum. Vor allem der Einfluss der griechischen Kultur war stark zu spüren. Dem Geschichtsschreiber Strabo zufolge übertraf das rege geistige Leben in Tarsus mit seinen Philosophen und Dichtern sogar das alte Athen und eine Weltstadt wie Alexandria.[7] Es wurde verbreitet ein einfaches Griechisch, die sogenannte Koine, gesprochen und es gab zahlreiche Schulen, in denen Rhetorik und die Gedanken einer philosophischen Schule, der Stoa, gelehrt wurden. Die Stoiker vertraten ein Lebensideal, das darauf abzielte, Leidenschaften einzudämmen, um nicht mehr den Schwankungen der natürlichen Bedürfnisse zu unterliegen und auch nicht mehr von unberechenbaren Schicksalsschlägen erschüttert zu werden. Stoisch solle man seine Triebe beherrschen und die Zufälle des Lebens hinnehmen, nur dann könne man glücklich werden.

Neben dieser rationalen Philosophenschule gab es aber gerade in diesem Teil Asiens eine Vielzahl von Göttern und Göttinnen, von Kulten und Mysterien, von Geheimriten und magischen Beschwörungsritualen, die aus dem Orient kamen. Der Himmel über Tarsus war voll von Göttern. Hier, in dieser Stadt, konnte man einen Eindruck davon gewinnen, wie groß das Bedürfnis der Menschen nach dem Göttlichen ist. Aber woher kommt dieses Bedürfnis? Was treibt Menschen an, sich immer wieder neue Götter zu schaffen?

So vielfältig die Vorstellungen von Gott sind, so grundlegend und gleichbleibend sind doch die Wurzeln religiöser Erfahrung. Sie haben damit zu tun, dass man als Mensch nicht in sich ruht wie ein Tier, sondern, wie es der Philosph Helmut Plessner ausdrückt, ein »exzentrisches Wesen« ist.[8] Das heißt, jeder Mensch macht die Erfahrung, dass er zugleich begrenzt und unbegrenzt ist. Er kann Liebe empfinden, die nach Ewigkeit verlangt. Er kann eine Lust erleben, die ihn weit über sich hinausträgt. Er kann Wünsche und Sehnsüchte hegen, die ihn zu der Vorstellung von Unsterblichkeit oder Allmacht führen. Und gleichzeitig erfährt er sich selbst als ein Wesen, das Grenzen hat, das scheitern kann, das unfähig ist, das versagt, das krank werden kann und sterben muss. So entsteht der Glaube daran, dass es etwas geben muss, das größer ist als wir. Dieses Größere soll alles erfüllen, was wir uns nur vorstellen, was wir aber nicht erreichen können. Und es soll eine Antwort sein auf alles, was uns ein Rätsel ist, was wir nicht erklären können.

Dieses Größere kann, wenn wir ihm begegnen, sehr unterschiedliche Gefühle hervorrufen. Es kann, wie der Religionsphilosoph Rudolf Otto es beschreibt, als beängstigend oder als faszinierend erlebt werden, als »tremendum« oder »faszinosum«.[9] Schon der Anblick des nächtlichen Sternenhimmels kann diese gegensätzlichen und doch zusammengehörigen Gefühle erzeugen. Die unendliche Weite kann uns Angst machen. Wir empfinden uns dann als winzige, unbedeutende Wesen inmitten eines unendlichen Universums, das von Mächten beherrscht wird, die wir nicht begreifen und denen wir ausgeliefert sind.

Umgekehrt kann der scheinbar endlose Weltraum als etwas ganz Großartiges erlebt werden, als etwas von unglaublichem Reichtum und atemberaubender Schönheit. Wie nahe liegt es da, zu glauben, dass dahinter jemand steckt, der das alles gemacht hat. Das Leben, die Welt, das Universum erscheinen als das Werk eines Schöpfers, von dem wir uns beschenkt fühlen. Nicht Angst beherrscht uns dann, sondern Staunen und Dankbarkeit.

In der Antike waren es in erster Linie die Kräfte der Natur, die vergöttert wurden. Die Menschen erlebten sich in einer Welt, die vom Gesetz des Werdens und Vergehens bestimmt wurde. Es war eine Frage von Leben und Tod, ob die Natur Nahrung gab oder nicht. Die Sexualität war eine Kraft, die immer wieder neues Leben hervorbrachte. Demgegenüber zeigte sich die Natur auch in ihrer zerstörerischen Gewalt und belebt von übermenschlichen Mächten, die man beschwichtigen musste. Daraus entstand die Anbetung der Fruchtbarkeit, des Eros und der Macht. In Tarsus zogen Prozessionen durch die Straßen zu Ehre der Großen Erdmutter Kybele. Ihre Anhänger schlugen Trommeln, Zimbeln und Schellen, um im ekstatischen Rausch von der göttlichen Macht erfasst zu werden. Unter den Soldaten gab es viele, die sich mit einem glühenden Eisen das Zeichen des Mithras, eines Lichtgottes, auf die Stirn brennen ließen. Oder man begegnete den weiß gekleideten Priestern und Priesterinnen der Isis, die als Herrin der Unterwelt und als Mutter im Kreislauf von Leben und Tod verehrt wurde. Allgegenwärtig war auch der Gott Dionysos, der Gott des Weines, der Musik und des Tanzes.

Vielleicht lag es an diesem verwirrenden Götterhimmel, an den Mythen und Mysterien, dass Tarsus nicht nur bekannt war als Stadt der Philosophen, sondern auch einen recht zweifelhaften Ruf hatte. Von dem Philosophen Apollonios wird berichtet, dass er geradezu aus Tarsus geflohen ist, weil er die Eitelkeit und Sittenlosigkeit der Einwohner nicht mehr ertragen konnte. Noch drastischere Erfahrungen machte ein anderer Philosoph. Er hieß Athenodorus, ein gebürtiger Tarser, der eine Zeit lang der Lehrer des Kaisers Augustus war. Als alter Mann kehrte er in seine Heimatstadt zurück und wollte die schlimmsten Missstände beseitigen.

Als er einige korrupte Männer ins Exil schickte, wurde sein Haus eines Nachts über und über mit Kot beschmiert. »Man kann die Krankheit und den schlechten Zustand der Stadt von vielen Seiten beobachten«, soll er daraufhin in der Volksversammlung gesagt haben, »am besten in ihren Exkrementen.«[10]

Den Zustand der Stadt konnte man aber auch in den Straßen sehen, wo aufreizend geschminkte und gekleidete Mädchen auf Kundenfang gingen. Natürlich gab es auch Männer, die auf diese Weise ihre Dienste anboten. Wie überall im Osten des Römischen Reiches, so war auch in Tarsus Homosexualität nichts Anstößiges oder Verpöntes.

Es gab in Tarsus eine Volksgruppe, die mit der Vielgötterei und den lockeren Sitten nichts zu tun haben wollte. Es waren die Juden, die in einem eigenen Viertel wohnten. Wie viele andere Juden dieser Zeit lebten auch die Juden von Tarsus in der sogenannten Diaspora, also verstreut und weit entfernt von ihrem Heimatland Palästina. Gezwungen, unter Ungläubigen zu leben, taten sie sich zusammen, um ihre Sitten und Gebräuche pflegen zu können. Nur in enger Gemeinschaft konnten sie ihre Festtage feiern, ihre Ruhezeiten wie am Sabbat einhalten und Lebensmittel einkaufen, die nach den strengen Vorschriften zubereitet worden waren. In den Städten bildeten die Juden somit oft eine Welt für sich. Das war für sie von Vorteil. In den Augen der anderen Einwohner aber wirkten sie fremd und unzugänglich. Der Historiker Diodor zum Beispiel beschwerte sich über die Juden, weil sie sich mit ihren Bräuchen absonderten und mit keinem anderen Volk freundlichen Umgang suchen würden.[11]

Paulus' Familie lebte sicher auch im jüdischen Viertel von Tarsus. Aber ihre gesellschaftliche Lage scheint doch etwas zwiespältiger gewesen zu sein. Einerseits war die Familie offenbar sehr fromm. Andererseits besaß sie das römische Bürgerrecht. Das war ein besonderes Privileg und schützte vor willkürlicher Verhaftung und Bestrafung. Warum und wann die Familie dieses Recht verliehen bekommen hat, weiß man nicht. Falls Paulus seinen späteren Beruf als Zeltmacher von seinem Vater übernommen hat, dann war dieser auch ein Zeltmacher. Das war ein angesehenes und einträgliches Handwerk. In einem festen Haus zu wohnen war nicht selbstverständlich. Viele Menschen, gerade außerhalb der Städte, lebten in Zelten. Für Soldaten waren sie unverzichtbar. Vielleicht hat sich Paulus' Vater mit seinem Können bei der römischen Armee Verdienste erworben und ist deshalb mit dem römischen Bürgerrecht belohnt worden. Jedenfalls konnte er als Geschäftsmann und römischer Bürger nicht den Kontakt mit seinen nichtjüdischen Nachbarn meiden. Er musste tolerant und weltoffen sein und hat vielleicht von dem bunten Leben in der Stadt mehr mitbekommen als mancher seiner jüdischen Glaubensbrüder.

Wenige Jahre nachdem Maria, die Frau des Zimmermanns Josef, in Betlehem ihren Sohn Joshua zur Welt gebracht hatte, wurde in der Familie des jüdischen Zeltmachers in Tarsus auch ein Junge geboren. Wie es jüdischer Brauch ist, wurde das Kind am achten Tag nach seiner Geburt beschnitten. Das geschah in der Synagoge.[12] Die Mutter des Jungen brachte das Kind bis zur Türe, wo es der Vater entgegennahm. Unter den Gebeten der Gemeinde setzte sich der Vater dann auf einen Stuhl und hielt das Kind fest in seinem Schoß. Ein Spezialist, der Mohel, fasste dann die Vorhaut des Kindes, schob eine Schutzscheibe vor die Eichel und trennte die Vorhaut mit einem Messer ab. Dann nahm er einen Schluck Rotwein, saugte das Blut mit dem Mund auf und spuckte es mit dem Wein wieder aus. Nachdem man die Wunde versorgt hatte, wurde das Kind dem Vater gereicht. Der nahm einen Weinkelch und sprach Gebete, wobei das Kind nun auch seinen Namen erhielt. Es sollte Saulus heißen, nach dem ersten König der Israeliten. Der Junge bekam aber noch einen zweiten Namen, nämlich Paulus. Vermutlich wollten die Eltern ihren Sohn darauf vorbereiten, dass er in verschiedenen Welten aufwachsen würde. In der Welt des jüdischen Glaubens und in einer Welt, die von Rom verwaltet und regiert wurde und in der es von griechischen und orientalischen Gottheiten und Kulten wimmelte.

Die jüdische Welt lernte der junge Paulus von klein auf in seiner Familie kennen. Ihm wurde beigebracht, wie man sich als Jude kleidet, welche Speisen man essen darf und welche nicht, welche Gebete man täglich betet und welche Feste im Laufe eines Jahres gefeiert werden. *Ein Fünfjähriger ist reif für die Thora*, heißt es in den Sprüchen der Väter, *ein Zehnjähriger für die Mischna, ein Dreizehnjähriger für die Erfüllung der Gebote*. Die Synagoge war der religiöse und gesellschaftliche Mittelpunkt der Gemeinde, in dem auch Unterricht erteilt wurde. Die Schüler wurden im Lesen und Schreiben unterrichtet, um selber die ersten fünf Bücher Mose, die Thora, studieren zu können.

So lernte der junge Paulus, dass sein Gott ganz anders war als die vielen Götter der Griechen, Römer und anderer Heiden. Vor allem war es ein Gott, der neben sich keine anderen Götter duldete. Dieser eine Gott war nicht ein Gott wie Hephaistos, wie Dionysos oder wie Poseidon. Er war kein Gott des Feuers, kein Gott des Weins oder des Meeres. Er stand über all diesen Göttern. Er war aber auch nicht wie Zeus, der Göttervater. Er war jenseits dieses Kosmos des »Stirb und werde«, nicht gebunden an Naturkräfte, nicht gebunden an Ort und Zeit. Überall konnte man ihm nahe sein und zu jeder Zeit. Er war allumfassend und allmächtig und ein Gott aller Menschen. Und obwohl er der allerhöchste und fernste Gott war, wandte er sich doch den Menschen zu. Das hatte er bewiesen, als er mit dem auserwählten Volk einen Bund schloss. Damals, als er die Kinder Israels aus der ägyptischen Gefangenschaft befreite, zeigte er sich Moses in einem brennenden Dornbusch. Er gab sich zu erkennen als Jahwe, der Gott der Väter, der Gott Abrahams, Isaaks und Jakobs. Und als Moses ihn fragte, wie er ihn nennen soll, antwortete er: *Ich bin, der Ich bin.* Das bedeutet, dass er sich nicht einfach so benennen lässt wie andere Götter. Es bedeutet aber auch, dass er immer da war und immer da sein wird, als ein Gott für die Menschen.

Jahwe ist ein gütiger, aber auch ein sehr strenger Gott. Er meint es gut mit seinem Volk, verlangt aber auch Gehorsam. Darum hat er ihm Gesetze gegeben. Diese Gesetze sind aufgeschrieben in den ersten fünf Büchern Mose. Darin wird genau beschrieben, was man essen darf und was nicht, was unrein ist und was nicht, was man opfern soll und wie, was

Recht ist und was Unrecht. Insgesamt sind es 613 Bestimmungen.

Diese Gesetzesbücher waren etwa 260 Jahre vor Paulus' Geburt ins Griechische übersetzt worden. In dieser Sprache lernte sie Paulus wahrscheinlich kennen. Große Teile dieser sogenannten Septuaginta lernte Paulus auswendig. Und es wurde für ihn selbstverständlich, sein Leben nach den darin enthaltenen Regeln und Vorschriften auszurichten. Denn er wusste, dass sein Leben nur gelingen wird, wenn er die Gesetze einhält, und dass ihm Leid und Not drohen, wenn er gegen sie verstößt. Leid und Not waren keine Strafen Jahwes, sondern ein Unglück, an dem man selber schuld war, weil man die Anweisungen zu einem guten Leben missachtete.

Es war dieses Vermächtnis Jahwes an sein Volk, das Paulus auswendig lernte: *Siehe! Heute habe ich dir Leben und Heil, Tod und Leben vor Augen gestellt. Wenn du den Geboten Jahwes, deines Gottes, gehorchst, indem du Jahwe, deinen Gott, liebst, auf seinen Wegen wandelst und auf seine Gebote, seine Bestimmungen und Rechtssatzungen achtest, so wirst du am Leben bleiben […]. Wenn sich aber dein Herz wendet und du nicht gehorchst, […] so kündige ich euch heute an: Ihr werdet unfehlbar zugrunde gehen […]. Ich rufe Himmel und Erde wider euch zu Zeugen an: Leben und Tod, Segen und Fluch habe ich dir vor Augen gestellt. So sollst du denn das Leben wählen […].*[13]

Kapitel III
Eine Reise nach Jerusalem

Mit dreizehn Jahren wurde ein jüdischer Junge üblicherweise feierlich in die Gemeinde eingeführt. Er war nun ein Bar Mizwa, ein »Sohn Gottes«, ein vollwertiges Mitglied der Gemeinde mit allen Rechten und Pflichten, die das Religionsgesetz festlegte. Für Paulus muss das ein wirklicher Festtag gewesen sein, denn er scheint sich schon in jungen Jahren mit Feuereifer bemüht zu haben, ein vorbildlicher Jude zu sein. *In der Treue zum jüdischen Gesetz,* so schrieb er später, *übertraf ich die meisten Altersgenossen in meinem Volk und mit dem größten Eifer setzte ich mich für die Überlieferung meiner Väter ein.*[1]

Wir können uns also einen Jugendlichen vorstellen, der in der Atmosphäre einer Handelsstadt aufgewachsen ist und sich voll und ganz dem religiösen Leben verschrieben hat. Vielleicht waren seine Eltern stolz auf ihn, vielleicht war ihnen aber auch der Ehrgeiz ihres Sohnes nicht ganz geheuer. In den Schulen in Tarsus konnte man seinen Wissensdurst sicher bald nicht mehr befriedigen. Auf seine hartnäckigen Fragen wussten die Lehrer keine Antworten. Immer stärker wurde sein Wunsch, einmal dorthin zu kommen, wo für einen frommen Juden der Mittelpunkt der Welt war, wo strenggläubige Juden ihr geistiges Zentrum hatten und wo es die besten Lehrer gab – nach Jerusalem.

Also ließen ihn die Eltern ziehen. Sicher werden sie ihm auf die Reise eine Begleitung mitgegeben haben. Vermutlich lebte auch eine Schwester von Saulus in Jerusalem, bei der er fürs Erste unterkommen konnte und die sich um ihn kümmerte.

Wenn Saulus sich zu Fuß auf den Weg gemacht hat, musste er entlang der Küste laufen, das Meer immer in Sichtweite. Nach etwa 150 Kilometern machte die Küste einen Knick nach rechts, Kleinasien war hier zu Ende und es führte eine Straße weiter nach Palästina.

Es kann aber auch sein, dass Saulus in Tarsus ein Schiff bestiegen hat, das ihn nach Caesarea brachte. Dann konnte er schon von weitem die imposante Hafenanlage mit den großen Wellenbrechern und die strahlend weißen, aus Marmor und Kalkstein erbauten Gebäude des Tempels, des Königspalastes und des Amphitheaters sehen. Der Ort war noch vor wenigen Jahren ein Dorf gewesen. König Herodes der Große, der dreiunddreißig Jahre lang mit Duldung Roms über Judäa herrschte, hatte sozusagen über Nacht aus dem Dorf eine strahlende Metropole gemacht. Zu Ehren seines Gönners Cäsar Augustus nannte der romfreundliche Herodes die Stadt Caesarea. Nach dem Tod des Herodes im Jahre 4. v. Chr. und dem glücklosen Versuch seiner Söhne, seine Nachfolge anzutreten, wollten die Römer keine Marionettenkönige mehr. Sie machten Judäa, Samaria und Idumäa zur Provinz dritten Grades, mit einem Prokurator an der Spitze. Das war eine erneute Demütigung für alle Juden. Caesarea wurde zur Hauptstadt des Prokurats Judäa ernannt. Die römischen Prokuratoren residierten nicht in Jerusalem, sondern in Caesarea, im prächtigen Prätorium des Herodes. Dort brauchten sie auf die Empfindlichkeiten der Juden nicht so viel Rücksicht zu nehmen wie in Jerusalem.

Im Jahr 26 n. Chr. übernahm als fünfter Prokurator dieses Amt ein gewisser Pontius Pilatus, ein Mann mit wenig Fingerspitzengefühl, der das ohnehin angespannte Verhältnis zwischen Römern und Juden noch weiter belastete.[2]

Saulus kannte die römische Welt aus seiner Heimatstadt, aber in Caesarea dürfte ihm das erste Mal bewusst geworden sein, was für eine Macht dieses Imperium besaß. Im Hafen lagen riesige Galeeren vor Anker, Transportschiffe wurden be- und entladen, unter Trompetenschall marschierten in Reih und Glied Soldaten in glänzenden Rüstungen und mit wippenden Federbüschen an Land. In Caesarea war eine Legion mit circa 6000 Mann stationiert, die jederzeit ausrücken konnte, um jeden Aufruhr, jeden Widerstand im Keim zu ersticken. Ja, diese Weltmacht konnte es sich sogar leisten, einem winzigen Volk wie dem der Juden eine gewisse Eigenständigkeit zuzugestehen. Juden waren vom Militärdienst befreit, sie konnten ihre Angelegenheiten unter sich regeln, brauchten am Sabbat nicht vor Behörden zu erscheinen und durften weiter unbehelligt ihre religiösen Gebräuche ausüben. Dabei blieb Rom als Besatzungsmacht stets präsent und ließ keinen Zweifel daran, dass man dieses unbedeutende Volk mit einem Schlag vernichten konnte, wenn man wollte.

Paulus reiste vermutlich zu einer Zeit nach Jerusalem, als in Rom ein neuer Kaiser regierte. Augustus war im Jahr 14 n. Chr. gestorben. Sein Stiefsohn Tiberius war ihm nachgefolgt, ein erfahrener Soldat, der zusammen mit seinem Bruder Drusus die Stämme im nördlichen Germanien unterworfen hatte. Als Kaiser ließ er sich, wie seine Vorgänger, wie ein Gott verehren und machte mehr durch seine Eskapaden und seine Grausamkeit als durch kluges Regieren von sich reden. Der Schriftsteller Sueton berichtet, dass Tiberius sich auf die Insel Capri zurückzog, um dort ungestört seine sexuellen Perversionen und sadistischen Bedürfnisse auszuleben. In den Gebäuden und Parks hielt er sich Jungen und Mädchen, die jederzeit seine Fantasien zu erfüllen hatten. Sogar beim Baden mussten sie um ihn herumschwimmen und ihn beißen und reizen. Ebenso grenzenlos war seine Fantasie, wenn es darum ging, Menschen zu Tode zu quälen. An den Verurteilten ließ er alle erdenklichen Martern ausprobieren, und zum Schluss warf man die Halbtoten von den Klippen ins Meer, wo auf Schiffen schon Matrosen mit Stangen warteten, um sie aufzuspießen.[3] Das war die Welt der römischen Kaiser. Zu dieser Welt gehörten auch die berühmten Spektakel in den Zirkusarenen, bei denen Tausende von Menschen zum Vergnügen der Zuschauer abgeschlachtet wurden, entweder indem sie sich in der Arena gegenseitig erschlagen, erstechen oder erwürgen mussten oder indem sie von wilden Tieren zerrissen wurden. Das war eine unendlich brutale und gnadenlose Welt. Eine Welt, in der ein Menschenleben nicht viel zählte.

Der junge Jude Paulus war umgeben von dieser Welt und gleichzeitig war er weit entfernt von ihr. Einen sterblichen Menschen als Gott zu verehren, das war für ihn unvorstellbar. Ebenso ein Leben, in dem man nur seinen Trieben und

Bedürfnissen folgte. Es gab nur einen Gott und der stand weit über den Menschen. Aber er hatte den Menschen Regeln gegeben, nach denen sie leben konnten. Eines Tages, vielleicht schon bald, würde er seinen Messias schicken und alle um sich versammeln, die Lebenden und die Toten, die Frommen wie die Heiden. Dann wird er Gericht halten. Die Gerechten werden im himmlischen Glanz erstrahlen und die Gottlosen werden in die Unterwelt verbannt. Und diese Versammlung am Ende der Tage wird, so steht es bei den Propheten Jeremia und Jesaja, auf heiligem Boden stattfinden, in Jerusalem, auf dem Berg Zion.

Von Caesarea nach Jerusalem waren es über 70 Kilometer. Paulus und seine Gefährten konnten die Straße über Modin oder über Emmaus nehmen. Der Weg war beschwerlich. Es ging durch eine öde, trockene Wüstenlandschaft. Nur Felsen und Hügel. Irgendwann war es dann so weit: Umgeben von Bergen, auf einer Hochebene, lag Jerusalem vor ihnen. Jerusalem, die heilige Stadt, der Mittelpunkt der Welt für jeden Juden! Schon aus der Ferne war der Tempel zu sehen, der wie ein schneebedeckter Hügel leuchtete. Die Reisenden betraten die Stadt durch das Nordtor, vorbei an den mächtigen Befestigungsanlagen. Es war König Herodes gewesen, unter dem Jerusalem zu einer der bestgeschützten und glanzvollsten Städte ausgebaut wurde. Sein imposanter Palast lag weithin sichtbar auf dem Westhügel.

Die Hauptstadt Judäas hatte damals um die 25000 Einwohner. Dazu kamen die vielen Pilger. Vor allem an Festtagen waren die Straßen verstopft von Menschen und Tieren. Im Zentrum erhob sich auf einem Felsen die Burg

Antonia, die Herodes nach seinem Freund Markus Antonius benannt hatte und die mit allem erdenklichen Luxus ausgestattet war. Innerhalb der Mauern gab es Badehallen, Höfe, Exerzierplätze und Kasernen. Es war eine Stadt im Kleinen. Mit ihren vier hohen Türmen überragte diese Festung alles in ihrer Umgebung und wirkte wie ein Symbol der Überlegenheit der römischen Besatzer. Vom größten Turm aus, dem fast 35 Meter hohen Königsturm, konnte man den ganzen Tempelbezirk überblicken. Hier standen rund um die Uhr Wachen, die beim kleinsten Hinweis auf einen Tumult sofort die Soldaten alarmierten.

Aber auch wenn die allmächtigen Römer die Tempelanlage kontrollieren konnten, so war ihnen doch der Zugang in die heiligen Bezirke verwehrt. Nur Juden durften in das Innerste des Tempels, dorthin, wo ihr Gott wohnte. Jener Gott Jahwe, der kein römischer Kaiser war und nicht einer jener Fruchtbarkeits- oder Naturgötter der Heiden. Nein, er stand über allen und war überall. Er war der Gott der Väter, der Gott Abrahams, Isaaks und Jakobs, der immer für sein Volk da war. Der es aus der Gefangenschaft errettet und ihm eine Verheißung gegeben hatte: dass die Geschichte auf ein Ende zugeht und an diesem Ende sein Volk erlöst wird.

Der Tempel war ein wahres Weltwunder.[4] Er stand der Überlieferung nach auf jenem Felsen, wo Abraham seinen Sohn Isaac opfern wollte und wo bereits König Salomon einen Tempel erbaut hatte. Unter Herodes war der gesamte Tempelberg neu gestaltet worden. Über zehntausend Arbeiter waren dazu nötig gewesen. Unter ihnen tausend Priester, die man als Maurer ausgebildet hatte, um das Allerheiligste, dem sich kein Laie nähern durfte, zu erbauen. Gewaltige Mauern umfassten und stützten die Anlage. Säulenhallen umrandeten den Tempelbezirk.

Von der Oberstadt aus gelangte man über eine Brücke zum Haupteingang, der direkt auf den weitläufigen Vorplatz mündete. Hier, wo sich auch Heiden aufhalten durften, herrschte ein lautes Durcheinander. Pilger drängten zu den Geldwechslern, um ihr Geld in Tempelwährung einzuwechseln, mit der sie Opfertiere kaufen und die obligatorische Tempelsteuer entrichten konnten. Verkäufer priesen lautstark ihre Tiere an, Schafe, Ziegen und sogar Rinder für die Reichen und Kleintiere wie Tauben für die Ärmeren.

Vierzehn Stufen führten auf die Terrasse, die den inneren Bereich der Anlage bildete und den nur noch Juden betreten durften. An den Schranken, wo viele Bettler lagen, waren große Tafeln angebracht, die alle Nichtjuden davor warnten, jene Grenze zu überschreiten. »Kein Fremder«, so war auf einer geschrieben, »darf den inneren Bereich rings um den Tempel betreten. Wer erfasst wird, ist für seinen Tod selbst verantwortlich.« In den östlichen Teil des inneren Hofes durften auch Frauen hineingehen. Der westliche war den jüdischen Männern vorbehalten. Nur ihnen war es erlaubt, das Nikanor-Tor zu durchschreiten, um den Priestern ihre Opfergaben zu überreichen. Hier, im Priesterhof, war die verrauchte Luft voll vom Geruch nach verbranntem Fleisch und verschmorten Federn. An steinernen Pfeilern hingen Messer, Sägen und Beile – das ganze Werkzeug, das die Priester für ihren heiligen Dienst brauchten. Auf zwei Steintischen wurden die größeren Opfertiere vorbereitet.

Immer wieder stieg ein Priester die Rampe zum Altar empor, hinauf zum heiligen Feuer, um die Opfergabe den Flammen zu übergeben und Blut und Wein darüberzugießen.

Das alles vollzog sich vor der breiten Fassade des Tempels mit ihren in die Wand eingelassenen vier Säulen. In der verschachtelten Architektur der Anlage war der Tempel der eigentliche Mittelpunkt, der wieder in ein Heiliges und ein Allerheiligstes unterteilt war. In einer Vorhalle stand die Menora, der siebenarmige Leuchter, und auf einem Tisch lagen die zwölf Schaubrote, Symbole für den zu stillenden Hunger der Menschen und die zwölf Stämme Israels. Das Zentrum des Tempels, das Allerheiligste, durch einen Vorhang den Blicken entzogen, war dagegen leer – eine Kammer aus marmorverkleidetem Stein, in die nie das Licht des Tages vordrang. Keine Götterbilder, keine Kultgegenstände gab es hier. Das Allerheiligste war nichts als ein leerer Raum, ein »Nicht-Ort«, eine Mahnung, dass dem Herrn kein Ort zugewiesen werden kann. Auch hinter dem riesigen Vorhang war nichts, nichts als ein Stein, auf dem früher die Bundeslade gestanden hatte, in der die Israeliten auf ihrer Wanderschaft die Gesetzestafeln mit sich geführt hatten. Die Bundeslade war bei der Zerstörung Jerusalems durch die Babylonier 586 v. Chr. geraubt oder zerstört worden.

Wenn Saulus aus Tarsus ein Schriftgelehrter werden wollte, musste er sich einen Lehrer suchen. Der prüfte ihn erst und entschied dann, ob er ihn als Schüler aufnahm. Rabbi Gamaliel war ein weiser Mann, dem jeder Fanatismus fernlag und der auch gegenüber der neuen Sekte der Nazarener zur

Zurückhaltung gemahnt haben soll. Er gehörte zu den berühmtesten und angesehensten Lehrern seiner Zeit und entsprechend viele Schüler hatte er. Mit ihnen lebte er in einer Art Gemeinschaft. Zusammen wohnten sie in einem Kolleg, und die Schüler begleiteten den Rabbi auf seinen Wegen, hörten zu, wie er Probleme löste und Streit schlichtete. In den Unterrichtsstunden saßen sie dann zu Füßen ihres Lehrers, stellten Fragen, auf die der Rabbi mit Rückfragen und Erklärungen antwortete. Vieles von dem, was der Rabbi sagte, lernten die Schüler auswendig. Und natürlich auch große Teile der Thora und der mündlich überlieferten Auslegungen der Thora, die später zur sogenannten Mischna zusammengefasst wurden. Sie lernten auch, wie man sich die langen Texte am besten einprägt, indem man sie zum Beispiel singt oder rhythmisch spricht oder indem man sie sich vorsagt und dabei den Oberkörper vor- und zurückschaukelt.

Der Rabbi Gamaliel war ein Pharisäer, und auch Saulus aus Tarsus wurde in den langen Jahren, die er sein Schüler war, ein Pharisäer. Das Wort bedeutet so viel wie »die Abgesonderten« und weist darauf hin, dass sich diese Juden in der Ernsthaftigkeit, mit der sie ein gottgewolltes Leben führten, von den normalen Gläubigen unterscheiden wollten. Dabei gab es andere Gruppen, die sich sehr viel mehr abgrenzten.[5]

Die Essener zum Beispiel waren der Meinung, dass die Gegenwart so sündig und verkommen ist, dass man die göttlichen Vorschriften darin nicht mehr leben kann. Sie zogen sich zurück nach Qumran am Toten Meer, um dort fern der

Welt ein reines Leben zu führen. Wieder eine andere Gruppe waren die Zeloten, die den Glauben an den kommenden Messias auch politisch verstanden. Sie wollten es nicht hinnehmen, unter Heiden leben zu müssen und von ungläubigen Römern unterdrückt zu werden. Einige von ihnen versteckten sich in den Bergen um Jerusalem und unternahmen von dort aus Anschläge auf die Besatzungsmacht. Viele schlossen sich ihnen an und hofften auf den Tag, da der große Aufstand gegen die Römer losbrechen würde.

Die Pharisäer waren nicht politisch wie die Zeloten und sie kapselten sich nicht ab wie die Essener. Sie warteten geduldig auf das Kommen des Messias, und sie bereiteten sich auf diesen Tag vor, indem sie die Gesetze so gewissenhaft und genau wie möglich befolgten. Sie hielten sich peinlich genau an die Speise- und Reinheitsvorschriften, auch an jene, deren Einhaltung in der Thora nur von Priestern erwartet wird. So durften Wiederkäuer wie Rinder und Ziegen sowie Fische ohne weiteres verzehrt werden. Nicht dagegen »unreine« Tiere wie Kamele, Hasen und Schweine. Streng verboten war es einem Juden, Blut zu genießen.

Wer mit etwas Unreinem wie einer Leiche oder einem toten Tier in Berührung kam, hatte die kultische Reinheit verloren. Um sie wiederzugewinnen, musste er sich einem Reinigungsbad unterziehen. Selbstverständlich wusch sich ein Pharisäer vor jedem Essen gründlich die Hände und achtete auch darauf, dass das benutzte Geschirr reingehalten wurde. War eine Maus über einen Teller gelaufen, war dieser unrein. Dasselbe galt für einen Becher, in den versehentlich ein Knochen gefallen war.

Sehr genau nahmen es die Pharisäer auch mit dem Gebot, den zehnten Teil von allem, was man erntete, abzugeben für die Armen und für den Opferdienst im Tempel. Aus Sorge darum, das Gebot nicht buchstabengetreu einzuhalten, taten sie mehr als gefordert und belegten alles, was sie irgendwie erwarben, mit diesem Zehnten.[6]

Wie die Gesetze im Einzelnen wann und in welcher Situation anzuwenden waren, darüber gab es lange Debatten. Wie steht es zum Beispiel mit dem Ruhegebot am Sabbat? Am Sabbat soll der gottesfürchtige Jude zu Hause bleiben und an die Herrlichkeit seines Schöpfers denken. Nur eine bestimmte Anzahl Schritte sind ihm an jenem Tag erlaubt. Ausflüge sind verboten, auch darf er nicht arbeiten oder anstrengenden Tätigkeiten nachgehen. Er darf nicht säen, nicht pflügen, nicht backen, nicht mit dem Hammer einen Nagel einschlagen oder im Garten arbeiten. Aber wie steht es, wenn ein Kind in den Brunnen fällt? Oder was ist, wenn im Haus ein Feuer ausbricht? Muss man das Kind ertrinken lassen und zusehen, wie das Haus abbrennt? Oder wie ist es, wenn einer die erlaubten Schritte geht und dann eine lange Pause einlegt? Hat er dann sozusagen einen neuen Wohnsitz aufgeschlagen, von dem aus er erneut die erlaubte Strecke gehen darf?

Es gab so viele Gesetze, insgesamt 248 Gebote und 365 Verbote. Und irgendeines war immer zu beachten, egal was man machte oder sagte. Im Grunde war es unmöglich, allen Anforderungen gerecht zu werden. Wenn ein frommer Jude, so sagte man, es schafft, auch nur einen einzigen Tag ein völlig gesetzestreues Leben zu führen, dann würde auf der Stelle der Messias erscheinen.

Der Messias war noch nicht erschienen. Aber das war für einen Pharisäer noch lange kein Grund, nachzulassen in dem Bestreben, ein Leben ohne Fehl und Tadel zu führen. Und der Pharisäer Saulus hatte diesen Ehrgeiz. Er wusste, dass es ein Kampf war, den er gewinnen musste, ein Kampf für die Einhaltung der Gesetze, aber auch ein Kampf gegen die eigene Schwäche und die Verführungen, die überall lauerten. Ja, Paulus kannte diese Verführungen und Ablenkungen. Viel später, in seinem letzten Brief, schrieb er rückblickend: *Jedoch habe ich die Sünde nur durch das Gesetz erkannt. Ich hätte ja von der Begierde nichts gewusst, wenn nicht das Gesetz gesagt hätte: »Du sollst nicht begehren.«*[7]

Das ist also die merkwürdige Zwiespältigkeit des Gesetzes. Es will die Menschen zum Guten bewegen, kann aber gleichzeitig das Böse hervorrufen. Indem eine Vorschrift, ein Gebot etwas verbieten, wecken sie das Verlangen nach dem Verbotenen und reizen dazu, das Verbot zu brechen. Oder wie Paulus später schreiben wird: *Die Sünde erhielt durch das Gebot den Anstoß und bewirkte in mir alle Begierde, denn ohne Gesetz war die Sünde tot.*

Der Pharisäer Saulus durchschaute den Zusammenhang von Gesetz und Sünde noch nicht. Das Gesetz war für ihn jenseits allen Zweifels. Es kam von Gott, und was von Gott kam, war gut, nichts Schlechtes konnte daraus entstehen. Wenn das Gesetz nicht erfüllt wurde, dann lag das allein am Menschen. Und was ein Mensch ist und was man von ihm erwarten kann, davon hatte der Pharisäer Saulus ein festes Bild: Über jedem Menschen steht ein »Du sollst!« und in jedem Menschen gibt es ein »Du kannst!«. Wenn er nicht kann, dann hat er seinen Schwächen nachgegeben und sich von seinen Begierden verführen lassen. Dann war sein Wille einfach nicht stark genug, er hat versagt und ist der Zuwendung Gottes nicht würdig. Dann hat er sich selbst sein Urteil gesprochen und ist verdammt.[8]

Das sollte man von Saulus nie sagen können. Er war nicht wie viele seiner Glaubensbrüder, die sich nur so weit an die Gesetze hielten, wie es für sie nicht anstrengend war. Das genügte Saulus nicht. Er wollte mehr, er wollte alles. Er wollte ein gelungenes Leben, ein Leben, das auch vor den Augen Gottes bestehen konnte. War dieses Ziel es nicht wert, dass man alles dafür tat? Und konnte nicht jeder sehen, wie ernsthaft sich Saulus anstrengte?

Für alles, was er erwarb, zahlte er den Zehnten, manchmal auch mehr. Er achtete penibel darauf, nichts Unreines zu essen und nicht mit Unreinem in Berührung zu kommen. Und auch sein Zorn gegen die Jesus-Leute war ein Beweis seines rechten Glaubens. Ein frommer Mann musste jene hassen, die Gottes Gesetz in Frage stellten. Und Saulus hasste Leute wie diesen Stefanus, die so frei daherredeten und dabei noch ein befreites Gesicht machten.

Was aber ist, so kann man fragen, wenn Gesetz und Sünde doch zusammenhängen? Wenn das Gesetz die Sünde erst hervorbringt? Dann soll das Gesetz etwas überwinden, das es gleichzeitig selbst erzeugt. Das ist ein Wettlauf, der nie ein Ende finden kann. Je strenger das Gesetz, desto lebendiger wird die Versuchung zur Sünde. Je stärker der Wille, das Gesetz zu halten, desto stärker der Antrieb, es zu brechen. Das führt zu einer moralischen Kraftanstrengung, die sich gegen sich selbst richtet und bei der man sich bis zur Erschöpfung aufreibt – oder in Verzweiflung endet. In der Verzweiflung darüber, dass keine Anstrengung groß genug ist, um die Sünde abzuschütteln. Paulus wird diese Verzweiflung einmal als Sünde erkennen, als Sünde, die mit dem Tod bezahlt werden muss, einem Tod mitten im Leben. Sören Kierkegaard nannte sie eine »Krankheit zum Tode«.[9]

Kapitel IV
In die Wüste

Wissenschaftler haben immer wieder herauszufinden versucht, wann genau Jesus von Nazareth gestorben ist. Es hat sich gezeigt, dass das nicht mehr möglich ist, nur ein ungefährer Zeitraum lässt sich angeben. Man weiß, dass er in den Jahren gekreuzigt wurde, als der Präfekt von Judäa Pilatus hieß und Kaiphas in Jerusalem der Hohepriester war, also zwischen 26 und 36 n. Chr. Außerdem kann man davon ausgehen, dass Jesus an einem Passafest hingerichtet wurde. Dieses Fest wurde nach jüdischem Kalender immer am 15. Nisan gefeiert, wobei der Frühlingsmonat Nisan die Zeit von Mitte März bis Mitte April umfasst. Nimmt man jetzt noch hinzu, dass der Todestag Jesu nach Angaben der Bibel ein Freitag war, dann stellt sich die Frage, in welchem Jahr um 30 n. Chr. der 15. Nisan auf einen Freitag fiel. Doch auch da gibt es mehrere Möglichkeiten: In Betracht kommen die Jahre 27, 30, 31 oder 34 n. Chr. Einfachheitshalber sagt man, dass Jesus um das Jahr 30 gestorben ist.[1]

Nicht weniger schwierig ist die Sache bei Saulus/Paulus. Immerhin ist ziemlich sicher, dass er um einige Jahre jünger war als Jesus. Als jener etwa dreißigjährig auf Golgatha starb, war der Pharisäer Saulus wohl gerade mit seiner religiösen Ausbildung fertig, dürfte also Anfang zwanzig gewesen sein. Geht man davon aus, dass er sich in den Jahren darauf als gnadenloser Verfolger der Jesus-Leute hervortat, könnte er zur Zeit seiner Bekehrung Mitte zwanzig gewesen sein.

Für Paulus war es nach der Lebenswende vor Damaskus sicher völlig nebensächlich, wie alt oder jung er war. Er war wie gestorben und neu geboren. Jener junge Mann, der vielleicht fünfundzwanzig Jahre gelebt hatte, der in Tarsus aufgewachsen und in Jerusalem zum Pharisäer ausgebildet worden war, diesen Saulus gab es nicht mehr. Damaskus war seine Stunde null. Hier begann eine neue Zeitrechnung, ein neues, das eigentliche Leben. *Wenn also jemand in Christus ist*, so drückt er es später aus, *dann ist er eine neue Schöpfung: Das Alte ist vergangen, Neues ist geworden.*[2] Aber noch war unklar, wie sein neues Leben aussehen würde.

Zurück in die Zeit um das Jahr 34 n. Chr. Paulus liegt vor den Toren von Damaskus im Staub und ist zunächst einmal wie erschlagen. Seine Gefährten wissen nicht recht, was sie tun sollen. Hat Saulus einen Anfall erlitten oder ist gar ein Dämon in ihn gefahren? Saulus versucht mühsam, sich aufzurappeln. Als er seine Augen öffnet, sieht er nichts. Er ist blind und seine erschrockenen Gefährten müssen ihn bei der Hand nehmen und führen. Was sollen sie mit ihm tun? In diesem Zustand können sie mit ihm nicht nach Jerusalem zurückreisen. Er braucht Hilfe, und zwar möglichst schnell. Das Naheliegendste ist, ihn nach Damaskus zu bringen.

Saulus' Reise endet also wirklich in Damaskus. Was ist das aber für ein Einzug in die Stadt! Was für ein erbärmlicher Anblick! Der stolze, heißblütige Pharisäer, der in die Stadt einreiten wollte, um abtrünnige Juden zu bestrafen, kommt jetzt durch das Stadttor als ein gebrochener Mann. Hilflos wie ein Bettler, der sich kaum auf den Beinen halten kann, stolpert er vorwärts, gestützt auf seine Kumpane. Die Männer gehen durch die Hauptstraße der Stadt, die »die Gerade« heißt, eine Monumentalstraße von Ost nach West, die es heute noch gibt. Sie erkundigen sich, wo man einen Kranken unterbringen kann, und man verweist sie an einen frommen Mann namens Judas. Drei Tage lang liegt Paulus wie tot im Haus des Judas. Er isst nichts, er trinkt nichts und seine Augen bleiben blind. Dann bekommt er Besuch. Es ist ein gewisser Ananias, einer von jenen Leuten, die Paulus eigentlich in Damaskus festnehmen und bestrafen wollte. Ananias ist nicht ganz freiwillig gekommen. Er hat eine Vision gehabt, in der Gott ihm befohlen hat, in die Gerade Straße zu gehen und nach Saulus zu fragen. Ananias hat erst gezögert, denn er hatte schon von Saulus und dessen Untaten gehört. Aber in seinem Traum hat Gott ihn beruhigt. Von Saulus drohe ihm keine Gefahr mehr. Niemand mehr werde unter ihm leiden. Vielmehr werde der gewandelte Saulus in Zukunft viel zu leiden haben. Im Haus des Judas legt Ananias dem Saulus die Hände auf und sagt: *Bruder Saul, der Herr hat mich gesandt, Jesus, der dir auf dem Weg hierher erschienen ist; du sollst wieder sehen und mit dem Heiligen Geist erfüllt werden.* Und augenblicklich konnte Paulus wieder sehen. Er aß und trank auch wieder und erholte sich. Schon nach einigen Tagen ging er in Damaskus in die Synagoge und verkündete seine neue Botschaft.

So hat es sich nach den Aufzeichnungen des Lukas zugetragen. Die Frage ist nicht, ob das alles wirklich so geschehen ist, sondern was Lukas mit seiner Darstellung beabsichtigt hat. Zunächst wollte er ganz drastisch zeigen, wie aus einem für Gott blinden, hochmütigen Heiden ein sehender, kleinmütiger, hilfloser Gläubiger wird. Darüberhinaus wollte er auch darstellen, wie es ist, wenn göttliche Macht in ein Menschenleben eingreift, und was dieser Schock dann bewirkt. Lukas konnte dabei auf ältere Bekehrungsgeschichten zurückgreifen.

Dass diese Geschichte einen glaubwürdigen Kern hat, zeigt sich, wenn man sie mit Beschreibungen ähnlicher Erlebnisse vergleicht. Einer der berühmtesten Berichte stammt von Blaise Pascal, der im 17. Jahrhundert gelebt hat. Pascal war ein religiöser Mensch, aber auch ein genialer Mathematiker, den man nicht verdächtigen kann, dass er überspannt war und sich leicht etwas eingebildet hat. Nachdem Pascal gestorben war, bemerkte ein Diener, dass im Rock des Toten etwas eingenäht war. Es fand sich ein handbeschriebenes Pergament. Dieser Zettel war Pascal so wichtig gewesen, dass er ihn immer bei sich trug und in jeden neuen Rock einnähte. Die Aufzeichnung war die Erinnerung an ein Erlebnis, das Pascal eines Nachts gehabt hat. Auf dem Zettel ist es genau datiert, es ereignete sich am 23. November 1654, von ungefähr zehn Uhr abends bis kurz vor Mitternacht. Der Text besteht aus einer Reihe wie im Fieber hingeschriebener Sätze, Ausrufe. In der ersten Zeile steht nur ein großgeschriebenes Wort: FEUER. Dann Ausrufe wie »Gewissheit. Gewissheit. Empfindung. Freude. Friede« oder Sätze wie »Ich habe mich von ihm getrennt; ich bin vor ihm geflohen, ich habe ihn verleugnet, gekreuzigt«.

Pascal hatte sich bisher viel mit dem christlichen Glauben auseinandergesetzt, aber nun war ihm der lebendige Gott erschienen, und die Worte und Bilder, mit denen er diese Begegnung festhalten wollte, sind ähnlich denen bei Paulus und Lukas: Das helle Licht, die große, fast unerträgliche Nähe, die Wucht des Ereignisses, die fast sprachlos macht, der Schmerz über die frühere Trennung, die Freude darüber, endlich zu erkennen, dass Gott kein »Gott der Philosophen« ist, sondern der lebendige »Gott Abrahams, Isaacs und Jakobs«.[3]

Ananias legt Paulus die Hände auf, und er, der vorher blind war, kann wieder sehen. Es ist wie das Erwachen aus einem Koma. Wie das erste, zaghafte Augenöffnen nach blinder Eingeschlossenheit. Man kann diese Geschichte von Lukas auch weiterspinnen: Judas, der Paulus aufgenommen und gepflegt hat, ist sicher neugierig. Nachdem Paulus wieder einigermaßen hergestellt ist, fragt er ihn, was denn nun eigentlich passiert sei. Paulus sieht ihn mit großen Augen an und bringt stotternd ein paar Worte hervor, so wie Blaise Pascal nach der denkwürdigen Nacht hastig Worte auf ein Blatt Papier gekritzelt hat. Von einem großen Licht redet er und von einer Stimme. Und immer wieder beteuert er, dass ihm Gottes Sohn erschienen sei. Judas kann sich keinen rechten Reim darauf machen. Aber klar ist, dass der Pharisäer Saulus nun auch glaubt, dass Jesus von Nazareth Gottes Sohn war. Unter dessen Anhängern in Damaskus spricht es sich schnell herum: Ein Wunder ist geschehen. Der gefürchtete Saulus ist bekehrt. Er bekennt sich nun zu dem Glauben jener, die seine Feinde waren.

Was soll nun aber weiter aus Paulus werden? Er ist ein jüdischer Schriftgelehrter – das kann er doch nun nicht mehr bleiben. Was soll er fortan für ein Leben führen? Soll er sein Brot als Handwerker verdienen, als Zeltmacher, und eine Familie gründen? Am besten, er geht zurück nach Jerusalem und trifft sich dort mit den wichtigen Leuten, mit den Aposteln, mit Petrus und den anderen. Die werden ihm schon sagen, was er tun soll. Für sie ist es ein Triumph, wenn einer ihrer erbittertsten Feinde die Seiten gewechselt hat und sich nun zu ihrem Glauben bekennt.

Lukas schickt Paulus auch bald von Damaskus nach Jerusalem. Dort geht er bei den Aposteln ein und aus und predigt seinen neuen Glauben. In diesem Punkt aber sollte man der Darstellung des Lukas nicht folgen. Denn Paulus hat später selbst darüber berichtet, wie es mit ihm nach dem Vorfall bei Damaskus weitergegangen ist. Und das hört sich ganz anders an als bei Lukas. Paulus hat nämlich niemanden um Rat gefragt. Er hat auch nicht auf die Ratschläge der anderen gehört. Entgegen allen Erwartungen ist er nicht nach Jerusalem zurück. Er hat nicht die Apostel aufgesucht, um bei ihnen aufgenommen zu werden. All das hat er nicht getan. *Ich ging*, so schreibt er, *nicht sogleich nach Jerusalem hinauf zu denen, die vor mir Apostel waren, sondern zog nach Arabien […]*.[4]

Nach Arabien also ist Paulus mehr oder weniger geflüchtet. Damit meint er das Gebiet östlich von Damaskus, das heute zu Jordanien gehört. Damals war es das Reich der Nabatäer, über das der König Aretas herrschte, ein enger Verbündeter der römischen Weltmacht. Hauptstadt dieses Königreichs war das sagenhafte Petra, dessen Häuser, Tempel und Paläste in und aus den Felsen eines Berges gehauen worden waren. Außer Petra gab es noch die Städte Jerasch und Philadelphia, das heutige Amman. Ansonsten war Arabien eine Wüstenlandschaft.[5]

Paulus zieht sich zurück in diese Wüste. Er entzieht sich damit allen Ratgebern und er entzieht sich auch den Blicken seiner Biografen. Die fast drei Jahre, die er in dieser unwirtlichen Gegend verbrachte, gehören zu den Leerstellen in Paulus' Leben. Man weiß nichts davon. Lukas berichtet nichts darüber und Paulus spricht nicht über diese Lebensjahre. Aber auch wenn man nichts weiß, so folgt doch das Verhalten des Paulus einem Muster, das man bei anderen großen religiösen Gestalten finden kann. Von dem Propheten Jesaja heißt es, dass er nach seiner Vision im Tempel erst eine Zeit lang schweigen musste. Johannes der Täufer lebte und taufte in der Wüste. Und Jesus selbst suchte die Abgeschiedenheit, nachdem sich bei seiner Taufe am Jordan der Himmel geöffnet hat und eine Stimme verkündete, dass er der geliebte Gottessohn sei. Für das spätere Mönchtum war die Wüste ein Ort der Versuchung und gerade deswegen ein Ort der Gottbegegnung.

Auch bei einer nichtchristlichen Gestalt wie Gautama Buddha folgt der Erleuchtung der Rückzug. Nachdem er eines Nachts unter einem Feigenbaum erkannt hat, dass das Leben Leiden sei und es darauf ankomme, sich vom Leiden zu befreien, will er zunächst nur schweigen und zieht sich dann in die Einsamkeit zurück.[6]

Der Philosoph Sören Kierkegaard weist darauf hin, dass Paulus drei Jahre lang geschwiegen hat. Für ihn erkennt man jemanden, der wirklich eine Offenbarung erlebt hat, daran, dass er seinen Mund halten kann und nicht gleich hinausrennt und sein Erlebnis ausposaunt. Es gebe, so Kierkegaard, »ein nervenschwaches: Bekenne, bekenne, und es gibt in geistiger Hinsicht einen Zustand, der dem physischen dessen gleicht, der sein Wasser nicht halten kann«.[7]

Hat nicht Paulus auch allen Grund, erst einmal Abstand zu gewinnen, um das Erlebte zu verarbeiten? Immerhin hat er keine sanfte, erbauliche Erleuchtung erlebt, sondern eine Offenbarung, die ihm den Boden unter den Füßen weggerissen hat. Auch wenn er später sehr zurückhaltend darüber redet, wird doch deutlich, dass dieses Erlebnis eigentlich zu viel für ihn war. Es hat ihm fast den Kopf zersprengt. *Diesen Schatz*, so schrieb er später, *tragen wir in zerbrechlichen Gefäßen.*[8]

Was ist das aber für ein *Schatz*? Ist es eine neue Lehre? Oder ist es eine Liste von Geboten, wie Moses sie empfangen hat?

Paulus spricht von einem Erkennen, und damit meint er zunächst, dass er sich selber sehr klar wahrgenommen hat. Wie ein unwirklich helles Licht hat es ihn durchflutet, und er hat sich so gesehen, wie er wirklich ist. In diesem ebenso wunderbaren wie schmerzlichen Moment muss Paulus völlig schutzlos gewesen sein. Alles, was ihn vorher verdunkelte: Lüge, Stolz, Eitelkeit, Gleichgültigkeit – alles das war weg. Sein ganzes Leben lag offen vor ihm, bis in die letzten Winkel, auch das Verborgene, das Vergessene, das Verdrängte.

Erst später hat Paulus für das, was er gesehen hat, Worte gefunden und sein Leben beschrieben als eine Entwicklung, die sich stufenweise vollzogen hat. Zuerst war er ein Kind, er lebte wie in einem Paradies und wusste nichts von Schuld, von Gut und Böse. Doch dann, als er älter wurde, kam das Gesetz, die Anforderungen seiner Kultur und Religion. Das Gesetz war gut und heilig, aber es brachte die Sünde mit sich. Erst durch die Verbote und Ideale wurde die Sünde lebendig. Aber das war nicht die Schuld des Gesetzes. Es lag an ihm, an Saulus. Es gab etwas in ihm, das verhinderte, dass er das Gute tun konnte. Das galt nicht nur für ihn. Alle Menschen stehen unter diesem Fluch. Sie wollen immer das Beste, aber was dabei herauskommt, ist schlecht, böse, schrecklich. Sie wollen den Frieden und schaffen den Krieg. Sie wollen Gerechtigkeit und bringen Tod und Terror.

Vor Damaskus erkannte Paulus blitzartig, warum er sich umsonst bemüht hatte, ein mustergültiger Pharisäer zu werden. Der Grund war, dass er es unbedingt gewollt hatte. Sein unbedingter Wille war das Problem.[9] Er wollte dem Gesetz gerecht werden, er wollte alle Forderungen erfüllen, er wollte das Gute verwirklichen. Aber es ging nicht. Immer musste er die Erfahrung machen: *Ich tue nicht das, was ich will, sondern das, was ich hasse.*[10]

Offenbar ruft der gute Wille immer einen Gegenwillen wach, der zum Bösen führt. Das ist der Grund, warum das Gesetz auf diese Weise unerfüllbar ist. Diese Stufe muss unwillkürlich in Verzweiflung enden. In der Verzweiflung darüber, dass man moralische Gebote nicht hundertprozentig erfüllen, dass man nicht restlos gut sein kann. Wer es dennoch versucht, muss zwangsläufig scheitern.

Wer diesem Scheitern entgehen will, der muss eine neue Stufe gewinnen. Eine Stufe jenseits von Gesetz und Moral, wo der selbstzerstörerische Wille überwunden ist. Erst dann kann er erkennen, dass er die Rechtfertigung vor sich und vor Gott, die er so sehr sucht, nicht selber herbeiführen, sondern nur empfangen kann. Erst dann verschwindet, so drückt es ein moderner Theologe aus, »der Zwang des Leisten-Müssens und der Kampf des Leisten-Wollens«.[11]

Was Paulus vor Damaskus erlebt hat, war ein Empfangen. Er wurde überwältigt. Aber er hat das nicht empfunden als Drohung oder als feindlichen Eingriff, sondern als Erlösung. Auch eine Erlösung von seiner inneren Zerrissenheit. Er war plötzlich im Einklang mit sich. Er hat sich gefunden. Und das paradoxerweise nicht, indem er sich von anderen abgrenzte und unterschied, sondern indem er sich öffnete, sich hingab und hergab. Nicht an eine anonyme Macht oder an eine Idee, sondern an eine Kraft, die ebenso mächtig wie persönlich und nahe war. Eine ähnliche Erfahrung muss Augustinus gemacht haben, als er schrieb: »Was ist es, das da strahlend mir ins Auge bricht, das mir das Herz erschüttert und doch nicht verletzt, dass ich erzittre und erglühe? Erzittre, weil ich ihm so wenig ähnlich bin; erglühe, weil ich ihm doch so ähnlich bin.«[12]

Für Paulus war es der liebende Gott, der sich ihm offenbart hat. Seit daher weiß er, dass lieben und erkennen dasselbe sind. Oder in seinen eigenen Worten: *Wer aber Gott liebt, der ist von ihm erkannt.*[13] Was die Folge daraus ist, beschreibt er später so: *Ich lebe, doch nicht ich – sondern Christus in mir.* Hinter diesem Satz steht die ungeheure Erfahrung, dass Selbstverlust der größte Selbstgewinn sein kann.

In der Wüste von Arabien muss Paulus erst langsam begreifen, was ihn ergriffen hat. Und das ist schwer. Denn im Licht von Damaskus war alles auf einen Schlag da, als lebendiges Wissen. Dafür musste er aber erst Worte finden. In der Rabbinerschule hat er jahrelang gelernt, wie Gott ist und was er will. Aber der Gott, der ihm vor Damaskus begegnet ist, ist ganz anders. All seine Gelehrsamkeit nützt ihm nun nichts mehr. Er muss wieder bei null anfangen.

Aber eines ist ihm auch sofort klar. Er kann, er darf diesen *Schatz* nicht für sich behalten. Er muss ihn weitergeben. Mit dem Ereignis vor Damaskus ist Paulus ein Apostel geworden, mit einer Botschaft, einem Auftrag, einer Sendung. Ob er will oder nicht. Er hat keine Wahl. *Wehe mir, wenn ich nicht verkündige!*, wird er einmal klagen. Ob Paulus in Arabien schon erste Versuche gemacht hat? Vielleicht in Petra oder in Philadelphia? Paulus war sicher rhetorisch geschult und hat gelernt, wie man sich elegant und flüssig ausdrückt. Doch auch diese Fähigkeit gehört zu seinem alten Leben. Jetzt hält er nichts mehr von schönen Worten und einer geschliffenen Rede. Wichtig ist ihm allein, die *Kraft* der Botschaft zu vermitteln, auch wenn sich das recht holprig und unsicher anhört.

Mit seinen ersten Gehversuchen als Missionar hat er offenbar schon für einige Unruhe gesorgt und sich den ersten Ärger eingehandelt. Denn sogar dem König Aretas war zu Ohren gekommen, dass sich da ein Wanderprediger in seinem Herrschaftsgebiet herumtreibt und den Leuten mit seinen Reden den Kopf verdreht. Der Zorn des Aretas auf diesen dahergelaufenen Prediger muss groß gewesen sein, denn er schickte seine Leute los, die ihn festnehmen sollten.

Nach etwa drei Jahren tauchte Paulus wieder in Damaskus auf. Ob er auf der Flucht vor dem Nabatäerkönig hierher zurückkehrte? Jedenfalls war er auch in Damaskus nicht vor Aretas sicher. Dem reichte es offenbar nicht, dass dieser Unruhestifter das Weite gesucht hatte, er wollte ihn unbedingt zu fassen kriegen. Und sein Arm reichte weit. Aretas hatte einen Vertreter in Damaskus, der dort für Ruhe und Ordnung sorgte. Dieser Statthalter war nun hinter Paulus her. Der war jedoch nicht zu finden. Paulus hatte in Damaskus Freunde, die ihn versteckten, wahrscheinlich waren es Anhänger der Jesus-Sekte. Auf Befehl des Aretas ließ der Statthalter die Tore der Stadt Tag und Nacht bewachen, damit der Prediger nicht entkommen konnte.

Paulus saß in der Falle. Und es sah so aus, als ob seine Karriere als Missionar, die in Damaskus begonnen hatte, nun nach kurzer Zeit auch in Damaskus enden würde. Doch seine Helfer hatten einen Plan. Es gab Häuser, die in die Stadtmauer eingebaut waren. In einem dieser Mauerhäuser versteckten sie Paulus. Und eines Nachts wurde er in einen Korb gesetzt und durch ein Fenster an einem langen Seil vorsichtig die Mauer hinuntergelassen. Von den Wachen unbemerkt, stieg Paulus aus dem Korb und verschwand im Schutz der Dunkelheit. Er hielt sich südlich, in Richtung Jerusalem. Er wollte nun den Anführer der Nazarener kennenlernen, jenen Mann, den alle auf Aramäisch Kephas oder auf Griechisch Petrus nannten, was in beiden Sprachen dasselbe bedeutet, nämlich »der Fels«.

Kapitel V
Der Stachel im Fleisch

Nach dem Evangelisten Matthäus hat Petrus seinen Ehrennamen von Jesus selbst verliehen bekommen. Das war damals, als Jesus mit seinen Jüngern in Caesarea Philippi war und er sie gefragt hat, für wen sie ihn hielten. Da ist Petrus vorgetreten und hat geantwortet, er, Jesus, sei der Messias, der Sohn des lebendigen Gottes. Daraufhin hat Jesus ihn »den Fels« genannt und ihm versprochen, auf ihm seine Kirche zu bauen und ihm die Schlüssel des Himmelreiches zu geben.

Bevor Petrus zum »Fels« wurde, hat er anders geheißen, nämlich Symeon oder, auf Griechisch, Simon. Er war ein armer Fischer gewesen in Kapernaum am See Genezareth. Er hatte eine Frau gehabt, vermutlich auch Kinder und eine kranke Schwiegermutter. Eines Tages hatte er mit seinem jüngeren Bruder Andreas wieder seine Netze ausgeworfen, als ein Mann auftauchte, den sie nie zuvor gesehen hatten. Dieser Mann hatte sie aufgefordert, ihm nachzufolgen. Er wolle sie zu Menschenfischern machen, hatte er gesagt. Und tatsächlich hatten die beiden Brüder alles stehen und liegen lassen und sich dem Mann aus Nazareth angeschlossen.

In Zukunft galt Petrus als der erste jener Männer, die Jesus von Nazareth zu seinen Jüngern machte. Elf andere kamen noch dazu, aber Petrus behielt seine besondere Stellung. Unter den Jüngern war er der Wortführer und engster Vertrauter des Nazareners.

Es gibt zahlreiche Geschichten um Petrus, die ihn nicht gerade in einem günstigen Licht zeigen. In einer versucht er, es seinem Herrn gleichzutun und mitten auf dem See Genezareth über das Wasser zu gehen. Doch der Glaube, der ihn tragen würde, ist bei ihm zu schwach und er geht unter. Jesus muss ihn eigenhändig aus dem Wasser ziehen. Nach einer anderen Überlieferung war Petrus unter den Jüngern, die im Garten Gethsemane schliefen, anstatt Jesus, der Todesängste ausstand, beizustehen. Und nach Jesu Verhaftung zeigte er sich als erbärmlicher Feigling. Im Hof des Hohepriesters Kaiphas leugnete er drei Mal, Jesus von Nazareth zu kennen, aus Angst, auch verhaftet und bestraft zu werden.

Obwohl Petrus mehrmals versagt hatte, blieb er doch im Kreis der Jünger der Erste unter Gleichen. Auch nach dem Tod Jesu. Schließlich konnte er sich darauf berufen, der Erste gewesen zu sein, dem der auferstandene Jesus erschienen war. Das war eine allgemein anerkannte Tatsache, die man fast gebetsmühlenartig zu hören bekam: Zuerst war der Herr Petrus erschienen, danach allen zwölf Aposteln, danach noch fünfhundert Zeugen. Es gab zwar auch Stimmen, die behaupteten, dass der Auferstandene zuerst einer Frau erschienen sei, nämlich Maria von Magdala. Doch diese Stimmen verstummten schnell wieder, und es galt als ausgemachte Sache, dass Petrus diese Auszeichnung gebührte. Sein Wort zählte. Der frühere Fischer, der mit Jesus von Nazareth ein Wanderleben geführt hatte, war nun ein Stadtmensch geworden. Er hatte sich wieder eine neue Frau genommen und galt als Leiter der Jerusalemer Gemeinde.

Für Petrus muss es überraschend gewesen sein, dass er nun Besuch bekam von Paulus. Natürlich hatte er schon von ihm gehört und auch davon, was damals, vor drei Jahren, vor Damaskus angeblich geschehen war. Aber nun stand dieser ehemalige Pharisäer leibhaftig vor ihm und wollte ihn kennenlernen. Auch für Paulus muss die Situation merkwürdig gewesen sein. Er hatte viele Jahre in Jerusalem verbracht, aber eben nicht in diesen Kreisen. Ob ihn nun in den Straßen der Stadt die verächtlichen Blicke seiner einstigen Freunde trafen? Ob man ihm abfällige Bemerkungen zuwarf, weil er, der ehemalige Musterschüler, nun mit dieser jüdischen Sekte verkehrte?

Mit Petrus scheint sich Paulus jedenfalls gut verstanden zu haben, obwohl der Rang, den Paulus für sich beanspruchte, für den »Felsen« eine ziemliche Zumutung gewesen sein muss. Paulus sah sich nämlich ebenfalls als Apostel. Dabei war es doch ein ungeschriebenes Gesetz, dass nur der ein Apostel sein konnte, der den Herrn noch gekannt hatte und also berechtigt war, seine Botschaft weiterzugeben. Petrus hat offenbar die Haltung des Paulus akzeptiert. Und hingenommen hat er es wohl auch, dass Paulus gar keinen Nachhilfeunterricht in Sachen Jesus von ihm wollte. Er hätte ihm doch so viele Geschichten erzählen können von dem, was er alles mit Jesus erlebt hat, von seinen Aussprüchen und seinen Wundertaten. Paulus interessierte das alles nicht so. Für ihn war es nicht entscheidend, dass man Jesus, wie er es einmal sagt, *dem Fleische nach*, also leibhaftig gekannt hat. Wichtiger war für ihn die Kraft seiner Gegenwart. Und das war in erster Linie eine befreiende Kraft, die auch die Fesseln einer Gesetzesreligion sprengte.

Mit Petrus konnte man sich über solche Dinge unterhalten. Sein Horizont war nicht auf die rein jüdische Welt beschränkt. Er hatte keine Berührungsängste gegenüber Nichtjuden. Er soll sogar Heiden wie den römischen Hauptmann Kornelius getauft haben. Es gab allerdings auch andere Leute in der Jerusalemer Gemeinde, für die das alles entschieden zu weit ging. Jakobus gehörte wohl zu ihnen. Er war angeblich ein Bruder des Jesus von Nazareth und hatte erheblichen Einfluss in der Gemeinde. Für ihn war es keine Frage, dass der *neue Weg* ein Weg innerhalb des jüdischen Glaubens sein musste. Und dazu gehörte auch die Einhaltung bestimmter Gesetze, etwa die Beschneidung und einige Reinheitsgebote.

Paulus betrachtete sich zwar auch als Apostel, aber dem Apostelkreis in Jerusalem wollte er sich nicht anschließen. Vielleicht war ihm dieser Kreis zu sehr nach außen abgeschlossen, zu festgefahren. Außerdem gab es in Jerusalem noch große Vorbehalte gegen ihn, und viele wollten nicht glauben, dass er sich verändert hatte. Jedenfalls blieb er nur zwei Wochen bei Petrus in Jerusalem und reiste dann wieder ab in die Gegend seiner Geburtsstadt Tarsus.[1] Warum Paulus wieder in seine Heimat zurückkehrte, weiß man nicht. Wollte er auf vertrautes Terrain? Oder wollte er gerade dort, wo sein altes, abgelegtes Leben begonnen hatte, die Botschaft seines neuen Lebens verbreiten? Ob er auch seine Familie in Tarsus wiedergesehen hat? Wenn ja, wird er sicher nicht begeistert empfangen worden sein. Es war immer noch eine strenggläubige Familie, die so viel Hoffnungen auf ihren Sohn gesetzt und viel Geld in seine Ausbildung investiert hatte. Und nun kehrte er nach langen Jahren wieder zurück als ein Sektenanhänger, der glaubte, dass ein hingerichteter Verbrecher Gottes Sohn war, und der auch noch steif und fest behauptete, dass dieser Gottessohn ihm erschienen sei. Eine herbe Enttäuschung für die Eltern, eine Schande für das Haus. Im multikulturellen Tarsus mit seinen vielen Religionen und Göttern wird Paulus nicht allzu sehr aufgefallen sein. Ein Wanderprediger mehr. Ein Spinner mehr.

Und doch scheint es sich herumgesprochen zu haben, dass dieser Paulus mehr oder weniger auf eigene Faust die Botschaft vom auferstandenen Jesus verbreitete, auch in einer heidnischen Umgebung. Eines Tages jedenfalls tauchte in Zilizien ein Mann auf, der nach Paulus suchte. Er hieß Barnabas, ein gebürtiger Zypriote und Anhänger des *neuen Weges*. Er hatte die Jerusalemer Gemeinde unterstützt mit dem Geld, das er aus dem Verkauf eines Ackers bekommen hatte. Nach der Steinigung des Stefanus war er mit vielen anderen aus Jerusalem vertrieben worden und hatte sich in Antiochia niedergelassen. Dort hatte er eine christliche Gemeinde gegründet.

Was Barnabas dem Paulus von dieser Gemeinde erzählte, muss in dessen Ohren sehr interessant geklungen haben. Die Gruppe um Barnabas war nämlich zunächst noch ganz eingebunden gewesen in die große jüdische Gemeinde von Antiochia. Allmählich aber hatte man sich gelöst und öffnete sich nun auch gegenüber den sogenannten Gottesfürchtigen, also Leuten, die keine Juden waren, auch keine werden wollten, sich aber zu dem neuen Glauben hingezogen fühlten.[2] Daraus ergaben sich natürlich Spannungen mit den alteingesessenen Juden, die nicht zulassen wollten, dass man die Gebote überging und unreine Heiden in die Synagogen kamen. Barnabas und seine Leute wollten jedoch ihren Weg weitergehen. Dafür brauchten sie tatkräftige und überzeugende Helfer, die sich zudem in einem städtischen Milieu auskannten. Das war der Grund, warum Barnabas nach Zilizien und Tarsus gekommen war.

Paulus konnte zu diesem Angebot nicht nein sagen. Er war einverstanden und begleitete Barnabas nach Antiochia. Die Reise dorthin war nicht sehr lang. Antiochia lag sozusagen Tarsus gegenüber, auf der anderen Seite der Bucht von Issos. Sie konnten mit dem Schiff zur Hafenstadt Seleucia reisen und von dort dann landeinwärts Antiochia erreichen.

Die beiden Städte trennte aber mehr als nur ein schmaler Meeresstreifen. Tarsus war keine unbedeutende Stadt, doch verglichen mit Antiochia war sie Provinz. Nach Rom und Alexandria war Antiochia die drittgrößte Metropole des Römischen Reiches, mit mehr als einer halben Million Einwohner, ein Schmelztiegel für Menschen aus allen möglichen Ländern, mit verschiedenen Sprachen und Religionen. Auch was die Freizügigkeit der Sitten anbelangte, stellte Antiochia das berüchtigte Tarsus in den Schatten. Die Stadt galt als das »Sündenbabel«[3] der Antike.

Diesen Ruf verdankte die Großstadt Orten wie dem heiligen Hain der Daphne. Wenn Barnabas und Paulus entlang des Flusses Orontes nach Antiochia wanderten, sind sie an diesem Heiligtum vorbeigekommen. Es war ein Waldgebiet voller Quellen und Bäche. Mittelpunkt der Anlage war ein dem Apollon geweihter Marmortempel. Der Sage nach hatte es der Gott hier auf die Nymphe Daphne abgesehen. Doch die Nymphe hatte sich vor dem lüsternen Apollon gerettet, indem sie sich in einen Lorbeerbaum verwandelte. Nicht die bewahrte Unschuld aber wurde an dieser Stätte gefeiert, sondern der Kult des Sexus. Der Hain mit seinen Lorbeerwäldern, den zahllosen Teichen und Wasserfällen war ein riesiges Freiluftbordell, bevölkert von Priesterinnen und Priestern des Eros.

Vom Hain der Daphne führte eine säulengesäumte, mit rötlichen Steinen gepflasterte Straße nach Antiochia. Ähnlich wie Damaskus war die syrische Weltstadt berühmt für ihren Wasserreichtum. Das kristallklare Wasser des Orontes floss in die pompösen öffentlichen Bäder und Brunnen und durch Wasserleitungen in die Paläste und Privathäuser. Zu diesem Überfluss passte die prachtvolle Architektur der Stadt.[4] Vom Mittelpunkt, einer Säulenhalle aus, gingen die breiten Straßen in alle Himmelsrichtungen. Marmorsäulen unterteilten diese Boulevards, sodass Fußgänger, Reiter und Fuhrwerke voneinander getrennt waren. Teilweise waren sie sogar überdacht, um vor Regen oder Sonne zu schützen. Kaiser Tiberius hatte die Stadt vergrößern und überall Statuen von Göttern und Heroen aufstellen lassen, wie man überhaupt auf Schritt und Tritt der griechischen Götterwelt begegnete. Nach Sonnenuntergang wurden die Theater, die gigantische Zirkusarena, die Tempel und Straßen von Tausenden von Lichtern erleuchtet. In dieser »Stadt der Kneipen« wurde die Nacht zum Tage gemacht und die Einwohner wie die römischen Besatzer konnten jeder Art von Vergnügen nachgehen.

In Rom fürchtete man angesichts solcher Verlockungen schon um die Moral der Truppen in den östlichen Provinzen. Aber was Luxus und Ausschweifungen betraf, so ging es in der Hauptstadt des Imperiums auch nicht viel besser zu und der Kaiser war immer noch ein schlechtes Vorbild.

Tiberius hatte es trotz seines lasterhaften Lebens auf ein hohes Alter gebracht. Im Jahre 37 n. Chr., vermutlich zu der Zeit, als Paulus nach Antiochia ging, starb er achtundsiebzigjährig in seinem Landhaus zu Misenum. Der Historiker Sueton berichtet, dass die Leute vor Freude über den Tod des Kaisers in den Straßen tanzten.[5] Sein Nachfolger hieß Gaius Cäsar. Er war der Sohn des berühmten Feldherrn Germanicus. Gaius hatte seinen Vater auf dessen Kriegszügen begleitet und hatte von ihm schon als kleines Kind eine Uniform samt Halbstiefel bekommen. Wegen dieser Kinderstiefel, caliga auf Lateinisch, hatten ihn die Soldaten Caligula, also »Stiefelchen«, genannt und dieser Spitzname blieb ihm auch als Kaiser.

Caligula nahm eine ähnliche Entwicklung wie Tiberius. Zunächst zeigte er sich als weiser und umsichtiger Herrscher. Dann stieg ihm anscheinend seine Machtfülle zu Kopf und er wurde größenwahnsinnig. Er hielt sich für einen Gott, ließ ein Heiligtum für sich errichten und eine lebensgroße Statue aufstellen, die jeden Tag mit den gleichen Kleidern ausstaffiert werden musste, die er selber trug. Er ließ sogar eine Brücke von seinem Palast zum Tempel des Jupiter bauen, um dort, wie er verkündete, zeitweise zu wohnen. Seine Willkür kannte keine Grenzen. Er ließ Leute kurzerhand umbringen, nur weil ihm die Farbe ihres Mantels oder ihr Haarschnitt nicht gefiel. Und wenn eine Frau oder ein Mann seine Lust erregte, mussten sie ihm zu Diensten sein. Sein Wahn ging so weit, dass er sein Lieblingspferd zum Konsul ernannte. Eine launenhafte Entscheidung war es auch, dass er den Enkel Herodes des Großen, Herodes Agrippa, der bei Tiberius in Ungnade gefallen war, aus dem Gefängnis befreite und ihn zum Regenten über weite Teile Palästinas machte. Außerdem schenkte er ihm eine Nachbildung seiner Gefängnisketten aus purem Gold. Herodes Agrippa erfreute sich nun der Gunst des Kaisers und das sollte sich für die Juden in Jerusalem noch als Vorteil erweisen.

Für die Juden war es natürlich unannehmbar, dass sich ein Mensch, und sei es der Kaiser, zum obersten Gott erklärte. Die meisten der bisherigen römischen Machthaber waren auch so klug gewesen, auf die religiösen Gefühle der Juden Rücksicht zu nehmen. Für Caligula war damit Schluss. Er wollte dieses eigensinnige, ewig renitente Volk dazu zwingen, seine Göttlichkeit anzuerkennen, und zwar an dessen heiligstem Ort, im Tempel von Jerusalem. Er gab dem Statthalter von Syrien, Publius Petronius, den Befehl, mit zwei Legionen nach Judäa zu marschieren und eine riesige Kaiserstatue im Jerusalemer Tempel aufzustellen. Schon weit vor Jerusalem kam ihnen eine jüdische Delegation entgegen, die Petronius beschwor, seinen Plan aufzugeben. Ein blutiger

Aufstand des ganzen jüdischen Volkes sei sonst unvermeidbar. Petronius ließ sich beeindrucken und versuchte, den Kaiser in Rom in Briefen umzustimmen. Doch der blieb hart und verlangte von Petronius, entweder den Befehl auszuführen oder sich in sein Schwert zu stürzen.

In dieser angespannten Situation war es Herodes Agrippa, der mäßigend auf Caligula einwirkte und dem es gelang, den Kaiser von seinem Vorhaben abzubringen. Die drohende Zerstörung Jerusalems und die Verwüstung des ganzen Landes waren abgewendet. Trotzdem beharrte Caligula auf dem Freitod des Petronius. Den Befehl dazu brauchte dieser aber nicht mehr auszuführen, denn bevor ihn der Brief aus Rom erreichte, hatte sich die Nachricht vom Tod des Kaisers verbreitet. Am 24. Januar des Jahres 41 n. Chr. hatten ihn zwei Offiziere seiner Leibwache erstochen. Caligula war neunundzwanzig Jahre alt. Nur drei Jahre, zehn Monate und acht Tage war er Gott und Kaiser gewesen.

Für die Juden in Palästina war mit Caligula der größte Feind verschwunden. Und der neue Kaiser Claudius, das wurde bald deutlich, war nicht so rücksichtslos wie sein Vorgänger. Claudius machte sogar wieder einen der ihren, nämlich Herodes Agrippa, zum König der Juden. Herodes war durchaus beliebt. Noch beliebter machte er sich, als er anfing, die Jesus-Sekte zu verfolgen. Im Jahre 44 n. Chr. ließ er Jakobus, den Bruder des Johannes, mit dem Schwert hinrichten. Und als er sah, dass solche Aktionen bei den Juden gut ankamen, ließ er Petrus ins Gefängnis werfen. Wie es dem gelang, aus dem Kerker zu entfliehen, ist ein Rätsel. In der Darstellung des Lukas geschah es durch ein Wunder. Ein

Engel befreit den Apostel, der gar nicht recht weiß, wie ihm geschieht. Nach der Flucht muss er auch lange an die Tür seiner verängstigten Glaubensbrüder klopfen, bis die ihm endlich öffnen.

In Jerusalem galten die zwölf Apostel wie überhaupt die Sekte der Nazarener immer noch als eine »jüdische Sondergruppe«.[6] Und für die meisten unter ihnen war auch selbstverständlich, dass nur Juden ihrer Gemeinschaft angehören können.

In Antiochia war das anders. Hier, in diesem heidnischen Umfeld, wurden die Anhänger des Jesus von Nazareth als eigenständige, von den Juden unabhängige Gruppe wahrgenommen, die man auf Griechisch »christianoi«, also »Diener des Christos« oder »Leute des Christos«, nannte. Um ein Christ zu werden, brauchte man kein Jude zu sein. Das heißt, man musste sich nicht beschneiden lassen und man musste auch nicht die Gesetze der Thora einhalten. Das war in den Augen von Juden und vielen jüdischen Jesus-Anhängern ein ungeheurer Verrat an der eigenen Religion. Denn praktisch wurde damit jeder Unterschied zwischen Juden und Heiden geleugnet.

Dass sich in Antiochia so viele Heiden den Christen anschlossen, hatte sicher mehrere Gründe. Manchen gab es zu denken, wenn die Christen von der Endzeit redeten, die angebrochen sei, und vom Gottesgericht, das bevorstünde. Sie wollten auch zu den Auserwählten zählen, die dann vor Gott Gnade finden würden. Andere fühlten sich hingezogen zu einer Religion, die nur einen einzigen Gott kennt und keine Barrieren aufbaut. Überhaupt waren die Christen offen und tolerant. Jeder konnte Christ werden, ob arm oder reich, ob Grieche, Römer oder Ägypter, Mann oder Frau.

Paulus wurde mit der Zeit zu einem der führenden Köpfe unter den Christen in Antiochia. Und er hat wohl am entschiedensten von allen eine Gemeinschaft gefordert, die von allen Gesetzen und Zugangsbeschränkungen frei ist. Das hat natürlich zu erheblichen Spannungen mit traditionsgebundenen Juden geführt. Doch Paulus ging es nicht darum, andere vor den Kopf zu stoßen. Sein Kurs war die Konsequenz aus seiner Gotteserfahrung. Der Gott, der ihm vor Damaskus begegnet war, war kein exklusiver Gott. Er erließ keine Gesetze und verlangte ihre Erfüllung. Er war kein Gott eines einzelnen Volkes. Er war ein persönlicher Gott, der für die Menschen da sein und sie heil machen wollte. Und dieser Gott thronte auch nicht irgendwo in einem fernen Tempel, sondern er teilte sich mit, er war auch ein inneres Ereignis. Darum redet Paulus davon, dass jemand *in Christus* ist und auch Christus in ihm. Oder dass Gottes Geist in einem Menschen wirkt und ihm zu einer völlig neuen Sicht seiner selbst und der Welt verhilft.

Paulus wusste, wovon er redete. Dieser Geist hatte ihn auch in Antiochia nicht verlassen. Und einmal muss er so heftig über ihn gekommen sein, dass er sich noch vierzehn Jahre später mit Ehrfurcht und Schaudern daran erinnerte. Damals, so schreibt er im zweiten Korintherbrief, sei er in den *dritten Himmel*, in das *Paradies*, entrückt worden, und er habe *unsagbare Worte* gehört, die ein Mensch nicht aussprechen könne. Aber damit er sich wegen dieser einzigartigen Offenbarung nicht überhebe, sei ihm ein *Stachel ins Fleisch* gestoßen worden.

Generationen von Forschern haben sich den Kopf darüber zerbrochen, was Paulus mit diesem *Stachel im Fleisch* gemeint haben könnte. Die meisten haben angenommen, dass Paulus damit auf eine körperliche Krankheit anspielen will. Die Vermutungen gingen von Epilepsie, Hysterie oder Migräne bis zu Malaria, Depression und Homosexualität.[7]

Für den dänischen Philosophen Sören Kierkegaard gehen solche medizinischen Erklärungen an der Sache vorbei. Er wies darauf hin, dass Paulus den Ausdruck vom »Stachel im Fleisch« als Gegengewicht zur Erfahrung des *dritten Himmels* verwendet.[8] Wenn man den *dritten Himmel* versteht als jene Momente, in denen ein Mensch das größte Glück und die größte Gewissheit empfindet, dann besteht das Gegenteil in Zeiten des Selbstzweifels, der Unsicherheit und Angst. Folgt man dieser Erklärung, dann gehörte für Paulus beides zusammen. Dem *dritten Himmel* muss die Ernüchterung folgen, damit er nicht größenwahnsinnig wird wie ein Kaiser Caligula und sich zuletzt nicht selber für einen Gott hält. Dieser Stachel ist aber nicht nur ein heilsamer Dämpfer. Er ist eine Qual, eine Hölle der Angst, des Leidens und der Schwäche. Kierkegaard, der Paulus' Klagen über den Stachel nachempfinden konnte, hat ihn erlebt als tiefe Schwermut, die oft der größten Euphorie auf dem Fuß folgt. In einer Tagebuchaufzeichnung schrieb er:

»Ich komme eben von einer Gesellschaft, in der ich die Seele war; der Witz strömte aus meinem Mund, alle lachten, bewunderten mich – aber ich ging, ja der Gedankenstrich muss so lang sein, wie die Radien der Erdbahn – [...] hin und wollte mich erschießen.«⁹

Der *Stachel im Fleisch* verhindert nicht nur, dass Paulus sich von seinen Hochgefühlen wegtragen lässt, er ist auch ein Engel, der ihm auf den Mund schlägt und ihm verbietet, über seine Erlebnisse zu viele oder die falschen Worte zu verlieren. So ist Paulus dazu verurteilt, gerade über das, was ihm das Herz übergehen lässt, zu schweigen. Das ist wohl auch der Grund, warum er so selten und so wortkarg über sein Damaskus-Erlebnis redete. Aber vielleicht erkennt man daran, dass man seine Offenbarung ernst nehmen muss und er kein Schwätzer oder Hochstapler ist.

Dass gerade derjenige, der sensibel für das Außergewöhnliche und Übersinnliche ist, sich zum Schweigen verpflichtet fühlt, ist eine Beobachtung, die sich zu allen Zeiten machen lässt. Sie reicht vom Propheten Jesaja, der schweigen muss, weil seine Augen den Herrn gesehen haben, bis hin zum Logiker Ludwig Wittgenstein, der einräumt, dass es »Mystisches« gibt, und dann feststellt: »Wovon man nicht sprechen kann, darüber muss man schweigen.«¹⁰

Paulus muss schweigen. Er muss aber auch reden. Es liegt ein Zwang auf ihm, das, was ihn erfüllt, weiterzugeben. *Wehe mir, wenn ich das Evangelium nicht verkünde!*, schreibt er an die Korinther.¹¹ Wie aber kann man schweigen *und* verkünden?

Auch die Christen in Antiochia begnügten sich nicht damit, die Gemeinschaft in ihrer Stadt aufzubauen. Sie wollten ihre Botschaft weitertragen. Ob es nun ein Beschluss der Gemeinde war oder ob es, wie es bei Lukas heißt, auf einen göttlichen Auftrag hin geschah oder ob Paulus dazu gedrängt hat – jedenfalls wurden Paulus und Barnabas ausgewählt, als Missionare loszuziehen. Antiochia wurde so zum missionarischen Ausgangspunkt der Weltreligion Christentum. Eines Tages brachen Paulus und Barnabas auf – zu einer Reise ins Ungewisse.

Kapitel VI
Von Zauberern und falschen Göttern

Alle Wege führen nach Rom, so sagt man, und das soll heißen: Rom war nicht nur die Hauptstadt des Reiches, sondern der Mittelpunkt der Welt. Genauso richtig könnte man
sagen, dass von Rom aus Wege in die ganze Welt führten.
Ein riesiges Netz von Straßen durchzog das ganze Imperium, auf denen die Legionen von einem Ort zum anderen
marschierten. Diese steingepflasterten Wege waren aber
nicht nur militärisch von Bedeutung. Wo eine Straße hin-
führte, da entstanden Städte, da entwickelte sich Handel.
Am Zustand einer Straße war ablesbar, wie es mit einer Region wirtschaftlich stand. Damit hing auch zusammen, wie
sicher eine Gegend war, denn Rom sorgte dafür, dass die
Handelskarawanen nicht von habgierigen Stammesführern
oder marodierenden Räuberbanden überfallen wurden.
Rom war nicht nur eine Besatzungsmacht, sondern brachte
auch Frieden, Stabilität und Sicherheit. Unverzichtbare Vo-
raussetzungen für einen Reisenden wie Paulus.

Die wichtigste Verkehrsstraße war das Mittelmeer. Es verband Italien mit den Inseln, mit Griechenland, Asien, Ägypten und Afrika. Allerdings war die Schifffahrt noch sehr abhängig vom Wetter und den Jahreszeiten. Der Kompass war
noch nicht erfunden, ein bedeckter Himmel und Stürme
machten eine Fahrt auf dem Meer zu einem unkalkulier-

baren Risiko. Darum hielten sich die Schiffe in Küstennähe. Und in den Wintermonaten, etwa von Mitte November bis Mitte März, blieben sie ganz im Hafen.

Paulus und Barnabas wollten zunächst auf die Insel Zypern, die Heimat des Barnabas. Es ist also anzunehmen, dass sie im Frühjahr zu ihrer Reise aufbrachen. Als sie in Seleucia, dem Hafen von Antiochia, das Handelsschiff bestiegen, hatten sie einen weiteren Begleiter bei sich. Es war ein junger Mann namens Johannes Markus, angeblich ein Neffe des Barnabas. Er soll später das nach ihm benannte Markus-Evangelium verfasst haben.

Wie kann man sich die drei Männer vorstellen? Was boten sie für einen Anblick? Wahrscheinlich waren sie von den anderen Reisenden kaum zu unterscheiden. Sie trugen ein langes Gewand, das mit einem Gürtel zusammengehalten wurde und etwas hochgeschürzt war, um beim Gehen nicht zu behindern. An den Füßen hatten sie feste Ledersandalen. Über ihre Schultern hing vermutlich ein Mantel, ein quadratisches Stück Stoff mit Quasten an den Ecken, in den man sich beim Übernachten im Freien einwickeln konnte und der auch als Beutel diente für Habseligkeiten und Reiseproviant. Vor Sonne und Regen schützte sie ein zum Dreieck gefaltetes Tuch, das mit einer Schnur um den Kopf befestigt wurde. Und in der Hand hielten sie einen Wanderstab.[1] Wann bestiegen die drei Männer das Schiff nach Zypern? Man kann es nicht mehr genau sagen. Vielleicht 42, vielleicht 43, vielleicht 44 n. Chr.

Über diese Reise mit Barnabas hat Paulus nichts berichtet, nur ein paar indirekte Hinweise finden sich in seinen Briefen. In der Apostelgeschichte wird diese sogenannte erste Missionsreise dafür umso ausführlicher geschildert.[2] Lukas hat offenbar Informationen zusammengetragen über die Reiseroute und über einzelne Begebenheiten. Auch Wundergeschichten sind ihm zu Ohren gekommen, die er gern in seine Darstellung mit einbaute, sofern sie in das Bild passen, das er zeichnen möchte. Denn es ist nur ein Bild von Paulus, das uns Lukas liefert. Es ist das Bild vom großen Apostel, der aufbricht, mit seiner Botschaft die Welt zu erobern. Nach diesem Bild hat Lukas sein Material ausgewählt. Manches war ihm wichtig, manches nicht.

Welche Orte Paulus, Barnabas und Johannes auf Zypern aufgesucht haben, das war für Lukas anscheinend nicht interessant oder vielleicht hat er darüber auch nichts in Erfahrung gebracht. Er lässt die drei Missionare die Insel rasch durcheilen, um sie in die Hafenstadt Paphos zu bringen, wo ein erstes Abenteuer auf sie wartet.

In Paphos nämlich residiert der römische Statthalter, der römische Prokonsul Sergius Paulus. Lukas nennt ihn in seinem Bericht *einen verständigen Mann*, was man auch so verstehen kann, dass Sergius Paulus offen und wissbegierig war und sich auf der Mittelmeerinsel manchmal recht gelangweilt hat. Jedenfalls hörte der Prokonsul von den drei Wanderpredigern, die sich in Paphos aufhielten, und was sie erzählten, machte ihn so neugierig, dass er sie in seinen Palast holen ließ. Was Paulus, Barnabas und Johannes in der Stadt gepredigt hatten, weiß man nicht, auch nicht, was die Neugier des Statthalters geweckt haben könnte. Vielleicht hatte Paulus über die Liebe Gottes gepredigt, und das hatte sich so ganz anders angehört als das, was man sonst gewohnt war. Immerhin war Paphos bekannt dafür, dass man hier die Göttin der Liebe, Aphrodite, verehrte, die bei den Römern Venus hieß. Der Tempel der Göttin lag auf einem Hügel einige Kilometer ostwärts des Hafens. Wie an anderen Orten des Venuskultes war es hier üblich, dass junge Frauen sich vor der Heirat einem Fremden hingaben. Diese »heilige Prostitution« war ein Opfer, das der vergötterten Fruchtbarkeit dargebracht wurde, der erotischen Ekstase.

Paulus und seine Gefährten saßen also nun im Palast dem Prokonsul gegenüber, und man kann sich vorstellen, dass sie ihm von einer Liebe erzählten, die so gar nichts zu tun hatte mit Sexualität und dem erotischen Rausch. Vielmehr wussten sie von einem Gott, der die Menschen so sehr liebte, dass er sogar seinen Sohn in die Welt gab und es zuließ, dass er schmählich getötet wurde. Diese Liebe soll die Menschen befreien von allem, was sie in ihrem Leben unfrei macht: von Gesetzen, die sie überfordern, von den verzweifelten Anstrengungen, gut zu sein, von Göttern, deren Gunst sie durch Opfer erwerben müssen, und eben auch von körperlichen Trieben, die Menschen zu Sklaven ihrer selbst machen können.

Was auch immer die Wanderprediger aus Antiochia erzählt haben mögen – Sergius Paulus war beeindruckt. Viel zu sehr beeindruckt nach dem Geschmack eines seiner Berater. Der hieß Elymas und war nach Lukas ein Zauberer, was vermutlich heißt, dass er dem Sergius Paulus die Sterne deutete und einige magische Kunststücke auf Lager hatte.

Elymas fürchtete offenbar, dass diese zwei dahergelaufenen Prediger seinen Einfluss beim Prokonsul gefährdeten. Er ging nun dazwischen, redete gegen Paulus und Barnabas und warnte seinen Herrn, nicht auf deren Worte hereinzufallen. Er hatte aber nicht mit dem Temperament des Paulus gerechnet. Der beschimpfte den Zauberer als einen *gerissenen Betrüger* und einen *Sohn des Teufels* und verurteilte ihn zur Blindheit. Augenblicklich konnte Elymas nichts mehr sehen und musste hinweggeführt werden wie damals der blinde Saulus vor Damaskus.

So erzählt es Lukas, der gerne Wunder geschehen lässt, um die Macht des Glaubens zu demonstrieren. Die Frage ist aber nicht, ob es jenes Wunder wirklich gegeben hat oder nicht, sondern was Lukas mit dieser Geschichte beabsichtigte. Er wollte zeigen, dass der christliche Glaube etwas ganz anderes ist als die zu seiner Zeit weitverbreiteten magischen Praktiken oder astronomischen Prophezeiungen. Viele Leute hielten Jesus von Nazareth nämlich für einen Zauberer, weil sie gehört hatten, dass er durch magische Worte Kranke heilen oder sogar Tote wieder lebendig machen konnte. Und hatte er nicht angekündigt, den Tempel in Jerusalem zu zerstören und in drei Tagen einen anderen aufzubauen? Das war eine Aktion, die man nur einem Spitzen-Magier zutraute.[3]

Jesus war aber kein Zauberer, das will Lukas mit seiner Geschichte sagen. Er hat zwar auch Wunder gewirkt, doch das war die Folge einer inneren Verwandlung, die Menschen widerfahren ist, als sie Jesus begegnet sind. Und obwohl die Christen von Auferstehung und vom Geist Gottes reden, ist ihr Glaube für Lukas doch kein Hokuspokus, kein Geheimwissen, sondern eine reale Kraft, die von wirklichen Sorgen und Nöten der Menschen ausgeht und für sie Hilfe findet.

Thomas Mann hat in einer seiner Erzählungen einen Zauberer wie Elymas geschildert.[4] Dort heißt er Cipolla und tritt zur Belustigung der Touristen in einem italienischen Badeort auf. Dieser Cipolla ist ein zwielichtiger, dämonischer Mann, der die Begabung hat, Leute in Trance zu versetzen und ihnen seinen Willen aufzuzwingen. Bei seinem letzten Opfer rächt sich seine Kunst. Dem jungen Kellner Mario gaukelt er vor, das Mädchen zu sein, in das Mario verliebt ist, und er bringt den jungen Mann dazu, ihn zu küssen. Als Mario aus seiner Täuschung erwacht, erkennt er, dass er betrogen und missbraucht worden ist, und er erschießt den Zauberer.

Paulus und Lukas hätten gewiss auch jenen Zauberer Cipolla verurteilt, weil er Menschen zu willenlosen Marionetten macht und ihnen ihre Würde und Freiheit nimmt. Ihr Gott dagegen will das Gegenteil: Obwohl er Menschen so nahe ist, dass Paulus sagen kann, er ist *in ihnen*, zwingt er ihnen nicht seinen Willen auf, sondern verhilft ihnen dazu, sie selber zu sein. Das geschieht paradoxerweise gerade dadurch, dass sie nicht auf ihrer Eigenständigkeit beharren, sondern sich öffnen, sich ergreifen lassen. Das ist die Erfahrung, die Paulus mit diesem Gott gemacht hat: Er wurde von sich zu sich erlöst.

Atemlos geht es in Lukas' Bericht mit den drei Missionaren weiter. Kaum haben sie die Auseinandersetzung mit dem Zauberer Elymas überstanden, sind sie schon an Bord eines Schiffes, das sie zurück an die vorderasiatische Küste bringt, von wo sie landeinwärts wandern in die Stadt Perge in Pamphylien an der Südküste Kleinasiens.

Ab hier war die Reise nun kein Vergnügen mehr. Perge war die letzte Station vor dem Taurusgebirge. Und ebendiese gewaltige Bergkette wollten Paulus und Barnabas überqueren, um die dahinterliegende Hochebene zu erreichen. War dieses abschreckende Vorhaben der Grund dafür, dass Johannes Markus sich von den beiden trennte? Lukas erwähnt nur, dass Johannes nach Jerusalem zurückkehrte. Gründe nennt er nicht. Es scheint aber einen heftigen Streit gegeben zu haben. Noch Jahre später ist Paulus ziemlich sauer auf Johannes und wirft ihm vor, dass er sie damals im Stich gelassen habe.

Paulus und Barnabas machten sich also allein auf den Weg. Und der muss äußerst anstrengend und gefährlich gewesen sein. Wenn sie entlang des Flusses Cestrus wanderten, mussten sie auf schmalen Pfaden tiefe Schluchten durchqueren und steile Berghänge überwinden. Nur an den notwendigsten Stellen waren Brücken über den Fluss gebaut. Oft werden die beiden gezwungen gewesen sein, auch ohne Brücke über den Fluss zu kommen.

Vermutlich war inzwischen Sommer. Am Tage brannte dann die Sonne vom Himmel, und nachts war es so bitterkalt, dass man sich nur an einem Feuer ein wenig wärmen konnte.

Je höher Paulus und Barnabas kamen, desto wilder wurde die Landschaft und desto einsamer war es. Wenn sie hier auf Menschen trafen, dann mussten sie damit rechnen, dass es Räuber waren. Der Arm Roms war stark und lang, aber nicht so stark und lang, dass er auch in diesen abgelegenen Bergregionen für Sicherheit hätte sorgen können. Vielleicht wollten sich die Römer auch gar nicht auf einen Guerillakampf gegen diese Räuberbanden einlassen. Dazu war die Gegend nicht wichtig genug.

Für Wegelagerer wären Paulus und Barnabas wohl keine fette Beute gewesen. Aber auch wenn sie von ihrer Gemeinde in Antiochia nur wenig Geld mitbekommen hatten, reichte das schon, um bei einem Überfall erschlagen zu werden. Paulus hatte bestimmt auch diese Wanderung über das Taurusgebirge vor Augen, als er Jahre später schrieb: *Ich war oft auf Reisen, gefährdet durch Flüsse, gefährdet durch Räuber [...]. Ich erduldete Mühsal und Plage, durchwachte viele Nächte, ertrug Hunger und Durst, häufiges Fasten, Kälte und Blöße.«*[5]

Drei bis vier Tage dürften Paulus und Barnabas gebraucht haben, um über das Taurusgebirge zu kommen. Als sie den Pass überschritten hatten, stiegen sie hinab in die pisidische Hochebene, die über tausend Meter über dem Meeresspiegel liegt. Sie kamen an einen großen See, der von Bergen umgeben war. An der Südspitze des Sees hielten sie sich rechts und erreichten eine Stadt, die auch Antiochia hieß.

Dieses Antiochia in Pisidien war eine Provinzstadt, ein unbedeutender Vorposten des Römischen Reiches. Kaiser Augustus hatte hier die Familien von Veteranen angesiedelt, um die Grundlage zu schaffen für eine römische Kolonie. Es gab aber auch hier eine jüdische Bevölkerung und eine Synagoge und die war die Anlaufstelle für Paulus und Barnabas.

Am ersten Sabbat nach ihrer Ankunft gingen sie in die Synagoge und wohnten den Lesungen aus den heiligen Schriften bei. Der Gemeindevorsteher kannte anscheinend schon die fremden Gesetzeslehrer, die in die Stadt gekommen waren, und er ließ sie fragen, ob sie an die Gläubigen ein paar Worte richten wollten. Im Lauf der bisherigen Reise hatte sich wohl herausgestellt, dass Paulus, nicht Barnabas der Mann für solche Auftritte war. Also stand er auf und begann zu reden. Seine Worte sind natürlich nicht überliefert, und die Ansprache, die er in der Apostelgeschichte hält, hat ihm Lukas in den Mund gelegt. Aber ihre zentralen Aussagen passen sehr gut zu Sätzen, die Paulus in seinen eigenen Briefen hinterlassen hat.

Zum einen wendet er sich ausdrücklich an die *Israeliten und die Gottesfürchtigen*, also an Juden und Heiden. Zum anderen ist es bezeichnend für Paulus, dass er nicht mit der Tür ins Haus fällt und seine Zuhörer nicht gleich mit seiner neuen Botschaft schockiert. Behutsam führt er die Leute zum Neuen hin. Er erzählte die Geschichte des jüdischen Volkes von seiner Erwählung an, von den Königen und Propheten und von der Hoffnung auf einen Messias. Dieser Messias aber – die Zuhörer wollen ihren Ohren nicht trauen – sei bereits gekommen in Gestalt des Jesus. Obwohl er in den Schriften prophezeit war, wurde er nicht erkannt und er wurde hingerichtet. Gott hat ihn aber wieder auferweckt. *Ihr sollt also wissen, meine Brüder*, so spricht Paulus in Lukas' Bericht, *durch diesen wird euch die Vergebung der Sünden verkündet, und in allem, worin euch das Gesetz des Moses nicht gerecht machen konnte, wird jeder, der glaubt, durch ihn gerecht gemacht.*

Solche Sätze müssen gewirkt haben wie ein Donner-schlag. Lukas berichtet, dass nach dem Gottesdienst viele Leute auf Paulus und Barnabas einstürmten und sie aufforderten, mehr zu erzählen vom Messias. Kein Wunder, dass am nächsten Sabbat fast die ganze Stadt in der Synagoge saß. Alle wollten Paulus hören. Kein Wunder aber auch, dass die Anführer der jüdischen Gemeinde diesen Ansturm mit zunehmend gemischten Gefühlen sahen. Eine volle Synagoge ist schön, doch wenn die meisten Besucher Heiden sind, die nur wegen eines Wanderpredigers kommen, der ihnen erzählt, dass Gott sich ihrer annimmt auch ohne Synagoge und Gesetze, dann ist das ein Skandal. Nach Lukas' Bericht machten die Juden dann auch Stimmung gegen Paulus und Barnabas. Es gelang ihnen sogar, die politischen Führer gegen die beiden Fremden einzunehmen. Und so kam es, dass sie schließlich verfolgt und aus Antiochia vertrieben wurden.

Es ist die Frage, ob Paulus und Barnabas noch einer Reiseroute folgten oder ob sie flüchten mussten und einfach vorwärtsgetrieben wurden. Denn wie sich später zeigen würde, begnügten sich ihre Feinde nicht damit, sie aus den Städten zu jagen. Sie blieben ihnen auch auf den Fersen, um zu verhindern, dass sie mit ihren neuen Lehren anderswo Erfolg hätten.

Kaum vorstellbar, dass Paulus und Barnabas sich freiwillig nach Osten wandten, wo ein karges Hochplateau vor ihnen lag. Ludwig Schneller, der diese Gegend durchwandert hat, schildert sie als eine endlose Steppe, im Winter von hohem Schnee bedeckt, im Frühjahr ein einziger großer

Sumpf und im Sommer eine »grauenvolle Staubwüste«.[6] Zu welcher Jahreszeit Paulus und Barnabas diese Gegend durchquerten, weiß keiner, auch nicht, wovon sie sich ernährt haben und wo sie schliefen.

Etwa 150 Kilometer mussten sie zurücklegen, um die nächste Stadt, Ikonium, das heutige Konya, zu erreichen. Und auch dort konnten sie sich nicht lange erholen oder große Erfolge feiern. Es erging ihnen wie in Antiochia, sogar noch schlimmer. Mit ihren Reden brachten sie Juden und Heiden gegeneinander auf. Doch dieses Mal verbündeten sich beide Parteien gegen die fremden Prediger, und die mussten schleunigst aus der Stadt verschwinden, weil sie sonst von dem Mob gesteinigt worden wären.

Sie verließen Ikonium auf der Handelsstraße Richtung Südosten. Zu dieser Zeit müssen schon viele ihrer Feinde hinter ihnen her gewesen sein. Paulus und Barnabas ahnten davon wohl nichts. Sie kamen nach Lystra, einem Provinznest in Lykaonien. Dort gab es anscheinend keine Juden und darum keine Synagoge. Paulus musste in Straßen und auf Plätzen zu den Leuten reden. Von den Einwohnern verstanden aber die wenigsten Griechisch, hier sprach man einen eigenen Dialekt, das Lykaonische. Darum war es wirklich ein Wunder, was laut Lukas in Lystra passierte. Ein gelähmter Mann, der Paulus zuhörte, wurde plötzlich geheilt und konnte wieder aufstehen und herumlaufen.

Außer sich vor Freude, verkündete er nun, dass die Götter vom Himmel herabgestiegen seien. Und ehe Paulus und Barnabas kapierten, was los war, waren sie umringt von Menschen, die den Barnabas für Zeus und den Paulus für Hermes hielten. Es gab tatsächlich eine Sage über Zeus und Hermes, die eines Tages auf die Erde gekommen waren, um die Menschen zu prüfen.[7] Von allen wurden sie schlecht behandelt. Nur ein altes Paar, Philemon und Baucis, nahm sie freundlich auf. Dafür wurden sie reichlich belohnt. Die Häuser der anderen aber wurden zerstört und die Gegend, wo sie gestanden hatten, in eine Sumpflandschaft verwandelt.

Vielleicht kannten die Bewohner von Lystra diese Sage und wollten dieses Mal nichts falsch machen und auch belohnt werden. Paulus und Barnabas ließen die ganze Hysterie offenbar zunächst noch über sich ergehen. Aber als der Oberpriester des Zeustempels Stiere und Kränze vor die Stadttore bringen wollte, um dort ein Opfer darzubringen, wurde es ihnen doch zu viel. Sie gingen dazwischen und forderten die Leute auf, mit diesem Unsinn aufzuhören. *Männer, was tut ihr?*, sollen sie gerufen haben. *Auch wir sind nur Menschen, von gleicher Art wie ihr; wir bringen euch das Evangelium, damit ihr euch von diesen nichtigen Götzen zu dem lebendigen Gott bekehrt* [...].[8] Doch die Leute wollten sich nicht aufhalten lassen. Sie konnten Paulus und Barnabas auch gar nicht verstehen. Wie sollte Paulus ihnen erklären, dass er zu ihnen gekommen ist, um ihnen zu sagen, dass die Zeit der Opfer vorbei ist. Opfern müssen Menschen nur einem Gott, vor dem sie Angst haben und den sie darum versöhnen und gnädig stimmen wollen. Der lebendige Gott aber, von dem Paulus ihnen erzählen will, braucht keine Opfer. Er ist kein beleidigter oder zorniger Gott, der erwartet, dass die Menschen zu ihm kommen und ihre Schuld abzahlen. Nein, gerade umgekehrt ist es: Er kommt auf die Menschen zu, um ihnen etwas zu geben. *Ja, Gott war es, der in Christus die Welt mit sich versöhnt hat*, so wird es Paulus einmal ausdrücken.[9]

Das ist etwas ganz Neues, etwas fast Unvorstellbares. Paulus hat es erfahren. Aber die Bewohner von Lystra können ihm nicht folgen. Sie hören nicht auf, ihre Opfer darzubringen.

Im Bericht des Lukas überschlagen sich nun die Ereignisse. Die Verfolger des Paulus und Barnabas kommen aus Ikonium und Antiochia in die Stadt und wiegeln das Volk gegen die Wanderprediger auf. Die Stimmung kippt fast augenblicklich. Die vergötterten Paulus und Barnabas sind plötzlich Betrüger, Gotteslästerer, Lügner, Verführer, Aufwiegler, Ruhestörer. Zur Flucht ist es dieses Mal zu spät. Die ersten Steine fliegen schon. Und es ist Paulus, auf den sie es abgesehen haben. Auf ihn geht ein Steinhagel nieder, so lange, bis er zu Boden sinkt und reglos liegen bleibt. Seine Peiniger halten ihn für tot und schleifen den zerfetzten Körper vor die Stadt, wo sie ihn liegen lassen.

Eine Steinigung konnte selten jemand überleben. Es war ein ritueller Akt, mit dem vor allem Gotteslästerer aus der Gemeinschaft ausgestoßen wurden. Darum wurde diese Strafe meist vor den Toren einer Stadt vollzogen und der Bestrafte wurde dort auch liegen gelassen. Wenn er nicht schon an den schweren Kopfverletzungen und Knochenbrüchen gestorben war, dann verblutete er. Den Leichnam deckte man oft mit Steinen zu, um den Vorbeikommenden den Anblick zu ersparen.

Dass Paulus wirklich *einmal gesteinigt*[10] worden ist, steht fest. Er selbst bestätigt es in einem Brief. Und es liegt nahe, dass es sich um den Vorfall handelt, den Lukas beschreibt.

Paulus war nicht tot, er lebte. Barnabas und wahrscheinlich noch andere kümmerten sich um den Schwerverletzten und versorgten notdürftig seine Wunden. In Lystra konnte er nicht bleiben. Das war zu unsicher. Also zogen Paulus und Barnabas am nächsten Tag weiter. Kaum vorstellbar, dass Paulus zu Fuß gehen konnte. Vielleicht hatte Barnabas einen Esel besorgt, auf dem er seinen Gefährten nun transportierte.

Sie kamen nach Derbe, etwa 50 Kilometer südöstlich von Lystra. In dieser kleinen Stadt, die von den Einheimischen Délbeia genannt wurde und heute Kerti hüjük heißt, suchten sie einen Platz, wo man Paulus pflegte und wo er sich erholen konnte. Offenbar fand Barnabas solche hilfreichen Leute.

Paulus hat Jahre später einen Brief an die Galater gesandt, in dem er auch erwähnt, dass er bei seiner ersten Reise dorthin *krank und schwach* war, aber nicht in »Verachtung und Abscheu« aufgenommen wurde, sondern *wie ein Engel Gottes.*

Es ist bis heute umstritten, wer die Adressaten dieses Briefes waren.[11] Es gab nämlich zwei Galatien. Einmal die römische Provinz Galatien, in der auch die Städte Antiochia, Ikonium und Lystra lagen. Und zum anderen die weiter nördlich gelegene Landschaft Galatien, die hauptsächlich von keltischen Einwanderern bewohnt war und wohin Paulus erst auf einer späteren Reise kam. Wenn der Brief des Paulus an die Bewohner der Provinz Galatien gerichtet war, dann könnten mit der »Krankheit« auch die Folgen seiner Steinigung gemeint sein.

Wie auch immer – Paulus muss eine ziemlich zähe Natur mit einem unglaublichen Willen gewesen sein. Kaum war er wieder auf den Beinen, war er schon in und um Derbe unterwegs, um seine Botschaft zu verkünden. Scheinbar mit großem Erfolg. Und auch als es Zeit für die Rückkehr nach Antiochia wurde, wählten er und Barnabas nicht den leichten Weg. Von Derbe wäre es nämlich nicht mehr weit gewesen bis zur sogenannten Zilizischen Pforte, einem engen, 1100 Meter hoch gelegenen Pass, der durch das Taurusgebirge hinab nach Tarsus, Paulus' Heimatstadt, führte. Die beiden entschieden sich aber dafür, auf dem gleichen Weg zurückzukehren, auf dem sie gekommen waren. Wenn man bedenkt, dass sie nun wieder durch Orte mussten, aus denen sie vertrieben worden waren und wo man sie am liebsten erschlagen hätte, dann war das ein mehr als mutiger Entschluss. Aber offenbar war es Paulus und Barnabas wichtig, noch einmal jene aufzusuchen und zu bestärken, die sie mit ihrer Botschaft bekehrt hatten.

Paulus und Barnabas überlebten auch die Rückreise. Irgendwann stiegen sie wieder das Taurusgebirge hinab nach Perge und zur Hafenstadt Attalia, dem heutigen Antalya, von wo sie zurück nach Antiochia in Syrien segelten, zurück in ihre Missionsbasis. Seit ihrer Abreise waren Jahre vergangen und sie hatten eine Strecke von über 2000 Kilometern zurückgelegt, die Hälfte davon zu Fuß.

In Antiochia hatten Paulus und Barnabas viel zu erzählen. Die Reise war ein Erfolg, trotz der Mühen und Verfolgungen. Zum ersten Mal war die Botschaft bis in das Innere Kleinasiens verkündet worden. Paulus und Barnabas hatten aber schmerzlich zu spüren bekommen, dass ihre Mission gerade bei den gesetzestreuen Juden auf erbitterten Widerstand stieß. Die Verkündigung eines Messias, der bereits gekommen ist, und vor allem ein Glaube, der auch außerhalb der Synagogen und ohne Gesetze gelebt werden kann, war ein Angriff auf die Grundlagen ihrer Religion. Was Paulus und Barnabas an Hass und Verfolgung erlebt hatten, war daher nur ein Vorgeschmack auf das, was sie in Zukunft zu erwarten hatten.

Dieser Konflikt mit dem Judentum war aber auch gleichzeitig eine Zerreißprobe für den *neuen Weg*. Viele Jesus-Anhänger waren nämlich noch tief verwurzelt in ihrer jüdischen Tradition und wollten auf die Einhaltung der Gesetze nicht verzichten. Jenen Nazarenern aber, die vorher Heiden waren, fehlte diese Tradition, und wenn es nach Paulus ging, konnten sie darauf auch verzichten. Dann aber drohte ein Bruch zwischen den jüdischen und den heidnischen Christen. Diesen Bruch wollte niemand. Aber ließ er sich überhaupt vermeiden?

Kapitel VII
Zwischen Antiochia und Jerusalem

Wo früher einmal die antiken Städte lagen, findet man heute bestenfalls noch Säulenstümpfe und Mauerreste vor. Man gewinnt auch leicht den Eindruck, als ob solche Städte hauptsächlich aus Tempeln und Palästen bestanden hätten. Die normalen Häuser waren eben nicht so stabil gebaut und haben die Zeiten nicht überlebt. Auch in einer Metropole wie Antiochia bildeten die Prachtstraßen, die Tempel und Villen nur die eine, die glanzvolle Seite des Stadtbildes. Auf der anderen Seite gab es die weniger sehenswerten Wohngebiete.

Wenn es stimmt, dass Antiochia rund eine halbe Million Einwohner hatte, dann müssen dort unglaublich viele Menschen auf engstem Raum gelebt haben, vergleichbar nur mit heutigen Megastädten der Dritten Welt wie Kalkutta oder Mexico City. Die meisten Bewohner lebten in vielstöckigen Mietshäusern. Das waren mit Lehm verputzte Fachwerkgebäude, die dicht aneinandergebaut waren, sehr leicht in Brand gerieten und bei einem Erdbeben wie Kartenhäuser einstürzten. In den meist winzigen, dunklen, oft feuchten Zimmern gab es weder Heizung noch Kamin. Für Wärme sorgte allenfalls ein Holzkohlebecken, über dem man das Essen kochte. Der dabei entstehende Rauch konnte nur durch die fell- oder stoffverdeckten Fensterlöcher abziehen.[1]

Auch die in der ganzen römisch-hellenistischen Welt berühmten Aquädukte brachten nicht für alle einen Fortschritt. Mit ihrer Hilfe wurden die Bäder, die öffentlichen Gebäude und luxuriösen Villen versorgt. Die normalen Einwohner mussten sich das Wasser mit Krügen vom Fluss oder aus Zisternen holen, die oft verschmutzt waren. Und die Kanalisation bestand häufig nur aus einem offenen Graben, in den jeder seinen Eimer mit Abwasser und seinen Nachttopf entleerte.

Ein realistisches Bild von Antiochia muss also auch die Not, die unhygienischen Zustände und die drangvolle Enge zeigen. Leben in dieser Stadt, das hieß ständige Angst vor Erdbeben, Bränden, Krankheiten und Verbrechen. Hinzu kamen die sozialen Spannungen. Historiker gehen davon aus, dass in den Stadtteilen Menschen aus fast zwanzig verschiedenen Ländern und Kulturen miteinander auskommen mussten. Das machte die Stadt zu einem sozialen Pulverfass.[2] Doch gerade diese multikulturelle, weltoffene, von Luxus, Armut, Lust und Not geprägte Metropole war der Ort, wo sich eine Gemeinschaft bildete, die man etwas argwöhnisch Christen nannte. Zu ihr gehörten Menschen verschiedenster Herkunft, zusammengehalten durch den Glauben an einen Gott, der nicht danach fragte, ob einer Grieche, Jude, Syrer, Ägypter, ob er arm oder reich, Mann oder Frau, Sklave oder Herr war, ob er früher einmal den Gott Dionysos oder Mithras oder die Göttin Isis angebetet hatte.

Diese neue Freiheit gefiel nicht allen. Eines Tages kamen Fremde nach Antiochia. Es waren Juden aus Jerusalem, und sie behaupteten, ebenfalls Anhänger des neuen Glaubens zu sein. Sie schauten sich neugierig um, ließen sich erzählen von der Gemeinde der Christen und nahmen auch an deren Versammlungen teil. Die frommen Männer hatten schon in Jerusalem die unglaublichsten Dinge darüber gehört, was in Antiochia vor sich gehen soll, und sie hatten die weite Reise gemacht, um sich selbst davon zu überzeugen. Was sie nun sahen und hörten, bestätigte ihre schlimmsten Befürchtungen. In Antiochia schien es keinen Unterschied mehr zu geben zwischen Heiden und Juden. Das durfte nicht geduldet werden. Sie gaben ihre Zurückhaltung auf und empörten sich offen gegen diese Zustände.

Die Männer aus Jerusalem waren keine orthodoxen Juden. Sie hatten sich auch bekehrt zum Glauben an den Jesus von Nazareth, den Messias. Aber für sie war es selbstverständlich, dass ein Anhänger Jesu zuerst und vor allem Jude sein muss. War nicht Jesus auch Jude gewesen? Hatte er nicht Jünger um sich gesammelt, die allesamt Juden waren? Und ein Jude war nur ein Jude, wenn er sich an die 613 Gesetze der Thora hielt. Deren Einhaltung war das Zeichen dafür, dass er zum auserwählten Volk gehörte. Vor allem die Beschneidung war das »Siegel der Erwählung«[3].

Daher forderten die Männer aus Jerusalem die Christen in Antiochia auf, den Unterschied zwischen Juden und Heiden aufrechtzuerhalten. Die Juden sollten sich von den Heiden distanzieren. Und wenn die Heiden sich zum Gott der Juden bekehren wollten, mussten sie auch Juden werden. Das heißt, sie sollten sich beschneiden lassen und die heiligen Gesetze einhalten. *Wenn ihr euch nicht nach dem Brauch des Mose beschneiden lasst,* so drohten die Gäste, *könnt ihr nicht gerettet werden.*[4]

Immerhin schafften sie es mit solchen Reden, die christliche Gemeinde zu verunsichern. Sollten sich nun alle Nichtjuden beschneiden lassen? Oder mussten sich die Juden nun fernhalten von den anderen in der Gemeinde?

Paulus wollte von solchen Zweifeln nichts wissen. Für ihn waren die Leute aus Judäa einfach nur *falsche Brüder,* die sich eingeschlichen hatten, um herumzuspionieren und die Freiheit, die man in Antiochia errungen hatte, wieder rückgängig zu machen. Er und Barnabas gerieten heftig aneinander mit diesen Eindringlingen. Keinen Fingerbreit wollte er von seiner Überzeugung abrücken. Und er forderte auch die anderen auf, sich nicht einschüchtern zu lassen und am eingeschlagenen Kurs festzuhalten.

Für Paulus gab es kein Zurück mehr. Dennoch konnte er über diesen Konflikt nicht einfach hinweggehen. Schließlich waren es jüdische Glaubensbrüder, die den Heidenchristen, wie man sie später nannte, die Anerkennung verweigerten. Sollte es dazu kommen, dass sich in Zukunft die jüdischen Christen gegen die heidnischen Christen stellen?

In dieser Situation hörte Paulus auf seine innere Stimme. Und die sagte ihm, dass er in die Offensive gehen soll. Er wollte sich seinen neuen Weg, die gesetzesfreie Heidenmission, von oberster Stelle absegnen lassen, das heißt von den führenden Köpfen der Jerusalemer Gemeinde. Wenn er deren Zustimmung erhielt, dann war das eine Bestätigung seiner bisherigen Mühen und ein großer Rückhalt für seine zukünftigen Aufgaben. Außerdem würden es die gesetzestreuen

Quertreiber innerhalb der Nazarener nicht mehr so leicht haben, ihre Gegenpropaganda zu betreiben.

Vierzehn Jahre nach seinem Besuch bei Petrus begab sich Paulus wieder nach Jerusalem. Barnabas war erneut sein Begleiter. Paulus nahm auch noch einen jungen Mann aus Antiochia mit. Er hieß Titus und war ein typischer antiochischer Christ: ein Grieche und noch dazu unbeschnitten. Dass er mit solch einem Begleiter viele Leute in Jerusalem schockieren würde, wusste Paulus natürlich. Es spricht für sein Selbstbewusstsein. Er wollte nicht als Bittsteller kommen, und schon gar nicht fühlte er sich als ein Abweichler, der sich vor der obersten Glaubensbehörde verantworten musste.

Natürlich hatte er Achtung vor den *Säulen*[5] der Jerusalemer Gemeinde, wie er sie mit ein wenig Ironie nannte, also vor Petrus, Jakobus und Johannes. Immerhin waren das angesehene Männer, die für ihren Glauben Verfolgung, Misshandlung und Gefängnis auf sich genommen hatten. Das war für Paulus aber kein Grund, in Ehrfurcht zu erstarren. Es zählte für ihn auch nicht, dass sie früher Begleiter Jesu gewesen waren und noch viele Begebenheiten und Aussprüche von ihm zu erzählen wussten. Es waren dies für ihn keine persönlichen Verdienste und machte sie auch vor Gott nicht zu besseren Menschen.

Zunächst aber hatte es Paulus anscheinend mit anderen Mitgliedern der Jerusalemer Gemeinde zu tun, mit Leuten wie jenen Spionen, die sich in Antiochia eingeschlichen hatten. Anhänger des Nazareners also, die mit einem oder mehr als einem Bein noch in der jüdischen Gesetzestradition standen. Sie verlangten auch gleich, dass der junge Begleiter des

Paulus, Titus, beschnitten werden müsse. Paulus wehrte sich entschieden gegen solche Forderungen. Selbst Lukas, der in seinem Bericht auf Harmonie und Ausgleich bedacht ist, spricht davon, dass *ein heftiger Streit entstand.* Also darf man davon ausgehen, dass die Fetzen geflogen sind.

Wie nun das Treffen mit den Aposteln und Ältesten, das dann später das »Apostelkonzil« oder der »Apostelkonvent« genannt wurde, verlief, darüber gibt es zwei Versionen. Eine von Paulus und eine von Lukas. Bei Lukas stehen die führenden Köpfe der Jerusalemer Gemeinde im Mittelpunkt, Petrus und Jakobus.[6] Über Paulus wird nur erwähnt, dass er und Barnabas von ihrer erfolgreichen Mission bei den Heiden berichteten. Der Streit darüber wurde dann durch ein Machtwort des Petrus und des Jakobus zugunsten von Paulus entschieden. Dabei nimmt Petrus für sich in Anspruch, selbst schon Heiden das Evangelium gebracht zu haben. Diese Heiden wurden von Gottes Geist erfüllt, und so bestehe kein Grund, einen Unterschied zwischen Juden und Nichtjuden zu machen.

Jakobus schließt sich in seiner Rede Petrus an, steuert aber dann auf einen Kompromiss zu: Die bekehrten Heiden in Antiochia und anderswo sollen von den kultischen Gesetzen befreit sein. Nur an einige Vorschriften sollten sie sich halten, um das Zusammenleben mit den Judenchristen zu erleichtern. So sollte es keinen Inzest und keine Ehen unter Verwandten geben, und es sollte kein Fleisch von Tieren gegessen werden, das nicht nach jüdischem Ritual getötet und zubereitet wurde.

Nach Lukas fand diese Lösung schließlich allgemeine Zustimmung. Es wurde ein offizielles Schreiben aufgesetzt, das dann Paulus und Barnabas mit nach Antiochia nahmen. Außerdem gab man ihnen Abgesandte aus Jerusalem mit nach Syrien, die das Urteil auch noch mündlich erläutern sollten.

So weit Lukas. Nach Paulus ist das Treffen ganz anders verlaufen.[7] Er weiß von diesem ganzen offiziellen Aufwand nichts. Er weiß auch nichts von irgendwelchen Auflagen. Seiner Darstellung nach wurden er, Barnabas und auch Titus freundlich empfangen und es wurden ihm auch keine Auflagen gemacht. Im Gegenteil: Die Leiter der Jerusalemer Gemeinde stimmten ohne Wenn und Aber seiner Missionsarbeit zu. Und die Regelung, auf die man sich letztlich einigte, war denkbar einfach: In Zukunft sollten die Jerusalemer für die Juden zuständig sein und Paulus für die Heiden. Darauf gab man sich die Hand und damit war die Sache erledigt. Keine Rede von einem Dekret, kein Wort von Auflagen. Dass Paulus versprach, Geld zu sammeln für die Armen in Jerusalem, war für ihn keine Einschränkung, sondern eine Ehrensache. Diese Spenden waren weit mehr als eine milde Gabe für Bedürftige. Mit ihnen sollten auch die missionierten Heiden ihre Verbundenheit mit Jerusalem bezeugen und damit auch den Glauben an den einen Gott.

Leider erfährt man weder von Lukas noch von Paulus etwas darüber, wie Paulus seine Position in Jerusalem verteidigte. Wenn man allerdings zugrunde legt, was in seinen späteren Briefen steht, darf man sicher sein, dass er in Jerusalem nicht darum gestritten hat, ob man nun auf dieses oder jenes Gesetz verzichten kann. Paulus ging es um etwas viel Fundamentaleres, um das Gesetz als Lebensform.

Wenn Paulus von *Gesetz* und *Freiheit* oder von *Fleisch* und *Geist* spricht, so meint er damit jeweils zwei fundamental verschiedene Lebenseinstellungen, die sich darin unterscheiden, ob für einen Menschen allein ausschlaggebend ist, was er will und kann, oder ob er fähig ist, eine Haltung des Vertrauens zu gewinnen. Vergleichbar sind diese Möglichkeiten mit jenen zwei »Seinsweisen«, die der Philosoph und Psychoanalytiker Erich Fromm mit dem Gegensatz von »Haben und Sein« zu erfassen versucht hat.[8] Auch bei Fromm steht hinter diesen Begriffen eine grundsätzliche Wahl, sich und die Welt zu sehen, je nachdem, ob mehr das Motiv des Besitzenwollens oder das des Vertrauens die Orientierung bestimmt.

Was Fromm meint, kann man nach Paulus am unmittelbarsten im Verhältnis zu seinem Körper nachvollziehen.[9] Da für Paulus jeder Mensch nicht nur einen Leib *hat*, sondern auch *ist*, erfährt er sich in einem tiefen Zwiespalt. Je nachdem bin ich mit meinem Körper eins, gehe in ihm auf oder ich erlebe ihn wie einen Gegenstand. In diesem Fall ist er für mich ein Organismus, der krank werden und den man heilen kann, oder eine Waffe oder eine Maschine, die man trainieren oder verschönern kann. In dieser Weise ist der Körper ein Besitz, den ich nach meinen Vorstellungen beeinflussen und verändern möchte.

Diese Einstellung des »Habens« kann alle Lebensbereiche durchziehen. Dann habe ich Bildung, habe einen Beruf, habe ein Liebesleben, habe Freunde. Ich betrachte also Dinge, Menschen und Gedanken als etwas, das mir zur Verfügung stehen soll, und das gibt mir ein Gefühl der Sicherheit und der Macht.

Für Paulus sind gerade dieses Bedürfnis nach Sicherheit und der egoistische Zugriff auf die Welt die Quelle von Unfreiheit. Denn wer etwas begehrt und es besitzen will, der macht sich gleichzeitig abhängig davon, er wird zum Sklaven der eigenen Begierde. Darum kommt es darauf an, sich frei zu machen von solchen Bindungen, und das bedeutet, sich frei zu machen vom eigenen Drang nach Besitz.

Damit meint Paulus nicht, dass wir nichts besitzen sollen. Das wäre eine falsch verstandene, verlogene Armut. Vielmehr sollen wir an das, was wir besitzen, tun und denken, nicht gebunden, gefesselt, gekettet sein. Paulus wird nicht müde, immer wieder auf diese Freiheit hinzuweisen. *Alles ist mir erlaubt*, schreibt er einmal, *aber nichts soll Macht haben über mich.*[10] Aus diesem Hochgefühl kann er sich der Welt überlassen, ohne dass er sich an sie verliert. Darum empfiehlt Paulus, sich an der Welt zu freuen, als freue man sich nicht; sie zu nutzen, als mache man sich nichts zunutze; und zu kaufen, als würde man *nicht Eigentümer*. Und als sich in einer Gemeinde Parteien bilden, weil wieder einmal jeder seinen eigenen Gott haben will, ruft er den Streithähnen zu: [...] *alles gehört euch; Paulus, Apollos, Kephas, Welt, Leben, Tod, Gegenwart und Zukunft: alles gehört euch; ihr aber gehört zu Christus, und Christus gehört Gott.*[11]

Gott ist für Paulus ein Gott der Liebe, der nicht sagt »Du sollst« oder »Du sollst nicht«, sondern »Du darfst«. Darum kann nur derjenige diesen Gott erkennen, der sich diese große Erlaubnis geben lässt und nicht meint, sie sich verdienen zu müssen. Sein neues Selbstbewusstsein gewinnt er nicht durch das, was er macht, sondern durch das, was er empfängt. So ist es zu verstehen, wenn Paulus sagt, dass nur der Glaube *gerecht* macht, nicht die frommen Leistungen und das Tun des Gesetzes.[12]

Wie immer das Apostelkonzil verlaufen ist – unterm Strich war Paulus der große Gewinner. Er hatte sich gegen seine Feinde durchgesetzt. Die wichtigen Leute in Jerusalem hatten sich seiner Überzeugung angeschlossen. Auf ihr Urteil konnte er sich nun berufen, wenn es wieder einmal Schwierigkeiten mit den *falschen Brüdern* geben sollte. Wie viel aber dieser Freibrief wert war, das sollte sich erst später zeigen.

Einige Zeit nach dem Apostelkonzil kam hoher Besuch nach Antiochia. Petrus, der Urapostel, hatte den weiten Weg in die syrische Hauptstadt gemacht. Nach dem sensationellen Beschluss in Jerusalem war das noch eine zusätzliche Anerkennung für die Christen in Antiochia. Petrus benahm sich anfangs auch so, wie es nach seiner Haltung auf dem Gipfeltreffen zu erwarten war, er unterschied nicht zwischen Juden und Heiden und nahm auch an den gemeinsamen Mahlzeiten teil. Dabei kamen sicher Speisen auf den Tisch, die ein Jude aus religiösen Gründen nie angerührt hätte.

Petrus hatte eine solche Situation angeblich schon einmal in einem Traum erlebt. Darin hatte sich eine Schale vom Himmel gesenkt, die voll war mit allem möglichen Ungeziefer, mit Tieren und Vögeln. Eine Stimme hatte Petrus aufgefordert, alles zuzubereiten und zu essen. Als guter Jude weigerte sich Petrus natürlich, Unreines zu essen, doch die Stimme erklärte entschieden: *Was Gott für rein erklärt, nen-*

ne du nicht unrein! Da will Petrus verstanden haben, dass es Gott nur auf den Menschen ankommt und er weniger Wert legt auf Gesetze und ihre Einhaltung.[13]

In Antiochia hatte er nun die Gelegenheit, diese Einsicht auch zu praktizieren. Das wollten allerdings bestimmte Leute verhindern. Es waren wieder strenggläubige Juden, die nicht zulassen wollten, dass eine Symbolfigur der Judenchristen wie Petrus mit seinem Verhalten den gesetzlosen Christen den Rücken stärkte. Paulus nennt sie *Leute um den Kreis des Jakobus*, was darauf hinweist, dass Jakobus bei weitem nicht so tolerant war, wie er im Bericht des Lukas gezeigt wird. Eher war er der Sprecher einer Gruppe von Nazarenern, die auf keinen Fall ihr jüdisches Erbe aufgeben wollten.

Petrus wies nun diese Jakobus-Leute nicht zurecht und erinnerte sie auch nicht an die in Jerusalem getroffenen Abmachungen. Das Gegenteil passierte: Petrus ließ sich beeinflussen und ging wieder auf Distanz zu den heidnischen Christen. Und das Schlimme war, dass sich auch andere christliche Juden und, zur großen Enttäuschung von Paulus, auch Barnabas einschüchtern ließen und die völlige Gleichberechtigung in der Gemeinde in Frage stellten. Vielleicht dachte Barnabas, dass es für viele Juden doch zu viel verlangt sei, mit Heiden zusammenzuleben, und man ihnen deswegen noch einige Sonderrechte lassen müsse.

Paulus war strikt gegen solche Halbheiten und diplomatischen Kompromisse. Für ihn ging es hier um etwas Grundsätzliches. In der gesetzlosen, gleichberechtigten Gemeinschaft von Juden und Heiden entschied sich die Frage, an welchen Gott man glaubte: an einen Gott, vor dem Menschen Angst haben müssen und der die Einhaltung von Gesetzen fordert, oder einen Gott, der sich ganz den Menschen hingibt, der ihnen alle Angst nehmen will, ihnen keine Leistungen abverlangt und sie von allen weltlichen Abhängigkeiten befreit. Mit anderen Worten, es ging um Glaube oder Gesetz, Liebe oder Zwang, Leistung oder Freiheit, Gott oder Götze.

Paulus war diese Entscheidung so wichtig, dass er es auf einen offenen Streit ankommen ließ. In einer Versammlung stellte er Petrus zur Rede und griff ihn an: *Wenn du als Jude nach Art der Heiden und nicht nach Art der Juden lebst*, so warf er ihm vor, *wie kannst du dann die Heiden zwingen, wie Juden zu leben?*[14] Für Paulus war so ein Verhalten zutiefst *unaufrichtig*. Und es war für ihn heuchlerisch, wenn nun Petrus plötzlich wieder seine jüdische Frömmigkeit entdeckte. Paulus' Meinung nach war der »Fels« einfach nur aus Angst vor den Jakobus-Leuten umgefallen.

Es spricht vieles dafür, dass Paulus in dieser Auseinandersetzung schließlich den Kürzeren gezogen hat. Nicht nur gegenüber Petrus, sondern auch gegenüber seiner Gemeinde. Offenbar waren die meisten Judenchristen in Antiochia nicht bereit, ihm auf seinem radikalen Weg zu folgen. Sie bekamen anscheinend Angst vor der eigenen Courage. Und es zeigte sich, dass Jahrhunderte alte Gewohnheiten und Rituale doch stärker sind als theoretische Beschlüsse, selbst wenn sie von Glaubensführern auf einem Konvent gefällt wurden. Die Botschaft von der christlichen Freiheit war einfach noch zu neu, zu ungewöhnlich, zu unerhört.

Als Paulus zu einer neuen Reise aufbrach, war das wohl auch der Abschied von Antiochia. Später hat er diese Stadt kaum mehr erwähnt, obwohl sie doch für sein Leben so wichtig gewesen war. Hier hatte er zum ersten Mal mit anderen den Versuch gemacht, einen völlig neuen Glauben auch in einer Gemeinschaft zu leben. Hier hatte sich allerdings auch gezeigt, wie schwierig es ist, diesen Glauben aus den Fesseln einer scheinbar übermächtigen Tradition zu lösen.

Was aus der Gemeinde von Antiochia geworden ist, weiß man nicht. Paulus jedenfalls machte sich auf den Weg, um wieder Menschen zu bekehren und Gleichgesinnte zu finden. Nicht mehr Barnabas war nun sein Begleiter, sondern ein Mann namens Silas. Trotzdem stand Paulus ziemlich allein da. Es gab keine Gemeinde mehr, die er hinter sich wusste. Paulus war, so betont es der Theologe Otto Kuss, ein »Aussteiger«[15]. Er hatte radikal mit jeder Tradition gebrochen. Worauf er sich berufen konnte, war eigentlich nur er selbst, das heißt der neue Mensch, der aus ihm geworden war, damals, als ihm vor Damaskus ein anderer Gott begegnet war.

Kapitel VIII
Die Stärke der Schwäche

Paulus war nicht nur ein Aussteiger, sondern auch ein Außenseiter und Ausgestoßener. Spätere Generationen haben oft ein verklärtes Bild vom heiligen Apostel gepflegt, demzufolge er schon zu seiner Zeit ein hochangesehener Mann war, der überall freudig empfangen wurde und auf dessen Worte jeder ehrfürchtig hörte. Nichts ist falscher als diese Vorstellung. Paulus war eher ein abgerissener Wanderprediger, der oft wie ein Hund verprügelt und davongejagt wurde und zeitweise nicht wusste, wovon er sich ernähren sollte.[1] Er selbst zählte sich zum *Abschaum der Welt*, hielt sich für einen *Narr um Christi willen*, der keine Heimat hat, der sich mühsam seinen Lebensunterhalt erarbeiten muss, der in Lumpen daherkommt und der verachtet und verfolgt wird.[2] In der Tat hatte Paulus eine Menge Feinde. Für die orthodoxen Juden war er ein rotes Tuch und nicht wenige jüdische Christen wären ihn auch gerne losgeworden. Für die Römer war er ein Unruhestifter. Und den Zorn der sogenannten Heiden zog er auf sich, weil er deren Opferdenken scharf kritisierte und den lukrativen Handel mit der Religion störte.

Man kann allerdings nicht sagen, dass Paulus diesen Anfeindungen aus dem Wege gegangen wäre. Im Gegenteil. Das zeigt sich auch wieder bei seiner Reise mit Silas. Die beiden lenkten ihre Schritte direkt nach Syrien, Zilizien und Lykaonien, zu jenen Orten, wo Paulus auf seiner ersten Reise fast erschlagen worden wäre. Man könnte den Eindruck haben, als ob Paulus die Schwierigkeiten geradezu suchte. Handelte er nach dem Motto »Viel Feind, viel Ehr«? Dachte er, dass Glaube mit Qualen und Schmerzen verbunden sein muss? Liebte er das Leiden? Wollte er damit seinen Glauben unter Beweis stellen? Ist Paulus vielleicht sogar »schuld« daran, dass man später Christentum mit Leiden, Schuld und Selbstverleugnung verband?

Paulus und Silas wollten das Taurusgebirge dieses Mal von Paulus' Geburtsstadt Tarsus aus überwinden. Tarsus war der Ausgangspunkt einer großen Karawanenstraße, die bis in das Innere Kleinasiens und an die Schwarzmeerküste reichte. Zu Zeiten von Paulus muss auf dieser von den Römern gebauten Straße ein starker Verkehr gewesen sein. Lange Reihen von Kamelen und Maultieren, beladen mit Getreide, Fellen, Wolle oder Ziegenhaar, schleppten ihre Waren zum Pass hinauf. Erst durch Hochtäler mit Pinien- und Zedernwäldern, dann durch eine baumlose Gebirgslandschaft, wo schmale Pfade in hohe Felswände gemeißelt worden waren. Irgendwann gelangten die Karawanen zu dem berühmten Pass, der Zilizischen Pforte. Sie wurde gebildet von zwei gigantischen Felsbergen, die zwischen sich nur einen engen Durchgang ließen.[3] Die Römer hatten hier ein richtiges Tor gemauert, um jeden zu kontrollieren, der passieren wollte. Schon die Pharaonen hatten diesen Pass durch das Gebirge genutzt, später hatten persische Herrscher wie Darius, Xerxes und Alexander der Große ihre

Truppen durch diesen Engpass geführt, und im Mittelalter kamen Kreuzfahrer aus Europa hier durch, um im Namen ihres christlichen Gottes das Heilige Land von den Ungläubigen zu befreien.

Es dürfte um das Jahr 49 n. Chr. gewesen sein, als auch zwei unscheinbare Wanderer das Nadelöhr der Zilizischen Pforte durchquerten. Sie waren keine Kaufleute und auch keine Soldaten. Sie waren Prediger, die ihre Botschaft verbreiten wollten. Ihr Ziel war vorerst Lykaonien. Wohin ihre Reise sie dann weiter führen würde, das wussten sie wahrscheinlich selber noch nicht.

Jenseits des Passes weitete sich die Landschaft. Bei dem Ort Faustinopolis gabelte sich die Straße. Rechts, Richtung Westen, ging es nach Caesarea in Kappadozien, links nach Lykaonien. Paulus und Silas hielten sich links. Sie wollten zu den Orten, wo Paulus auf seiner ersten Reise viele Leute kennengelernt und bekehrt hatte. Ob es in Derbe, Lystra oder Ikonien wieder Ärger gab, darüber erfahren wir aus dem Bericht des Lukas nichts. Er erwähnt nur Erfreuliches.

Offenbar hatte Paulus' erster Besuch Früchte getragen. Es hatten sich Gruppen gebildet, die sich zum neuen Glauben bekannten. Paulus wurde in diesen Gemeinden sicher hocherfreut empfangen, und in den Gesprächen fiel immer wieder der Name eines jungen Mannes, der sich durch seine Frömmigkeit besonders hervortat. Er hieß Timotheus und war der Sohn einer gläubig gewordenen Jüdin und eines Griechen. Paulus lernte ihn kennen und war anscheinend so begeistert von ihm, dass er ihn gleich mitnehmen wollte. Timotheus war einverstanden und so zogen sie nun zu dritt weiter.

Wenn man auf einer Karte die weitere Reiseroute verfolgt, wird man den Verdacht nicht los, dass die kleine Gruppe wirklich nicht wusste, wohin sie eigentlich wollte. Zuerst sieht es so aus, als ob Paulus und seine Gefährten Richtung Westen weiterziehen wollten, um auf der Höhe von Ephesos wieder an die Mittelmeerküste zu gelangen. Aber nachdem sie das pisidische Antiochia hinter sich gelassen hatten, bogen sie plötzlich nach Norden ab, so als hätten sie ihre Pläne geändert und wollten an die Schwarzmeerküste, zu Städten wie Nikomedeia oder Byzanz. Bei Ankyra, dem heutigen Ankara, schlugen sie wieder eine andere Richtung ein und wanderten nach Westen, bis sie schließlich die Küstenstadt Troas, nahe der Meerenge des Hellespont, erreichten.

Die Apostelgeschichte erklärt diesen Zickzackkurs mit dem Eingreifen des Heiligen Geistes. Er hätte es der Gruppe verwehrt, in der Provinz Asien zu predigen, so heißt es lapidar. Weiteres erfährt man nicht, auch nicht, was sich auf dieser gewaltigen Strecke alles ereignet hat: Ob Paulus neue Gemeinden gegründet hat, ob die Gruppe auf Widerstand gestoßen ist, welche Gefahren sie bestehen mussten, ob Krankheiten sie aufgehalten haben. Man kann sich nur vorstellen, was es bedeutete, wochen- und monatelang Hunderte von Kilometern bei Wind, Regen und Sonne, Hitze und Kälte durch Steppen und Gebirge zu reisen.

Schon allein dass Paulus, Silas und Timotheus den Großteil der Strecke zu Fuß bewältigten, ist eine unglaubliche Strapaze. Entlang der Straßen gab es auch Karawansereien und Gasthöfe, wo man Maultiere mieten und übernachten konnte.[4] Doch werden sie sich diesen Luxus nicht oft geleistet haben, dafür hatten sie zu wenig Geld. Außerdem hatten die Gasthäuser einen schlechten Ruf, sie galten als unsicher und dreckig und man traf darin oft sehr zwielichtige Gäste, Kutscher und Maultiertreiber. Die drei Wanderer dürften es meistens vorgezogen haben, im Freien auf dem nackten Boden zu schlafen oder in den Städten Gastfreundschaft in Anspruch zu nehmen. Allerdings weiß man, dass Paulus sehr eigen war, wenn ihm Hilfe angeboten wurde. Das galt besonders bei Geld, das er nur selten und dann widerwillig annahm. Es ist also wahrscheinlich, dass er zwischendurch in seinem Beruf als Zeltmacher gearbeitet hat, vielleicht in den Werkstätten größerer Orte.

Nun waren die drei also in Troas, dem heutigen Eskistambul, an jenem Küstenstreifen, wo einst das sagenhafte Troja gelegen haben soll, das von den Griechen belagert und zerstört worden war. Wie sollte es nun weitergehen? Paulus war von der langen Reise sicher erschöpft und gezeichnet. Aber Ruhe gönnte er sich selten. Er könne noch so schwach und müde sein, so schrieb er einmal sinngemäß, es gebe eine Kraft in ihm, die ihn jeden Tag erneuere.[5] Es ist eine Kraft, von der er weiß, das sie nicht von ihm kommt, die ihn aber so stark macht, wie er es aus sich allein nie sein könnte. Und paradoxerweise ist es so, dass diese Kraft am wirksamsten wird, wenn es Paulus schlecht geht, wenn er krank, erschöpft, überfordert ist, wenn er verfolgt, misshandelt, gefangen, beschimpft wird. In solchen Situationen bewirkt die »Liebe von oben« in ihm eine wunderbare Stärke, sodass Paulus sagen kann: *Wenn ich schwach bin, dann bin ich stark.*[6] Diese Stärke meint Paulus, wenn er vom *Gott in mir* redet.

Lukas, der Reisebeschreiber, kannte diesen inneren Gott anscheinend nicht. Bei ihm ist Gott immer einer, der von außen auf die Ereignisse einwirkt. So lässt er Paulus in seinem Bericht in Troas auch von einem Mann träumen, der ihn auffordert, herüber nach Mazedonien zu kommen und ihnen zu helfen. Und noch eine Überraschung hat Lukas bereit. Er redet plötzlich von *wir*, als sei er nun auch einer von Paulus' Begleitern: *Auf diese Vision hin wollten wir sofort nach Mazedonien abfahren;* […]. Dieses *wir* hat vielen Lesern Rätsel aufgegeben. Ist Lukas in Troas zu der Gruppe gestoßen? Hat er Paulus ab jetzt persönlich begleitet? Oder hat er nur den Bericht eines Reisebegleiters übernommen? Oder sagt er nur *wir*, um für den Leser eine größere Nähe zu schaffen?

Ob mit oder ohne Lukas – Paulus und seine Begleiter bestiegen in Troas ein Schiff, das sie über die Insel Samothrake an die Küste Mazedoniens brachte. Später hat man diese kurze Überfahrt als ein welthistorisches Ereignis gesehen: Paulus brachte das Christentum von Asien nach Europa! Aber natürlich kannte man zu Paulus' Zeiten die Einteilung in Kontinente und deren moderne Bezeichnung noch nicht. Es war eher ein Wechsel von einer römischen Provinz in die andere. Trotzdem war der Entschluss, nach Mazedonien überzusetzen, ein großer Schritt. Denn Paulus betrat damit ein Missionsgebiet, in dem die hellenistisch geprägte Kultur vorherrschend war.

Das Schiff landete im Hafen von Neapolis. Die Stadt war

der Endpunkt einer Römerstraße, der Via Egnatia, die von der Adria bis zur Ägäis reichte. Auf diesem gepflasterten Weg wanderten sie weiter zum nahen Philippi, wo sie längere Zeit bleiben wollten.

Philippi war eine Kolonialstadt, also ein Ableger Roms mit eigener Verwaltung. Siedlungen von römischen Veteranen und Bauern prägten die Stadt, die von einem steinernen Wall umgeben war. Oben, auf der Akropolis, stand eine Kaserne, in der eine Garnison römischer Soldaten stationiert war.[7] In Philippi gab es anscheinend nur wenige Juden und darum auch keine Synagoge. Das war für Paulus eine ungewohnte Situation. Denn normalerweise suchte er, wenn er in eine fremde Stadt kam, zuerst die Synagoge auf, weil er dort Juden und gottesfürchtige Heiden antreffen konnte. Er erfuhr aber, dass es eine Gemeinde gab, die sich an einem Ort vor der Stadtmauer, am kleinen Fluss Gangites, traf.

Lukas erzählt, wie Paulus und seine Freunde an einem Sabbat zu dieser Gebetsstätte gingen. Es waren einige Frauen dort versammelt. Die Männer setzten sich zu ihnen und Paulus begann zu reden. Eine der Frauen hörte besonders aufmerksam zu. Sie war eine Purpurhändlerin aus dem kleinasiatischen Land Lydien, weswegen sie auch Lydia, die Lydierin, genannt wurde. Diese Lydia hatte sich zum Judentum bekehrt, galt also als Gottesfürchtige. Was sie von Paulus hörte, gefiel ihr aber anscheinend besser als die strenge jüdische Gesetzesreligion. Sie ließ sich mitsamt ihrem *Haus*, also Familienmitgliedern, Dienern und Sklaven, von Paulus taufen und lud ihn und seine Begleiter ein, bei ihr zu wohnen. Energisch und selbstbewusst, wie sie offenbar war, ließ sie keine Widerrede zu. Und so zogen Paulus, Silas und Timotheus von ihrer bescheidenen Herberge in das Haus der Lydia, das groß und komfortabel gewesen sein muss, denn ihre Gastgeberin war eine wohlhabende Geschäftsfrau. Und nun war sie auch die erste Christin auf einem Kontinent, den man später einmal Europa nennen würde.

Nicht mit allen Frauen hatte Paulus so viel Glück. Wenn er nun fast täglich zu der Gebetsstätte am Fluss ging, lief ihm jedes Mal eine Magd hinterher, die offenbar etwas verwirrt war. Für Lukas hatte sie einen *Wahrsagegeist*, was wohl bedeutet, dass sie den Leuten die Zukunft prophezeite und ihnen voraussagte, was sie gerne hören wollten. Vermutlich hatte sie einiges von dem aufgeschnappt, was Paulus am Fluss zu den Leuten geredet hatte, und nun drängte sie sich ihm anbiedernd auf und schrie lauthals: *Diese Menschen sind Diener des höchsten Gottes; sie verkünden euch den Weg des Heils.* Das war nun zwar nicht falsch, aber Paulus hasste doch nichts mehr als hohle Phrasen, hinter denen keine lebendige Erfahrung steckte. Er selbst betont immer wieder, dass er keine *glänzenden Reden* halten und *gelehrte Weisheiten* verbreiten, sondern *Kraft und Geist* aufzeigen will, die von Gott kommen. Als nun die Magd wieder hinter ihm herschrie, verlor Paulus die Geduld. Er drehte sich zu ihr um und befahl dem bösen Geist in ihr, diese Frau zu verlassen. Und so geschah es.

Auch Jesus von Nazareth hatte des Öfteren mit Besessenen zu tun. In den Berichten darüber wird diese Dämonie so geschildert, dass man sie verstehen kann als eine Art Selbstentfremdung. Diese Menschen sind sozusagen so besessen von fremden Meinungen und Einflüssen, dass sie zu einem persönlichen Wort nicht mehr fähig sind. Auf Jesus' Frage, wer er sei, antwortet einer dieser Kranken bezeichnenderweise: »Legion sind wir.«[8] Und in der Tat sind in seinem Kopf alle möglichen Stimmen, nur seine eigene nicht. Hinter einer Flucht in die Entfremdung steckt auch eine Angst vor der eigenen Individualität. Es ist der verzweifelte Versuch, sich selber loszuwerden. Doch Jesus macht deutlich, dass sein Gott jeden Menschen als eigenständige Person will und nicht als von fremden Mächten dominierte Existenz. Und es gelingt ihm mit wenigen Worten, den Panzer der Angst zu durchbrechen und diesen besessenen Menschen wieder ein Zutrauen zu sich selbst zu geben.

Vielleicht hatte auch Paulus die richtigen Worte gefunden. Die Magd war jedenfalls von ihrem Dämon befreit. Sie plapperte keine fremden Meinungen mehr nach und schrie nicht mehr herum. Nun musste Paulus allerdings wieder die Erfahrung machen, dass diese Heilung für andere eine Störung ist. Die Besitzer der Magd hatten nämlich die Verwirrtheit ihrer Sklavin als Begabung zur Wahrsagerei verkauft und für diese Dienste Geld kassiert. Nun, da die Magd wieder »normal« war, hatten sie ein profitables Nebengeschäft verloren. Ihre Wut war so groß, dass sie Paulus und Silas packten und vor die Stadtbehörden schleppten. Sie wussten auch genau, wie sie die Fremden bei den Römern anklagen mussten. Die Römer mischten sich ungern in religiöse Streitigkeiten ein, griffen jedoch hart durch, wenn die öffentliche Ordnung gefährdet war. Also behaupteten die Ankläger, dass diese Juden die römischen Sitten und Gebräuche stören würden. Und bevor die beiden Angeklagten Einspruch erheben und auf Paulus' römisches Bürgerrecht verweisen konnten, wurden sie schon zur Bestrafung weggeführt. Man band sie an eine Säule oder an einen Pfahl, riss ihnen die Kleider vom Leib und begann sie mit Ruten zu peitschen.

Diese Prozedur war beileibe keine leichte Strafe. Es war eine Tortur, die manche Verurteilte nicht überlebten. Paulus hat sie öfter über sich ergehen lassen müssen. Drei Mal von den römischen und fünf Mal von den jüdischen Behörden. Die jüdischen Behörden vollzogen die Strafe mit einem zusammengelegten Kalbsriemen, wobei genau festgelegte vierzig Schläge verabreicht wurden. Welche Qualen ein Verurteilter zu durchleiden hatte, das hat Mel Gibson in seinem fast unerträglich drastischen Kino-Film »Die Passion Christi« gezeigt. Am eigenen Leib hat diese Bestrafung T. E. Lawrence erfahren, der im Ersten Weltkrieg den Aufstand der arabischen Stämme gegen die Türken organisiert hat und in türkische Gefangenschaft geraten ist. »Um mich in der Gewalt zu behalten«, so schildert er die Strafaktion, »zählte ich die Schläge, aber nach dem zwanzigsten konnte ich nicht mehr weiterzählen. Ich fühlte nur noch den Druck eines ungeheuren, aber nicht bestimmbaren Schmerzes; es war nicht, als ob scharfe Klauen mir die Haut aufrissen (worauf ich gefasst war), sondern ein allmähliches Auseinanderbersten meines ganzen Ichs durch eine übermächtige Kraft. [...] Je länger die Prozedur dauerte, desto mehr alte Striemen traf die Peitsche, und dort, wo sie getroffen hatte, wurde die Haut dunkler und feuchter, bis mein Fleisch von dem rasenden Schmerz und dem Entsetzen vor dem nächsten Schlag zitterte. Dies besiegte bald meinen Entschluss, nicht zu schreien.«[9]

Im Bericht des Lukas werden die übel zugerichteten Paulus und Silas anschließend ins Gefängnis geworfen, ihre Füße sperrt man zusätzlich in einen Holzblock. Von nun an werden die Ereignisse immer abenteuerlicher und unglaubwürdiger. Paulus und Silas sitzen Loblieder singend in ihrer Zelle, als plötzlich ein gewaltiges Erdbeben das Gefängnis erschüttert. Die Türen springen auf und die Fesseln fallen ab. Als der Gefängniswärter die offenen Türen sieht, denkt er, dass alle Gefangenen entflohen sind, und er will sich umbringen. Da ruft ihm Paulus zu, dass sie noch alle da seien und er sich nichts antun soll. Der Wärter wirft sich nun Paulus dankbar zu Füßen, er nimmt sie mit in sein Haus, versorgt ihre Wunden und nimmt den Glauben an Gott an.

Das klingt alles reichlich fantastisch und deshalb halten die meisten Forscher diese Geschichte für eine beschauliche Legende. Aber Legenden wollen nicht historisch genau berichten, sondern eine geistige Haltung in Bildern ausdrücken. Und wie sich Paulus in dieser Legende verhält, wirft ein bezeichnendes Licht auf ihn.

Das wird deutlich, wenn man sie mit anderen Befreiungsgeschichten vergleicht. Auch Petrus wird in einer biblischen Geschichte auf wunderbare Weise aus dem Gefängnis befreit, durch einen Engel, und er nutzt natürlich die geöffneten Türen, um sich ziemlich überrascht aus dem Staub zu machen. Auch in einer Erzählung von Heinrich von Kleist wird die Flucht aus einem Gefängnis durch ein Erdbeben ermöglicht.[10] Der junge Hauslehrer Jeronimo wird wegen einer Affäre mit seiner Schülerin in den Kerker geworfen. Gerade als seine Geliebte, die ein Kind von ihm hat, hingerichtet werden soll, werden die Stadt und das Gefängnis von einem Erdbeben zerstört und Jeronimo kann entkommen.

Dass ein Gefangener die Möglichkeit zur Flucht nutzt, ist nur normal und verständlich. Anscheinend aber nicht für Paulus. Er bleibt in seiner Zelle, obwohl die Türen offen stehen und keine Fesseln ihn mehr zurückhalten. Er benimmt sich, als ob ihm diese Freiheit nichts bedeuten würde. Als wäre er schon auf eine Art frei, die ihm auch durch Kerkerwände und Fußfesseln nicht zu nehmen ist. Das gehört zum Geheimnis um die innere Kraft dieses Menschen. Chrysostomus, ein mittelalterlicher Gelehrter, war so begeistert vom Verhalten des Paulus, dass er meinte, ein Paulus im Gefängnis sei ihm lieber als ein Paulus im Himmel, denn erst angesichts des gefesselten Apostels verstehe man dessen Freiheit.[11]

In Lukas' Geschichte lehnt Paulus sogar seine offizielle Entlassung aus dem Gefängnis ab. Nach der turbulenten Nacht kommen Amtsdiener und befehlen, die beiden jüdischen Prediger freizulassen. Doch Paulus wehrt ab. Er ist der Meinung, dass man ihm unrecht getan hat, weil er als römischer Bürger ohne Verhandlung ausgepeitscht worden ist. Nun denkt er nicht daran, sich heimlich abschieben zu lassen. Er verlangt, dass die obersten Beamten persönlich herkommen und ihn hinausbegleiten. Paulus rechnet natürlich damit, dass diese Männer einen gewaltigen Schreck bekommen, wenn sie erfahren, dass er das römische Bürgerrecht besitzt. Er täuscht sich nicht. Als die Beamten die Meldung erhalten, fürchten sie, dass ihr voreiliges Handeln bekannt wird und sie selber zur Rechenschaft gezogen werden. Und so gehen sie tatsächlich zum Gefängnis, um Paulus und Silas zu beschwichtigen und sie aus dem Kerker zu führen – nicht ohne sie inständig zu bitten, doch die Stadt baldmöglichst zu verlassen.

Paulus und Silas gingen aber zunächst zu Lydia. Wie sie dort empfangen wurden, darüber berichtet Lukas nichts. Ob sie bei Lydia wieder Timotheus trafen? Ob noch andere, die er in Philippi kennengelernt hatte, dort versammelt waren? In einem späteren Brief nach Philippi grüßt Paulus weitere Freunde. Man kann sich also gut vorstellen, dass in Lydias Haus schon seine Anhänger warteten und Paulus' Befreiung und sein kleiner Triumph über die römischen Behörden gefeiert wurden. Lydia wird schon für ein gutes Essen und guten Wein gesorgt haben. Auf seinen langen Reisen war Paulus keiner Gemeinde innerlich so verbunden wie der in Philippi. Nur von ihr hat er sich unterstützen lassen und Geld angenommen.

Paulus war wahrscheinlich einige Monate in Philippi. Erst nach dem Konflikt mit den Behörden musste er weiterreisen. Aber hat er diesen Konflikt provoziert? Hat er sich wieder als wahrer Apostel bewiesen, indem er ausgepeitscht und ins Gefängnis geworfen wurde?

Sicher hat Paulus so nicht gedacht. Manchmal hat er nicht ohne Stolz auf seine Wunden und seinen geschundenen Körper verwiesen. Aber in all seinen Äußerungen wird doch klar, dass für sein Selbstverständnis letztlich nicht Schmerzen und Leid zählen, sondern die befreiende Kraft der göttlichen Liebe. Auf seinen Reisen machte er allerdings auch die Erfahrung, dass diese frohe Botschaft geradezu als Drohung, als *Ärgernis* aufgenommen wurde. Denn diese Botschaft besagt auch, dass jeder Mensch eine absolute Bejahung seiner Existenz sucht, die er nur im Vertrauen auf die göttliche Liebe gewinnen kann. Anscheinend aber fällt den Menschen nichts schwerer, als dieses Vertrauen zu fassen. Stattdessen folgen sie sozusagen einem natürlichen Trieb, der sie immer und immer wieder versuchen lässt, aus eigener Kraft sich diese Anerkennung zu verschaffen. Das geht jedoch nur auf Kosten der anderen, und heraus kommt dabei ein Leben, das von Angst beherrscht wird und das endet in der Verzweiflung über die eigene Nichtigkeit oder in dem endlosen Bemühen, sich seine Großartigkeit zu beweisen.

Für Paulus hat Jesus gezeigt, dass ein Leben ohne Angst, in Vertrauen und Zuversicht möglich ist. Er wollte die Menschen überzeugen, dass sie in sich selbst eine unveräußerliche Würde und Berechtigung besitzen, auch wenn sie schwach, arm und hilflos sind. Für Paulus sind wir deshalb *Kinder Gottes*, die sich an Gott wie an einen *Vater* wenden können.[12] Aber ebendiese Haltung des Vertrauens traf auf erbitterten Widerstand, ja rief offenen Hass hervor. Denn nichts ist schwerer, als die eigenen Lebenslügen einzugestehen. Mit dem, was Jesus tat und sagte, hielt er den Menschen einen Spiegel vor, in dem sie sehen konnten, wie sie wirklich sind: dass sie immer die Fehler der anderen brauchen, um ihre eigenen Fehler zu entschuldigen, dass sie es nicht ertragen, wenn ihnen einer diese Entschuldigung nimmt und sie zwingt, sich selber in den Blick zu nehmen.

Weil Jesus mit seiner Haltung den Menschen vor Augen

geführt hat, wie verkehrt das Leben ist, das sie für normal und richtig halten, darum wurde er verhöhnt, bespuckt, geschlagen und schließlich umgebracht. Und weil Paulus diese Botschaft in Wort und Tat weiterführen wollte, darum wurde er so oft misshandelt und ins Gefängnis geworfen. Diese Leiden waren für ihn keine Auszeichnung. Paulus liebte das Leben, nicht das Leid. Es ging ihm darum, Menschen zu befreien von äußeren und inneren Fesseln, nicht darum, sie wieder unter neue Verbote zu zwingen und ihnen Schuldgefühle einzuflößen.

In Philippi reichte es schon, dass Paulus eine verwirrte, ausgenutzte Magd ernst nahm, um gleich eine Treibjagd auf ihn auszulösen. Die Besitzer der Magd sahen ihre wirtschaftlichen Interessen gefährdet. Für sie war die Sklavin nur eine Einnahmequelle. Und für die Römer wurde Paulus zum politischen Fall, weil er die öffentliche Ordnung störte.

Mehr als die Schwierigkeiten in Philippi zählten für Paulus die Freunde, die er dort gefunden hatte. An sie schrieb er Jahre später einen Brief. Damals saß er wieder im Gefängnis, wahrscheinlich in der Stadt Ephesos. Er rechnete damit, dass er dieses Mal nicht mehr so glimpflich davonkommen werde wie in Philippi und sein Ende wohl beschlossene Sache sei. Trotzdem ist der Brief voller Wärme und Zuversicht. Immer wieder fordert er seine Freunde auf, sich zu freuen. Und über den Grund seiner Freude schreibt er: *Ich weiß Entbehrungen zu ertragen, ich kann im Überfluss leben. In jedes und alles bin ich eingeweiht: in Sattsein und Hungern, Überfluss und Entbehrung. Alles vermag ich durch ihn, der mir Kraft gibt.*[13]

Kapitel IX
Kein Gott der Philosophen

Etwa zu der Zeit, als Paulus, Silas und Timotheus auf der Via Egnatia von Philippi nach Thessalonike wanderten, also um 49 n. Chr., kam es im fernen Rom zu Unruhen. Sie gingen von den in der römischen Hauptstadt lebenden Juden aus und müssen sehr heftig gewesen sein. Denn Kaiser Claudius, der sonst für seine Toleranz bekannt war, befahl daraufhin, die Juden aus der Stadt zu vertreiben. Bei dem Geschichtsschreiber Sueton, der über dieses Ereignis berichtete, heißt es dazu: »Da die Juden, von Chrestos angetrieben, fortwährend Unruhe stifteten, wies er sie aus Rom aus.«[1]

Es spricht vieles dafür, dass Sueton einiges falsch mitbekommen hat. Chrestos war damals ein weitverbreiteter Sklavenname. Und Sueton dachte offenbar, dass ein gewisser Chrestos die Juden aufgewiegelt hat. Höchstwahrscheinlich aber waren es Anhänger des »Christus«, die mit den Unruhen zu tun hatten.

Es muss also schon zu dieser Zeit Christen in Rom gegeben haben. Wie der neue Glaube dorthin gelangt war, ist ein Rätsel. Sicherlich hat er sich zunächst einmal unter den Juden verbreitet und das musste unweigerlich zu Konflikten mit den orthodoxen Glaubensbrüdern führen. Die römischen Behörden mischten sich normalerweise in solche Streitigkeiten nicht ein. Solange die Juden ihre Steuern zahlten und sich ruhig verhielten, waren sie geduldet. Es störte auch nicht ihr Glaube an einen Messias, der irgendwann kommen wird, um sein Volk zu befreien. Nun aber war es zu richtigen Tumulten gekommen, und schuld war offensichtlich eine kleine jüdische Sekte, die behauptete, ein König, der größer war als der Cäsar, habe auf Erden gelebt, sei dann gestorben und werde bald wiederkommen, um alle irdischen Reiche zu zerstören und seine Anhänger zum Sieg zu führen. Das war für einen Römer zwar ein schwer begreiflicher Unsinn, aber doch der Kern zu einer politischen Revolte, und das mitten im Zentrum des römischen Imperiums. Hier hörte die Toleranz auf. Kaiser Claudius unterschied auch nicht zwischen Juden und Judenchristen. Er machte kurzen Prozess. Alle Juden mussten Rom verlassen.

Mit der Vertreibung aller Juden aus Rom waren natürlich die Gründe für die Unruhen nicht beseitigt. Überall, wo traditionsbewusste Juden auf Anhänger des neuen Glaubens trafen, entzündete sich der Streit von Neuem. Und vor allem an jenen Orten, wo Paulus auftauchte, schlugen die Wellen bald hoch.

Aber wo ist Paulus? Wo finden wir ihn jetzt? Wenn wir der Schilderung des Lukas folgen, dann sitzt er im Haus eines gewissen Jason in der mazedonischen Hauptstadt Thessalonike, etwa 150 Kilometer von Philippi entfernt. Haus, das bedeutete zu dieser Zeit für gewöhnlich ein kastenförmiges Gebäude aus ungebranntem Lehm, niedrig und ohne Komfort. Eine Leiter oder Außentreppe führte auf das mit Reisig gedeckte Flachdach, wo man in heißen Nächten schlief oder Wäsche und Früchte trocknete. Die Häuser ärmerer Leute hatten oft nicht einmal Fenster, aus Angst vor Einbrechern. Auf dem Lehmfußboden waren Matten ausgebreitet, die zum Schlafen und Sitzen dienten. Je nach Wohlstand gab es aber auch Bettgestelle sowie Stühle und Tische und eine Herdecke. Wenn man bedenkt, dass Jason wahrscheinlich eine Frau und Kinder hatte und vielleicht Tiere hielt und dass Paulus noch Begleiter hatte, dann wird es in dem Haus ziemlich eng geworden sein. In den warmen Jahreszeiten war das nicht so schlimm, denn dann spielte sich das Leben der Familie sowieso im Freien, vor allem in den Innenhöfen zwischen den Häusern, ab.[2]

Paulus wird nicht viel Zeit bei Jason verbracht haben. Er musste arbeiten, vermutlich in der Werkstatt eines Zelt- oder Teppichwebers, *Tag und Nacht* sogar, wie er im Rückblick erzählte.[3] Anders als in Philippi wollte er nicht auf fremde Hilfe angewiesen sein. Außerdem wollte er sich von anderen Predigern unterscheiden, von denen es in einer Großstadt wie Thessalonike nicht wenige gab. Unter ihnen waren anscheinend viele, die den Leuten mit ihren Reden den Kopf verdrehten und sich dafür gerne aushalten ließen. Für Paulus waren das nur Schmarotzer, die die Menschen *in schmutziger Weise* ausnutzten und hinter deren Weisheiten sich die pure *Habgier* versteckte. Solche persönlichen Eitelkeiten und Hintergedanken wollte sich Paulus nicht nachsagen lassen. Gottes Wort, das er verkündigen wollte, sollte strikt getrennt sein von privaten Interessen. Auch das gehörte für ihn zu einem gottgefälligen Leben.

In Thessalonike hat Paulus bei jeder Gelegenheit mit den Leuten geredet und sie zu überzeugen versucht, ein würdiges

Leben zu führen. Dazu gehört es für ihn, sein Brot selber zu verdienen, sich der Schwachen anzunehmen und dem Nächsten nichts Böses zu tun. Das sind für Paulus nun keine moralischen Vorschriften. Er weiß zu gut, dass sich Menschen nicht durch Gesetze bessern lassen und auch ihr guter Wille nicht ausreicht. Darum spricht er immer wieder von der Notwendigkeit, *heilig* zu werden.

Damit meint er zunächst, dass jeder Mensch etwas Göttliches hat und demgemäß leben soll. *Heilig* kann er werden, wenn sich durch die Annahme der göttlichen Liebe sein Wesen ändert. Wenn das geschieht, ist es für ihn selbstverständlich, das Richtige zu tun. Dann empfindet er das Gesetz nicht mehr als Zwang, durch den er zum Guten bewegt und vom Bösen abgehalten werden soll. Das Gute ist sozusagen seine Natur geworden und gegen das Böse ist er immun. Wenn ein Mensch sich so gewandelt hat, dann ist er *geistlich* geworden. Das bedeutet mit den Worten und in der Sprache Martin Luthers, »dass er Lust zum Gesetz von Herzen gewinnet und hinfort alles nicht aus Furcht noch Zwang, sondern aus freiem Herzen tut«.[4]

Auch in der Synagoge von Thessalonike sprach Paulus über die neue Freiheit ohne gesetzlichen Zwang. Und das wohl mit ziemlichem Erfolg. Nicht nur Juden konnte er überzeugen, sondern auch viele gottesfürchtige Heiden, darunter, wie Lukas betont, *Frauen aus vornehmen Kreisen.* Paulus hatte bereits genug schlechte Erfahrungen gemacht, um zu wissen, dass die traditionstreuen Juden das auf Dauer nicht hinnehmen würden. Ihre Antwort ließ auch nicht lange auf sich warten.

Dabei gingen sie ziemlich geschickt vor. Sie hielten sich selber im Hintergrund und spannten für ihre Zwecke Männer ein, die gegen entsprechende Bezahlung Gerüchte streuten und Leute aufwiegelten. Diesen zwielichtigen Gestalten gelang es auch, den Zorn der Bevölkerung auf Paulus und seine Freunde zu richten. Aufgebrachte Menschen scharten sich zusammen und zogen zum Haus des Jason. Dort traf man zwar Jason an, aber nicht Paulus. Kurzerhand packten sie Jason und schleppten ihn vor die Stadtpräfekten. Sie klagten ihn an, Leute aufgenommen zu haben, die gegen die Gesetze des Kaisers verstießen, weil sie einen anderen König namens Jesus verkündeten. Die Reaktion der Beamten war nicht wie erwartet. Sie blieben ruhig und besonnen. Wahrscheinlich trauten sie der hysterischen Menge nicht. Zu oft hatten sie es wohl schon erlebt, dass man missliebige Leute gleich des Hochverrats anklagte. Sie ließen Jason also lediglich eine Bürgschaft unterschreiben und setzten ihn dann wieder auf freien Fuß.

Auch wenn der Aufruhr nun entschärft war, blieb Paulus in Gefahr. Wer weiß, was geschehen wäre, wenn der aufgestachelte Mob ihn doch noch in die Finger bekommen hätte. Das wollten seine Freunde nicht riskieren. Auf ihr Drängen hin verließen er und seine Gefährten noch in der Nacht die Stadt und begaben sich ins Landesinnere, in das nahe gelegene Beröa, eine mazedonische Stadt am Fluss Asträus. Aber auch dort konnten sie nicht lange bleiben. Als ihr neuer Aufenthaltsort bekannt wurde, kamen Juden aus Thessalonike, um auch in Beröa die Leute gegen sie aufzuhetzen.

Paulus, Silas und Timotheus mussten wieder fliehen. Ihnen war klar, dass sie in dieser Region keine Ruhe mehr finden würden. Sie mussten weiter weg, dorthin, wo man sie noch nicht kannte. Also begaben sie sich an die Küste, nach Pydna oder nach Methone, wo sie ein Schiff zu finden hofften, das sie in den Süden Griechenlands, nach Athen bringen würde.

Paulus zog ungern weiter. Er fühlte sich mitten aus seiner missionarischen Arbeit gerissen, und es plagte ihn die Sorge, ob die neu gewonnenen Gläubigen standhaft bleiben oder vielleicht doch wieder in ihren alten Aberglauben zurückfallen würden. Er selbst konnte nicht umkehren, dazu war sein Gesicht zu bekannt und der Zorn auf ihn zu groß. Aber Timotheus konnte er nach Thessalonike zurückschicken. Ihn würde man unbehelligt lassen. Wahrscheinlich wurde Timotheus von Silas begleitet und Paulus reiste allein weiter nach Athen.

Ob Paulus auf seinen Reisen auch die landschaftlichen Schönheiten wahrgenommen hat, die sich ihm unterwegs boten? In seinen Briefen ist davon nichts zu spüren. Aber die wollen auch keine Reiseberichte sein, sondern Glaubensbekenntnisse. Paulus war fest davon überzeugt, dass die Wiederkehr des Gottessohnes und damit das Ende dieser Welt unmittelbar bevorstand. Ließ ihn diese Erwartung alles mit anderen Augen sehen? Erschien ihm angesichts des nahen Endes alles vergänglich oder sogar wertlos?

Dabei reiste er nun durch eine der schönsten Gegenden des Mittelmeerraumes. Zuerst entlang der thessalischen Küste. Dann drehte das Schiff wahrscheinlich nach Westen und fuhr die enge Route zwischen dem griechischen Festland und der lang gestreckten Insel Euböa. In dieser Meeresstraße, die an einer Stelle nur knapp über vierzig Meter breit ist, herrscht eine gewaltige Strömung, von der die Schiffe mitgerissen werden. Am Ausgang, bei Marathon, kam das Schiff wieder in ruhigere Gewässer. Es umfuhr das Kap Sunion und nun konnte man schon von weitem auf dem Gipfel eines Vorgebirges die weißen Marmorsäulen des Tempels der Athene sehen, der den Schiffern auf dem Meer als Orientierung diente. Im Golf von Ägina mit seinen Inseln und dem Blick auf die umgebende Bergkette erschien in der Ferne die Akropolis, der Felshügel über Athen mit seinen weltberühmten Tempeln.

Wenn Paulus im Hafen von Piräus an Land ging, musste er zu Fuß in die Stadt laufen, vorbei an Weinbergen, Gärten mit Oliven-, Lorbeer- und Oleanderbäumen. Kurz vor der Stadt kam er wahrscheinlich an einem Tempel vorüber, der dem mythischen Helden Theseus geweiht war. Das war ein Vorgeschmack auf das, was ihn erwartete, denn Athen war das Zentrum einer heidnischen Welt.

Als Paulus nach Athen kam, hatte die Stadt ihre besten Tage schon weit hinter sich. Die Zeiten eines Perikles, eines Platon, eines Sokrates oder Aristoteles waren längst vorbei. Athen war herabgesunken zu einer wirtschaftlich und politisch bedeutungslosen Stadt mit gerade einmal fünftausend Einwohnern. Nur der kulturelle Glanz hatte sich erhalten, und das war den zahlreichen Kunstwerken zu verdanken, die auch schon damals viele Touristen anlockten.[5]

Paulus wollte offenbar nicht lange in der griechischen

Hauptstadt bleiben. Nur so lange, bis Silas und Timotheus aus Mazedonien nachgekommen waren. Ohnehin fühlte er sich hier nicht recht wohl. Aus seiner Heimatstadt Tarsus kannte er die heidnische Welt – aber was war das im Vergleich zu Athen! Die Straßen hier waren gesäumt von marmornen Statuen halbnackter Götter und Göttinnen, viele grell bemalt. Aus den unzähligen Tempeln stiegen Weihrauchschwaden, und überall standen kleine Altäre, auf denen Opfergaben verbrannt wurden. Ob Paulus beeindruckt war von den großartigen Gebäuden und architektonischen Leistungen? Vom Zeustempel mit seinen korinthischen Säulen? Vom Stadion, in dem dreißigtausend Menschen Platz fanden und das ganz mit Marmor verkleidet war? Paulus hat es sich bestimmt nicht entgehen lassen, wenigstens einmal auf die Akropolis zu steigen und sich die Tempel und den alles überragenden Parthenon mit seinen achtundneunzig dorischen Säulen und seinen fünfzig lebensgroßen Standbildern anzuschauen. Wer konnte vor diesen Wundern stehen, ohne zu staunen? Paulus wird aber auch den Kopf geschüttelt haben über so viel Pracht und Herrlichkeit. Denn schließlich waren das alles Zeugnisse einer Religion, die er für schlimmsten Irrglauben hielt und die zu überwinden er ausgezogen war.

Lukas erzählt nichts von einem Touristen Paulus. Das einzige Gebäude, das Paulus in der Apostelgeschichte besucht, ist die Synagoge. Wenn er nicht vor Juden und Gottesfürchtigen predigt, hält sich Paulus auf dem Marktplatz, dem Zentrum des öffentlichen Lebens, auf und spricht mit Leuten, denen er dort begegnet. Auch mit Philosophen kommt er ins Gespräch, die sich der Schule der Stoiker und der Epikureer zurechnen. Gerade mit ihnen ist die Verständigung sehr schwierig. Einige dieser Philosophen fragen sich dann auch nach kurzem Zuhören, was dieser *Quatschkopf* [6] eigentlich will. Bei anderen ist immerhin das Interesse geweckt und sie wollen von Paulus mehr erfahren. Lukas macht allerdings deutlich, dass er von dieser Neugier nichts hält. Für ihn, den Berichterstatter, sind es Leute, die lediglich hinter dem neuesten Klatsch her sind und sich ein vergnügliches Spektakel versprechen, wenn dieser schrullige jüdische Rabbi es wagt, mit den gedankenscharfen und wortgewandten Philosophen zu diskutieren. Paulus ist nicht so voreingenommen. Er nimmt die Einladung an, mit auf den Areopag zu gehen, um dort seine Lehren ausführlicher darzulegen.

Der Areopag, der auf dem Areshügel westlich der Akropolis lag, war seit alters her der Ort für Gerichtsverhandlungen. Hier nun tritt Paulus im Bericht des Lukas vor ein gespanntes Publikum und beginnt zu reden. Es ist das erste Mal, dass das junge Christentum auf die Philosophie trifft. Die überlieferten Worte hat Paulus sicher nicht exakt so gesagt. Aber so ähnlich könnte er sie gesagt haben. Oder sie könnten zumindest sinngemäß seine Gedanken wiedergeben. Jedenfalls passt es zu Paulus, wie er seine Rede beginnt. Er geht nämlich zunächst ganz auf seine Zuhörer, die Athener, ein und lobt ihre große Frömmigkeit. Dann erzählt er davon, wie er durch die Straßen gegangen ist und auf einen Altar stieß mit der Aufschrift »Einem unbekannten Gott«. Als diesen Gott, den die Athener nicht kennen, dem sie aber einen Altar weihen, stellt Paulus nun seinen Gott vor. Es ist nicht einer von vielen Göttern, sondern der einzige. Er hat Himmel und Erde erschaffen, und er braucht keine Menschen, die ihm opfern und ihn bedienen, weil ihm alles gehört und er den Menschen alles geben will. Dieser Gott lässt sich auch nicht in Tempel sperren oder in Statuen abbilden. Er ist überall und Menschen können ihm immer und überall nahe sein, weil sie von *Gottes Art* sind.

Bis hierher haben die Athener noch ganz interessiert zugehört. Doch als Paulus beginnt, von einem letzten Gericht zu reden und von einem Mann, den Gott gesandt hat, der tot war und dann auferstanden ist, wird es unruhig im Publikum. Es gibt Zwischenrufe und einige machen sich über Paulus lustig. Nur wenige wollen mehr erfahren, aber nicht heute, ein andermal.

So endet der Auftritt des Paulus auf dem Areopag. Es war wahrlich kein Erfolg. Vielleicht hat er später an die Erlebnisse in Athen gedacht, als er in einem Brief schrieb, dass die Griechen Weisheit suchen und deswegen für sie die christliche Botschaft eine *Torheit* sein muss.[7] Aber warum können die Griechen Paulus' Gott nicht verstehen? Warum vertragen sich Denken und Glauben so schlecht?

Die griechischen Philosophen haben sich viele Gedanken darüber gemacht, was das Göttliche ist und wie man es beschreiben kann. Weit entfernt vom Götterjahrmarkt der Volksfrömmigkeit, versuchten sie, Gott sozusagen als ein oberstes Prinzip zu erfassen. Für Platon war das Göttliche die Ursache von allem. Auch für Aristoteles war Gott das »Erste und Höchste« und er nannte diese ursprüngliche

Kraft den »unbewegten Beweger«.[8] Gemeinsam ist diesen Entwürfen, dass sie sich Gott vorstellen als ein höchstes Wesen, von dem zwar alles ausgeht, das aber weit über der vergänglichen Wirklichkeit schwebt und mit der geschaffenen Welt nicht mehr viel zu tun hat. Schwer vorstellbar, ja geradezu absurd ist es für Philosophen mit solch einer Auffassung, dass dieses höchste Wesen sich zu der kleinen, erbärmlichen Menschenwelt hinabbeugt und sich um die Sorgen und Nöte der Menschen kümmert.

Aber eben so handelt der Gott, den Paulus predigt. Er existiert nicht in majestätischer Zurückgezogenheit, nur für sich, sondern er ist ganz für andere da, er ist ganz »Beziehung«.[9] Seine Größe beweist sich gerade dadurch, dass er noch in das Kleinste hineinreicht und selbst das Geringste noch unendlich wichtig für ihn ist. Das ist so, weil dieser Gott alles umfasst und deshalb die menschlichen Vorstellungen von groß und klein, richtig und falsch für ihn keine Bedeutung haben. Ein einzelner Mensch kann für ihn wichtiger sein als das ganze Universum.

Für Paulus ist Gott auch keine abstrakte Größe, keine ominöse Macht, sondern er ist ein Liebender, der wirbt, sucht, sich freut und trauert. Er widerspricht damit auch der Vorstellung, dass das höchste Wesen rein geistiger Natur sei und auch nur denkend erfasst werden könne. Um Gott zu sehen, bedarf es einer besonderen Art der Wahrnehmung, die Paulus meint, wenn er davon spricht, dass ein Mensch vom Geist Gottes erfüllt ist. Letztlich kann ein liebender Gott nur wieder durch eine liebende Erkenntnis erfasst werden. Damit soll aber nicht ein Gegensatz von Vernunft und

Gefühl, Denken und Glauben behauptet werden. Vielmehr ist damit ausgesagt, dass wirkliches Erkennen immer Liebe voraussetzt oder, wie es der Philosoph und Mathematiker Blaise Pascal ausdrückte: »Liebe und Vernunft sind nur ein einzig Ding.«[10]

Eine Vernunft ohne Liebe, so könnte man ergänzen, führt zu einem »Gott der Philosophen«. Für diese ist ein liebender Gott dann freilich eine *Torheit*, wie es für sie auch verrückt ist, dass das höchste Wesen als Mensch zur Welt kommt, als bettelarmer und machtloser Prediger umherwandert und von den Römern wie ein Verbrecher ans Kreuz genagelt wird. Warum sollte Gott in einer Weise auftreten, die allem widerspricht, was man von ihm erwartet?

Diese Frage haben sich nicht nur die griechischen Philosophen gestellt, sie hat zu allen Zeiten Denker wie Künstler herausgefordert. Martin Luther löste für sich dieses Paradox, indem er von einem verborgenen Gott sprach, der sein eigentliches Anliegen, die Liebe, in deren Gegenteil »versteckt«, nämlich im Kreuz, das für Hass und Tod stehe.[11] Ähnlich versteckt ist das Göttliche auch bei dem russischen Dichter Fjodor Dostojewskij. Er wollte einen vollkommen reinen, guten Menschen in einer heillosen Welt darstellen. Herausgekommen ist der Roman über den Fürsten Myschkin, einen literarischen Nachfolger des Jesus von Nazareth, der aber in seiner Umgebung wie ein »Idiot« erscheint und als Geisteskranker in einer Heilanstalt endet.[12]

Lange vor Luther und Dostojewskij und vierhundert Jahre vor Jesus von Nazareth beschrieb der griechische Philosoph Platon ein Streitgespräch zwischen Sokrates und Glaukon, das sich um die Frage drehte, wie es einem ganz und gar gerechten Menschen in dieser Welt ergehen würde. Die beiden sind sich darin einig, dass ein gerechter Mensch seine Gerechtigkeit nur unter Beweis stellen kann, wenn er sich den Anschein der größten Ungerechtigkeit gibt, wenn also die anderen ihn für einen Lügner und Verbrecher halten. Nur wenn er den Erwartungen der Menschen nicht entspricht, ja nach außen hin geradezu das Gegenteil darstellt, kann er seine Gerechtigkeit um ihrer selbst willen vertreten. Wie es so jemandem aber dann ergeht, darüber macht sich Glaukon keine Illusionen: »Sie sagen aber dies, dass der so gesinnte Gerechte gefesselt, gegeißelt, gefoltert, geblendet an beiden Augen werden wird, und zuletzt, nachdem er alles mögliche Übel erduldet, wird er noch aufgeknüpft werden und dann einsehen, dass man nicht gerecht sein, sondern scheinen wollen muss.«[13]

Paulus wurde in Athen weder gefesselt noch gefoltert und auch nicht aufgeknüpft. Dafür wurde er mit reichlich Spott und Häme überschüttet. Die Athener waren zwar bereit, jeder noch so närrischen neuen Mode nachzulaufen, aber einem solchen *Schwätzer* kehrten sie schnell den Rücken und ließen ihn stehen. Nur zwei Leute sollen Paulus ernst genommen haben, ein gewisser Dionysius, ein Mitglied des Gerichtshofes, und eine Frau namens Damaris. Kein großer Fang also für Paulus.

In Athen hielt ihn nichts mehr. Er hatte anscheinend auch keine Lust mehr, hier auf Silas und Timotheus zu warten. Entweder er verließ nun die Stadt zu Fuß, oder er bestieg ein

Schiff, das ihn auf die andere Seite des Golfs brachte, dorthin, wo ein schmaler Landstreifen das griechische Festland mit der Halbinsel des Peleponnes verbindet und zwei Meere voneinander trennt. An diesem geografischen und wirtschaftlichen Schnittpunkt lag eine Stadt, die in vielem das Gegenteil von Athen war. Es war Korinth, die Hauptstadt der Provinz Achaia, Sitz eines römischen Prokonsuls, ähnlich groß wie Antiochia, ähnlich bunt und prachtvoll und ähnlich verrufen. Der Schriftsteller Pausanias, der Griechenland einige Jahrzehnte nach Paulus durchreist und beschrieben hat, schildert Korinth als eine aufstrebende, römisch geprägte Handelsstadt.[14] Das alte Korinth war wegen seiner feindlichen Haltung zu Rom 146 v. Chr. vom Feldherrn Mummius in Schutt und Asche gelegt worden. Hundert Jahre lang war es ein Schutthügel, bevor Julius Cäsar die Stadt wieder aufbauen ließ und ihr zu neuer Blüte verhalf. War Athen ein Ort der Philosophie und des Geistes, dann gaben in Korinth das Geld und das Vergnügen den Ton an. »Nicht jeder kann es sich leisten, nach Korinth zu segeln«, sagte ein Sprichwort. Es gab sogar das Wort »korinthisieren«, was so viel bedeutete wie sexuell unmoralische Dinge tun.

Alle Schiffe, die die gefährliche Fahrt um die Südspitze des Peloponnes vermeiden wollten, legten im Hafen von Kenchreae an, um ihre Waren dann mit Lasttieren auf die andere Seite des Isthmus, zum Hafen von Lechaion, zu transportieren. Kleinere Schiffe wurden auf einer Art Rollbahn von Sklaven über den schmalen Landrücken gezogen. Immer wieder war die Idee aufgekommen, die etwa sechs Kilometer schmale Landbrücke mit einem Kanal zu durchstechen. Aber sowohl Julius Cäsar als auch später Kaiser Nero mussten ihre ehrgeizigen Pläne wieder aufgeben. Erst im 19. Jahrhundert konnte dieses gigantische Vorhaben verwirklicht werden.

Wenn Paulus mit dem Schiff von Athen kam, ging er im östlichen Hafen von Korinth, in Kenchreae, von Bord. Vom Hafen führte eine Straße durch Zypressenhaine und Weinberge hinauf nach Korinth, das auf einem Plateau unterhalb des Burgberges von Akrokorinth lag. »Corinthus felix«, das glückliche Korinth, hatte man die Stadt genannt, auch wegen ihrer herrlichen Lage. Nach den vielen Mühen und Plagen sollte der Aufenthalt in dieser Stadt auch für Paulus ein glücklicher werden.

Kapitel X
Im Haus des Titius Justus

Wir können es heute nicht mehr genau sagen: Waren es Stra-
ßenkinder, die Streit miteinander hatten? Oder wollte ein
Sklave den anderen ärgern? Waren es zwei Mitglieder der
kaiserlichen Leibgarde? Oder sollte doch ein Page am Kai-
serhof verspottet werden?

Jedenfalls hat irgendjemand eines Tages im 3. Jahrhundert
oben auf dem Palatinhügel in Rom, wo sich die kaiserliche
Residenz befand, auf eine Wand ein Graffito eingeritzt. Sie
stellt einen Mann mit Eselskopf dar, der am Kreuz hängt.
Daneben steht eine Figur mit erhobenem Arm, als würde sie
dem Eselsmann zujubeln oder ihm eine Kusshand zuwerfen.
Darunter sind die Worte eingekratzt: »Alexamenos betet seinen Gott an.«[1]

Diese harmlose Wandkritzelei hat es in sich. Sie ist nämlich die älteste bekannte Darstellung des Kreuzes und des
Gekreuzigten. Freilich ist hier das Kreuz nicht Gegenstand
der Verehrung, sondern des Spotts. So muss im damaligen
Rom die Nachricht von einem gekreuzigten Gott empfunden worden sein: Es war eher ein schlechter Witz, nur ein-
fältige Dummköpfe konnten einen Gott verehren, der sich
benahm wie ein Esel. Und das war immerhin zu einer Zeit,
als der christliche Glaube schon weit verbreitet war.

Wie verrückt und lächerlich muss diese Botschaft erst

zweihundert Jahre vorher gewirkt haben, als der Wanderprediger Paulus nach Korinth kam mit dem Vorsatz, *nichts
zu wissen außer Jesus Christus, und zwar als den Gekreuzigten*[2]. Und diesen Gekreuzigten wollte er verkünden in einer
Stadt, die für ihre vielen Tavernen, Spelunken und Bordelle
berühmt war, wo der heidnische Götterkult in voller Blüte
stand, wo hoch über der Stadt, auf dem Felsenberg, ein Heiligtum der Aphrodite lag, in dem über tausend Prostituierte
ihren Dienst versahen?

Paulus war alles andere als zuversichtlich, als er im
Herbst des Jahres 50 n. Chr. durch das mächtige Stadttor
schritt und die Straße entlang zum Hauptplatz ging, vorbei an Standbildern von Meeresgöttern, an Läden, Brunnen
und Badehäusern. Er kam, wie er sich später erinnerte, *in
Schwäche und in Furcht, zitternd und bebend*. Ob er daran
dachte, was wohl in dieser Stadt wieder an Unheil auf ihn
zukommen würde? Korinth war nicht Athen. Hier würde
man es nicht dabei belassen, ihn auszulachen. Hier regierte
ein anderer Geist, das konnte man vor allem auf dem
Marktplatz sehen.[3]

Auf dem weiten Areal herrschte ein unglaubliches Gedränge von Menschen aus allen Ländern. Römische Soldaten, orientalisch gekleidete Männer, Nordafrikaner in
bunten Gewändern und Frauen in mazedonischen Trachten.
Der Platz war umgeben von Tempeln und Hallen, dazwischen bronzene Götterstatuen der Aphrodite oder des Göt-
terboten Hermes. Über einem Brunnen thronte der Meeres-
gott Poseidon, zu seinen Füßen ein wasserspeiender Delfin.

Mitten auf dem Platz war eine riesige Tribüne, die sogenannte Bema, von der aus die Verlautbarungen der römischen Behörden verkündet wurden und auf der zu bestimmten Zeiten der Prokonsul in seinem Richterstuhl Platz nahm, um sich die Beschwerden und Sorgen der Bevölkerung anzuhören. Links und rechts der Bema reihten sich steinerne Marktbuden, vor denen Händler Tonwaren und Teppiche feilboten. Die Ladenreihe trennte den Platz in zwei Hälften. Auf der Südseite des Platzes lag sozusagen das größte Einkaufszentrum Griechenlands, eine riesige, 165 Meter lange Säulenhalle, in der die verschiedensten Läden und Geschäfte untergebracht waren. Purpur aus Lydien, Salz und Papyros aus Ägypten, Glaswaren aus Sidonien, Weihrauch und Elfenbein aus Afrika, Seide aus China wurden hier gelagert und verkauft. Jeder Laden hatte Verbindung zu einem unterirdischen Kanal, der in die berühmte Peirenequelle mündete und aus dem stets ein Luftstrom die leicht verderblichen Waren kühlte.

Die Agora, der Marktplatz, wurde auf der Westseite von einer Reihe kleinerer Tempel begrenzt. Doch wenn man dazwischen eine Treppe hinaufstieg, stieß man dahinter wieder auf eine Ladenreihe. In Korinth konnte man anscheinend den Händlern und Geschäftemachern nicht entgehen. Götter und Kommerz waren hier ein besonders enges Bündnis eingegangen. Und jedem wurde vor Augen gehalten, dass man ohne Geld nicht weit kommt. Auch ein Apostel nicht.

Paulus scheint ziemlich abgebrannt gewesen zu sein, als er nach Korinth kam.[4] Bevor an Missionieren zu denken war, musste er erst einmal Geld verdienen. Für ihn als gelernten Zeltmacher war das in einer Handelsstadt nicht schwer. Er musste sich nur zum jüdischen Viertel durchfragen, wo es auch Handwerksbetriebe gab.

In Korinth muss es eine größere jüdische Gemeinde gegeben haben. Bei Ausgrabungen Anfang des letzten Jahrhunderts fand man einen Stein mit Resten einer Inschrift, die ursprünglich »Synagoge der Hebräer« gelautet hat. Demnach lag die Synagoge ganz nahe dem Marktplatz, an der Prachtstraße nach Lechäum. Es kann sein, dass das Haus des jüdischen Ehepaars, das Paulus nun kennenlernte, auch in diesem Stadtteil lag. Aquila und seine Frau Priscilla waren ebenfalls erst seit kurzem in Korinth. Sie gehörten zu den Juden, die auf Befehl des Kaisers Claudius aus Rom vertrieben worden waren. Sie hatten also vermutlich schon von Jesus, dem Messias, gehört. Und weil sie auch noch das gleiche Handwerk ausübten wie Paulus, also Zeltmacher waren, lag es nahe, dass sie Paulus einluden, bei ihnen zu wohnen und in ihrer Werkstatt mitzuarbeiten.

Paulus gehörte im Haus von Aquila und Priscilla bald wie zur Familie. Doch Sonderrechte wollte er keine. Wie alle anderen arbeitete er von morgens bis abends in der Werkstatt, die wahrscheinlich wie die Handwerkerläden dieser Zeit zur Straße hin offen war. Ständig gingen hier Leute ein und aus, um über Neuigkeiten zu reden, Ware zu kaufen oder zu bestellen.[5] Nur am Sabbat ging Paulus in die Synagoge und wurde als schriftkundiger Gelehrter eingeladen, zu den Versammelten zu reden. Vielen in der jüdischen Gemeinde war es peinlich, dass so ein gelehrter Rabbi wie ein gewöhnlicher Handwerker lebte. Das führte mit der Zeit zu Verstimmungen bei den Gemeindemitgliedern.

Denn man rechnete es sich als Pflicht und Ehre an, für den Lebensunterhalt eines Gottesmannes, der sich als Apostel bezeichnete, aufzukommen. Fast kränkend wurde es für die Korinther, als Silas und Timotheus aus Mazedonien ankamen und Paulus Geld übergaben, das man in Philippi für ihn gesammelt hatte. Warum nahm er Geld von der armen Gemeinde in Philippi und verweigerte jede Hilfe von den reichen Korinthern?

Silas und Timotheus brachten nicht nur Geld, sondern auch gute Nachrichten aus Mazedonien. Die Bekehrten waren Paulus' Lehre treu geblieben und hatten sich nicht von Drohungen einschüchtern und von anderen Predigern verunsichern lassen. Aber Paulus wurde schmerzlich vermisst, gerade in Thessalonike. Dort fühlten sich die Mitglieder seiner Gemeinde alleingelassen, wo sie doch noch so viele Fragen hatten. Sie glaubten ja nun fest daran, dass Christus bald wiederkehren und dann das Ende aller Tage da sein werde. Aber wann würde das sein? In Tagen, Wochen, Jahren? Und was ist dann mit jenen Gläubigen, die inzwischen gestorben sind oder bis dahin noch sterben werden? Sind sie schon bei Gott oder haben sie Pech gehabt und werden die große Erlösung nicht mehr erleben?[6]

Paulus wurde nun damit konfrontiert, dass seine neue Botschaft ganz konkrete Fragen aufwarf. Es musste sich zeigen, ob seine gewaltige Vision auch dazu taugt, Antworten auf alltägliche Nöte und Sorgen zu geben. Paulus wollte sich diesem *täglichen Andrang* nicht entziehen. Was sollte er tun? Bis er wieder nach Mazedonien kommen würde, konnten Jahre vergehen. Die Thessalonicher brauchten aber schnellen Beistand. Die einzige Möglichkeit war, ihnen einen Brief zu schreiben.

Also saß Paulus eines Tages in einem Zimmer im Haus von Aquila und Priscilla und schrieb oder diktierte. Keine gelehrte Abhandlung hatte er im Sinn, sondern ein Schreiben sollte es werden, das die Leser in Thessalonike berührt, als spräche er persönlich zu ihnen, ein Brief, der ihnen hilft, sie ermutigt und tröstet. Natürlich wusste Paulus nicht, dass dieser Brief einmal das älteste Dokument des christlichen Glaubens werden wird, der älteste schriftliche Text in einer Sammlung, die man das Neue Testament nennen wird – der 1. Brief an die Thessalonicher.

Wie geht Paulus auf die Fragen der Thessalonicher ein? Er tröstet sie in ihren Sorgen um die Verstorbenen. Sie werden am Jüngsten Tag auferstehen und mit den noch Lebenden in Gottes Reich kommen. Und wann wird das sein? Paulus will sich nicht festlegen. Es geht ihm darum, wie man sich verhält in einem Leben, in das jederzeit das Unvorhersehbare einbrechen kann, sei es Not, sei es ein Unglücksfall, sei es Krankheit, sei es der Tod. Nur für Menschen, die diese Brüchigkeit des Lebens nicht sehen oder nicht wahrhaben wollen, kommen solche Überraschungen *wie ein Dieb in der Nacht*[7]. Sie wiegen sich in einem Gefühl von *Friede und Sicherheit* und dann kommt es plötzlich ganz anders. Ein Mensch aber, der die Hoffnung auf eine andere Welt kennt, weiß auch, dass in diesem Leben nichts sicher ist. Darum ist er jederzeit auf alles gefasst, auf Unheil ebenso wie auf Glück. Nichts kann ihn überraschen und umwerfen.

Paulus war immer auf alles gefasst, auf Schlimmes wie

auf Erfreuliches. Das Geschenk aus Philippi war jedenfalls eine schöne Überraschung. Es befreite ihn von den ärgsten Geldsorgen und er konnte nun auch unter der Woche missionarisch tätig werden. Man kann sich vorstellen, wie er, ähnlich wie Sokrates in Athen, in Korinth auf dem Marktplatz herumging und die Leute in ein Gespräch verwickelte. Dabei hatte er keine Berührungsängste. Den Kaufmann sprach er ebenso an wie den Hafenarbeiter oder die Prostituierte. Das war keine berechnende Taktik, sondern es entsprang seinem Selbstbewusstsein. Paulus fühlte sich frei, frei von gesellschaftlichen Konventionen, frei von Abhängigkeiten, frei auch von dem Zwang, sich gegen andere abgrenzen zu müssen. Gerade weil Paulus so frei war, konnte er sich auf andere einlassen. Und so machte er sich, wie er einmal sagt, *für alle zum Sklaven* und wurde *allen alles*.[8]

Für Paulus war es auch kein Problem, sich unter gesetzestreuen Juden zu bewegen. In der Synagoge durfte er oft predigen. Offenbar war man beeindruckt, wie gut sich dieser gelehrte Rabbi in den alten Schriften auskannte und wie viele Verse und Psalmen er aus seinem Gedächtnis hervorzaubern konnte. Etwas merkwürdig dürften es seine Zuhörer empfunden haben, dass Paulus mit Vorliebe jene Stellen zitierte, in denen von einem kommenden Messias die Rede war. Irgendwann ließ er dann die Katze aus dem Sack und verkündigte, dass dieser Messias schon gekommen sei, nämlich in Gestalt des Jesus von Nazareth, der getötet worden und wieder auferstanden sei.

Das war dann der Punkt, an dem es spannend wurde. Einige Juden waren verblüfft, welche Verbindung Paulus zwischen dem Alten und dem Neuen herstellte. Die meisten aber waren empört darüber, dass dieser Rabbi die altehrwürdigen Texte missbrauchte, um seine haarsträubenden Behauptungen daraus abzuleiten.

Der endgültige Bruch mit der Synagoge ging diesmal von Paulus aus. Er hatte es anscheinend satt, gegen eine Wand von Abwehr und Feindseligkeit zu reden und nur beschimpft und beleidigt zu werden. Wenn man ihm partout nicht zuhören wollte, dann würde er eben nur noch zu den gottesfürchtigen Heiden reden. Aber wo sollte das geschehen, wenn Paulus nun der Synagoge den Rücken kehrte? Auf der Straße? Auf dem Marktplatz?

Die Lösung war ein Mann namens Titius Justus, ein gottesfürchtiger Römer, der von Paulus beeindruckt war. Er wollte sein Haus als Versammlungsraum zur Verfügung stellen. Ein ebenso großzügiges wie pikantes Angebot, denn das Haus des Titius Justus lag direkt neben der Synagoge. So mussten die orthodoxen Juden zusehen, wie vor ihrer Nase das Zentrum einer aus ihrer Sicht ketzerischen jüdischen Sekte entstand, mit einem Mann als Anführer, den sie kurz vorher mehr oder weniger hinausgeworfen hatten.

Und damit nicht genug – der Vorsteher der Synagoge, Krispus, war von den abstrusen Ideen dieses Paulus angesteckt worden und wollte sich mitsamt seinem ganzen Haushalt nun dessen Lehre anschließen. Der Synagogenvorsteher ein abtrünniger Jude, der an einen gekreuzigten Messias glaubte! Was für ein Skandal! Ein neuer Vorsteher musste gewählt werden. Man entschied sich für einen gewissen Sosthenes und machte ihm gleich klar, was man von ihm erwartete. Er sollte, egal wie, dafür sorgen, dass diesem selbsternannten Apostel das Handwerk gelegt wird.

Für Paulus war es natürlich ein Erfolg, dass Krispus nun nicht mehr in die Synagoge ging, sondern in das Haus des Titius Justus. Dieses Haus muss recht groß gewesen sein. Vielleicht eines der typischen römischen Atriumhäuser mit einem Innenhof, um den sich Wohn- und Haushaltsgebäude gruppierten. Im Hof oder in einem großen Raum versammelten sich die Männer und Frauen, die sich dem »neuen Weg« anschließen wollten. Es muss eine bunt gemischte Gruppe gewesen sein, die sich im Laufe der Zeit zusammenfand: reiche Kaufleute, Sklaven und Freigelassene, kleine Handwerker wie Aquila und Priscilla, Frauen wie die einflussreiche Cloe oder die wohlhabende Phöbe aus dem Vorort Kenchreae. Sogar ein hoher Beamter der korinthischen Stadtverwaltung, Erastus mit Namen, schloss sich der Gemeinde an.[9] Egal, ob arm oder reich, Mann oder Frau, Sklave oder Freier – alle waren nun gleich oder sollten zumindest gleich sein. Gleich vor Gott.

Bei den Treffen wurden Lieder gesungen und Gebete gesprochen, aber am wichtigsten war die gemeinsame Mahlzeit, zu der jeder etwas beisteuerte. Sie diente nicht nur dazu, sich richtig satt zu essen und zu trinken, so wie auch heute noch zu einem festlichen Anlass ein gutes Essen gehört. Für Paulus bedeutete dieses Essen noch mehr. Zu Anfang und am Ende sprach er Worte, die Jesus der Überlieferung nach beim letzten Abendmahl mit seinen Jüngern gesprochen hat. Damals, kurz vor seinem Tod, hatte er das Brot als seinen Leib und den Wein als sein Blut bezeichnet.

Wenn Paulus die Worte wiederholte, dann sollte das nicht nur eine fromme Erinnerung sein. Mit diesen Worten und durch die dazugehörige Handlung sollte Gott gegenwärtig werden und der Sinn von Jesus' Tod innerlich nachlebbar werden. Ja, Paulus ging sogar so weit, zu sagen, dass man das *Mitgekreuzigtsein*[10] einüben müsse.

Für die Frauen und Männer im Haus des Titius Justus war es sicherlich nicht leicht zu verstehen, warum Paulus immer wieder vom Kreuz redete. Wenn sie »Kreuz« hörten, dann dachten sie in erster Linie an das schlimmste und furchtbarste Marterwerkzeug im römischen Strafvollzug. An diesen Pfahl mit Querholz wurde der Verurteilte an Händen und Füßen festgenagelt und musste oft tagelang unvorstellbare Schmerzen und Ängste durchleiden, bis er endlich jämmerlich krepierte. Und dieses bestialische Hinrichtungsinstrument sollte ein Zeichen für die Macht Gottes sein?

So wie Paulus vom Kreuz spricht, hat es vor ihm noch niemand getan. Er meint mit diesem Wort in erster Linie nicht das konkrete Folterwerkzeug oder die Todesart. *Kreuz*, das ist die Art, wie Gott sich in der Welt zeigt, nämlich nicht als glorreicher Held und mächtiger König, sondern als einer, der sich in die Niederungen des menschlichen Lebens begibt, der auch im tödlichen Elend, in der Verlorenheit und im Unglück den Menschen nahe sein will. Kreuz heißt darum auch, dass Gott immer das wählt, was bei den Menschen nichts gilt, nichts wert ist. Er durchkreuzt damit sozusagen auch alle menschlichen Vorstellungen von dem, was bedeutend, wichtig oder klug ist.

Umgekehrt gilt damit auch, dass sich kein Mensch etwas

auf seine Leistungen oder seine Klugheit einbilden kann. Vor Gott zählt nicht, was unter Menschen imponierend und bedeutend ist. Die richtige Einstellung findet darum jemand erst, wenn er seine Schwäche und Unwissenheit erkennt und weiß, dass er seinen Wert und seine Anerkennung nur empfangen kann.

Wer hierzu fähig ist, der verliert sich nicht, sondern gewinnt sich erst. Mit ihm geschieht eine Veränderung. Er ändert nicht nur seine Meinung oder wechselt von einer Lehre zur anderen. Nein, sein ganzes Wesen wird ein anderes. Er gewinnt eine völlig neue Einstellung zum Leben und zur Wirklichkeit. Insofern kann man sagen, dass sein altes Ich stirbt und ein neues geboren wird.

Wenn jemand dieses Geschenk aber nicht annehmen kann oder will, dann bleibt er verhaftet in einer Haltung, die auf ihrer Unabhängigkeit beharrt. Das kann nach außen wirken wie die sehr heroische Verteidigung der eigenen Freiheit und Selbstbestimmung. Aus der Sicht eines Paulus ist es die selbstgewählte Gefangenschaft in einer Einsamkeit, die in der Bibel auch als Hölle oder Tod bezeichnet wird. In diese Hölle der Selbstbehauptung, in diese tödliche Einsamkeit gelangt kein Licht mehr. Wer sich in ihr verschließt, dem bleibt auch alles Göttliche verborgen. Keine Liebe kann mehr in sie vordringen.

Das Wort vom Kreuz war für Paulus wie ein Brennpunkt, in dem alles, was er sagen wollte, zusammengedrängt war. Aber er warnte eindringlich davor, sich nur an Worten festzuhalten. Für ihn ging es um den Geist hinter den Worten, der sich immer nur vorübergehend mit Begriffen einfangen lässt. *Denn der Buchstabe*, so meinte Paulus, *tötet, der Geist aber macht lebendig.*[11] Demnach müssen Worte immer wieder aufgebrochen werden, damit die lebendige Erfahrung immer wieder neu angefacht wird. So ging es Paulus also nicht darum, dass die Mitglieder seiner Gemeinde irgendwelche Worte nachbeten oder Formeln auswendig lernen. Für ihn war die Frage, wie er das, was ihn zutiefst bewegt, so mitteilen kann, dass andere auf die gleiche Weise bewegt werden.

Ob ihm das immer gelungen ist, darf man bezweifeln. In einer heidnischen Umgebung wie Korinth war die Gefahr sehr groß, missverstanden zu werden. Wenn Paulus beispielsweise das Wort »christos« gebrauchte als griechische Übersetzung für Messias, werden sich viele gefragt haben, wieso dieser Jude einen Sklaven verehrt, denn der ähnlich klingende Name »Chrestos« war ein verbreiteter Sklavenname. Oder wenn Paulus vom ewigen Leben redete, wird manch einer gehofft haben, nun in die Geheimnisse der Unsterblichkeit eingeweiht zu werden, wie es auch die volkstümlichen Mysterienkulte versprachen.

Paulus ist bestimmt häufig auf solche Missverständnisse gestoßen. Er scheint sehr darum gerungen zu haben, richtig verstanden zu werden. Ein Grund für diese Verständigungsschwierigkeiten war auch, dass Paulus nicht immer einen guten Eindruck machte. Seine Rede war nicht geschliffen, seine Predigten alles andere als umwerfend. Ja, es gibt sogar Hinweise darauf, dass seine Auftritte manchmal geradezu peinlich waren. Wer weiß, vielleicht hat er dann herumgestottert oder dauernd den Faden verloren. Aber auch das gehörte für ihn zum *Kreuz*. Nicht durch brillante Reden, nicht durch ein beeindruckendes Auftreten wollte er überzeugen, sondern durch die *Kraft*, die ihn leben ließ und die er weitergeben wollte.

Die traditionsbewussten Juden haben mit wachsender Verärgerung verfolgt, wie immer weniger Leute in die Synagoge kamen und immer mehr in das Nachbarhaus strömten. Das durfte nicht mehr so weitergehen. Den Plan, den sich der neue Vorsteher Sosthenes ausdachte, bestand darin, die Römer einzuschalten. Sie hatten das Sagen und nur sie konnten etwas gegen Paulus unternehmen. Aus den religiösen Streitereien der Juden hielten sich die Stadtoberen heraus, nur bei einer Störung der öffentlichen Ordnung wurden sie aktiv. Also musste der Fall Paulus so gedreht werden, dass er zu einer politischen Angelegenheit wurde.

Die römischen Behörden in Korinth waren es gewohnt, dass sich die Juden bei ihnen beschwerten. Je öfter sich der Prokonsul ihre Klagen anhören musste, desto gleichgültiger und abweisender wurde er. Das wusste wohl auch Sosthenes. Darum war es durchaus klug von ihm, dass er mit seiner Anklage warten wollte, bis ein neuer Vertreter Roms nach Korinth kam. Der würde mit den hiesigen Verhältnissen noch nicht so vertraut sein und sich den Sorgen seiner Untergebenen noch unvoreingenommen und mit frischem Elan widmen.

Lukas berichtet darüber, dass es Paulus mit dem Prokonsul Gallio zu tun bekam. Dieser Hinweis ist insofern etwas Besonderes, als es die einzige Stelle in der Apostelgeschichte ist, die historisch einigermaßen genau belegt werden kann. Archäologen haben nämlich später in Delphi Teile eines Gedenksteins gefunden, auf dem dieser Gallio als Prokonsul der Provinz Achaia erwähnt wird. Aufgrund der zeitlichen Angaben auf dem Gedenkstein und wenn man noch andere Erwägungen hinzunimmt, kann man ziemlich genau errechnen, wann Gallio Statthalter in Korinth war, nämlich von Mai 52 bis Frühjahr 53.[12]

Irgendwann also im Mai oder Juni des Jahres 52 saß der Prokonsul Lucius Junius Annaeus Gallio auf dem Richterstuhl der Rednertribüne, der Bema, auf dem Marktplatz von Korinth und nahm die Beschwerden der Bevölkerung entgegen. Eine größere Gruppe von Juden drängte sich nach vorne und schleppte einen Mann mit sich. Die Aufregung war groß, und alle redeten durcheinander, bis endlich einer aufgefordert wurde, das Wort zu führen. War es Sosthenes? Wenn ja, hat er sich seine Worte vorher sicher gut überlegt. Lukas berichtet, dass Paulus eine *Gottesverehrung* vorgeworfen wurde, die *gegen das Gesetz* verstößt. Mit Gesetz war natürlich das römische Gesetz gemeint. Und der Verstoß dagegen bestand darin, dass Paulus angeblich einen Gott verehrte, der als König kommen würde, um Rom und das Römische Reich zu zerstören.

Paulus wollte etwas dazu sagen. Vielleicht wollte er sich wehren oder auf sein römisches Bürgerrecht verweisen. Aber bevor er den Mund auftun konnte, ergriff schon Gallio das Wort. Er war ein sehr kluger und feinsinniger Mann, der Bruder des berühmten Philosophen Seneca. Höflich, aber bestimmt sagte er, dass er gegen diesen Mann vorgehen würde, wenn er etwas verbrochen hätte. Aber er könne nicht erkennen, was er verbrochen haben soll. Vielmehr erscheine ihm das Ganze als ein Streit über religiöse Dinge und da könne und wolle er kein Richter sein.

Damit war für Gallio die Sache erledigt, und er befahl den jüdischen Anklägern, sich wieder zu entfernen. Die standen entsetzt da und konnten es nicht fassen, dass ihr Anliegen so kurzerhand abgeschmettert wurde. Die Leute wurden unruhig. Zorn machte sich breit. Rufe wurden laut. Gegen Gallio durfte man sich nicht wenden. Der hätte sofort seinen Soldaten befohlen, gegen die Aufwiegler vorzugehen und hart durchzugreifen.

Die enttäuschten Juden richteten ihre Blicke auf Sosthenes. Sein Name wurde zornig gerufen. Ihm gab man nun die Schuld an dieser missglückten Aktion. Er wurde gepackt und ein Hagel von Fäusten ging auf ihn nieder. Das alles geschah vor den Augen des Prokonsuls. Der aber, so heißt es bei Lukas, *kümmerte sich nicht darum.*[13]

Für Paulus war das Urteil des Gallio wie ein Freispruch und ein Freibrief. Er konnte nun weiter ungestört predigen und Versammlungen abhalten. Trotzdem blieb er nicht mehr lange in Korinth. Im Spätsommer 52 oder im Frühjahr 53 verließ er die Stadt. Er wollte zurück nach Syrien. Aquila und Priscilla begleiteten ihn auf der ersten Wegstrecke. Gemeinsam segelten sie an die Küste Kleinasiens, nach Ephesos, wo sich ihre Wege dann trennten. Das Ehepaar blieb in der Stadt, und Paulus reiste weiter mit dem Versprechen, bald wiederzukommen.

Lukas erwähnt, dass Paulus noch in Kenchreae ein Gelübde abgelegt hat und sich seine Haare hat scheren lassen. Das ist ein alter jüdischer Brauch, der vollzogen wird, wenn jemand eine Krankheit oder sonst eine schwere Not überstanden hatte. Es kann also sein, dass Paulus in Korinth krank gewesen war. Die Stadt war eine Brutstätte für Malaria. Auch der Prokonsul Gallio zog sich diese Krankheit zu und machte eine lange Seereise, um sich davon wieder zu erholen.

Paulus gönnte sich keine Rast und auch die lange Fahrt auf dem Schiff zurück nach Judäa war alles andere als eine Erholungsreise. Wahrscheinlich hatte er in Ephesos ein Handelsschiff gefunden, das ihn nach Caesarea mitnahm. Die Fahrt auf solchen Schiffen war nicht weniger beschwerlich als ein Fußmarsch zu Lande. Den Großteil des Schiffes nahm meist die Ladung ein. Die Passagiere mussten mit einem Platz an Deck vorliebnehmen und waren dort der sengenden Sonne ausgesetzt oder wurden von den Brechern überspült.[14]

Die Route von Ephesos nach Caesarea führte auch nicht an der Küste entlang, sondern über das offene Meer, was mit großen Gefahren verbunden war. Im Jahr 61 versank ein Schiff im Adriatischen Meer mit sechshundert Passagieren an Bord. Nur achtzig konnten sich eine ganze Nacht lang schwimmend über Wasser halten und wurden dann von einem anderen Schiff gerettet. Paulus selbst berichtet, dass er dreimal einen Schiffbruch miterlebte und sogar einmal einen Tag und eine Nacht lang auf einer Planke auf dem offenen Meer trieb.[15]

Solche Katastrophen sind für Paulus nichts Besonderes. Sie werfen ihn nicht um, und schon gar nicht können sie ihn daran hindern, neue Reisepläne zu schmieden. Er weiß, wir sind *mitten im Leben* [...] *ständig dem Tod ausgeliefert*[16].

Entscheidend sei nur, wie wir Menschen mit dieser Todes-bedrohtheit des Lebens umgehen.

Paulus selbst sieht darin keinen Grund zur Verzweiflung, sondern einen Grund zur Zuversicht. Denn Jesus habe mit seinem Tod gezeigt, dass Gottes Liebe immer stärker ist als Leiden und Tod. Und Nachfolge besteht für Paulus darin, bedingungslos dieser bedingungslosen Liebe zu vertrauen. Vor Damaskus hat er diese Liebe erfahren, und seitdem ist sie für ihn eine Kraft, die ihm tagtäglich über alle Gefahren und Schwierigkeiten hinweghilft. *Von allen Seiten werden wir in die Enge getrieben*, so schreibt er, *und finden doch noch Raum; wir wissen weder aus noch ein und verzweifeln dennoch nicht; wir werden gehetzt und sind doch nicht ver-lassen; wir werden niedergestreckt und doch nicht vernich-tet. Wohin wir auch kommen, immer tragen wir das Todes-leiden Jesu an unserem Leib, damit auch das Leben Jesu an unserem Leib sichtbar wird.*[17]

Paulus hat auch die Seefahrt nach Caesarea überstanden. Er war wieder in seiner Heimat. Gab es für ihn überhaupt noch eine Heimat? Mit Tarsus jedenfalls verband ihn nicht mehr viel. Und in Jerusalem und Antiochia hatte er mehr Feinde als Freunde. An beiden Orten hielt er sich nur kurz auf. Of-fenbar erreichten ihn schlechte Nachrichten. Die Gemein-den in Galatien gaben Anlass zur Sorge. Prediger waren dort aufgetaucht und agitierten gegen Paulus.

Paulus konnte nicht tatenlos zusehen. Er musste wieder los.

Kapitel XI
Auch von dieser Welt

Der Glaube, dass wir Menschen in einer Welt leben, die sich vorwärtsentwickelt, ist auch zu Anfang des 21. Jahrhunderts in vielen Kulturkreisen noch selbstverständlich. Eher unausgesprochen gehört dazu die Vorstellung von einem Ende, auf das hin sich die Geschichte bewegt. Von Fortschritt zu reden, damit sind wir vorsichtiger geworden. Weltkriege, atomare Bedrohung und Umweltzerstörung haben uns skeptisch werden lassen, ob das Ende wirklich ein gutes sein wird.

Es ist kein Zufall, dass gerade in Kulturen mit einem christlichen Erbe der Fortschrittsgedanke besonders stark ist. Auch wenn dieses Erbe verlorengegangen oder bewusst über Bord geworfen worden ist, hat sich doch in der Vorstellung von Geschichte ein christlicher Kern erhalten. Er folgt der Idee, dass wir uns auf einem Weg durch die Zeit befinden, der auf ein Ziel zustrebt, mag dieses Ziel auch nicht mehr das Gottesreich sein, sondern ein universeller Friede, ein technisches Paradies oder weltweite demokratische Verhältnisse.

Wenn man fragt, wo diese Idee ihren Anfang genommen hat, stößt man wieder auf den Namen Paulus. So wie Kopernikus das astronomische Weltbild verändert hat, so hat Paulus sozusagen den antiken Zeitsinn revolutioniert.

In der heidnischen Umwelt wurde Zeit erlebt als ein Kreislauf, in dem Ereignisse wie Tod und Geburt, Werden und Vergehen immer wiederkehren. Dieser Kreislauf der Zeit wurde schon von der jüdischen Hoffnung auf einen Messias durchbrochen. Der Blick richtete sich nun in die Zukunft, wo die Erfüllung der Geschichte lag. Bei Paulus gerät dieser Blick nach vorne in eine besondere Spannung.

Für ihn ist der Messias schon gekommen und gleichzeitig wird er noch erwartet. Dieser paradoxe Zustand konnte entstehen, weil Christus sein Reich nicht endgültig errichtet hat, sondern am Kreuz gestorben ist, aber mit dem Versprechen, bald wiederzukommen.

Für Paulus wie für die anderen Urchristen stand diese Wiederkunft unmittelbar bevor. Die Aussicht machte ihre Lebenszeit zur Wartezeit zwischen dem Kreuz und der endgültigen Wiederkehr des Messias. Diese Zwischenzeit war nun für Paulus keine wertlose Frist, die er so schnell wie möglich hinter sich bringen wollte. Sie war von eigenem Wert, hatte Jesus doch eine Botschaft hinterlassen, die das Leben aller Menschen schon jetzt verändern konnte.

Diese Situation zwischen Schon und Noch-nicht, zwischen Erfüllung und Hoffnung führte bei Paulus zu einem extrem spannungsgeladenen Lebensgefühl. Einerseits hatte er schon einen Blick in den *dritten Himmel* geworfen. Andererseits wollte er sich auf diese vorläufige Welt einlassen und den Menschen Trost und Hoffnung bringen. Oft war er hin- und hergerissen zwischen seiner Sehnsucht und seinem Verantwortungsgefühl. *Was soll ich wählen?*, so fragte er einmal. *Ich weiß es nicht. Es zieht mich nach beiden Seiten: Ich sehne mich danach, aufzubrechen und bei Christus zu*

sein – um wie viel besser wäre das! Aber euretwegen ist es
notwendiger, dass ich am Leben bleibe. Im Vertrauen darauf
weiß ich, dass ich bleiben und bei euch allen ausharren wer-
de, um euch im Glauben zu fördern und zu erfreuen [...].[1]

Wie versprochen kam Paulus wieder nach Ephesos, im Frühjahr oder Anfang des Sommers 53. Hinter ihm lag eine lange
Reise durch Kleinasien, auf der er vermutlich wieder die Gemeinden in der Provinz Galatien besucht hatte. Die Leute
dort hatte er aufgefordert, für die Jerusalemer Gemeinde
Geld zu sammeln. Auf besondere Begeisterung war er dabei
nicht gestoßen. Denn inzwischen waren andere Missionare
aufgetaucht und hatten es geschafft, fast alles, was Paulus
erreicht hatte, rückgängig zu machen. Viele Galater hatten
tatsächlich deren Drohungen nachgegeben und sich beschneiden lassen, was für Paulus so viel bedeutet, als hätten
sie ihre einmal gewonnene Freiheit freiwillig wieder wegge-
worfen. Dementsprechend enttäuscht und wütend war er.
Wie sehr, das zeigt sich daran, dass er noch viel später, als er
einen Brief an die Galater schrieb, seinen Zorn kaum unterdrücken konnte. *Ihr blöden Galater,* so schrieb er, *wer hat*
euch verblendet? [...] Habt ihr denn so Großes vergeblich
erfahren? Sollte es wirklich vergeblich gewesen sein?[2] Und
er wünschte sogar, dass diese falschen Missionare, diese
ewig Gestrigen, mit ihren Messern ausrutschen und sich
gleich selbst kastrieren sollten.

Auch das gehört zur exzentrischen Persönlichkeit des
Paulus, dass er in Rage kommen konnte und dann grob und
verletzend, ja zynisch wurde. Der gleiche Paulus konnte

dann ein paar Sätze später mit einfühlender Zärtlichkeit um die Seelen der schwankenden Galater ringen. Es scheint, als ob seine zwei so gegensätzlichen Seiten erst richtig zur Geltung kamen, wenn er auf Widerstand stieß. Der Theologe Eugen Biser meinte sogar, dass Paulus erst im Kampf mit seinen Widersachern zu seiner »Hochform« auflief. »Paulus ohne seine Gegner«, so Biser, »ist nur ein halber Paulus.«[3] Sicher ist das auch ein Grund, warum Paulus nicht wie Jesus von Nazareth in ländlichen Gebieten herumwanderte, sondern die großen Städte aufsuchte. Dort konnte er viele Menschen erreichen und sich an vielen Gegnern reiben.

Mit dieser Einstellung musste er früher oder später in Ephesos landen. Es war die Hauptstadt der Provinz Asia, die viertgrößte Metropole im Römischen Reich nach Rom, Alexandria und Antiochia. Vom künstlichen Hafenbecken aus erstreckte sich die Stadt die Hügel hinauf und muss einen imposanten Anblick geboten haben. Gleich am Hafenbecken standen das Gymnasium und die Verulanushallen. Dahinter der säulenumrahmte Marktplatz. Und mitten im Häusermeer öffnete sich zum Meer hin das Oval des Amphitheaters.

Die zahlreichen Prachtbauten und luxuriösen Hanghäuser zeigten, dass es hier eine Menge reiche Leute gab, die gut zu leben wussten. Nirgends gab es so viele und erstklassig ausgestattete Badeanlagen, nirgends so viele Gymnasien, wo man Sport treiben und sich fit halten konnte. Das ganze Jahr über fanden im Theater Vorführungen statt und es wurden sportliche und kulturelle Wettkämpfe durchgeführt. Das normale Volk strömte dagegen lieber in das gigantische Stadion, wo sich Gladiatoren gegenseitig niedermetzelten und wilde Tiere auf Menschen gehetzt wurden.[4]

Brot und Spiele waren immer noch das geeignetste Mittel der römischen Herrscher, von den sozialen Spannungen in einer Stadt wie Ephesos abzulenken. Denn natürlich gab es auch hier einen Bodensatz von Tagelöhnern, Benachteiligten und Sklaven. Besonders nach Missernten, wenn das Brot knapp und teuer wurde, zeigte sich, wie groß die Kluft war zwischen Arm und Reich.

Nicht weniger wichtig als Brot und Spiele war die Religion. Das Leben in Ephesos war durchtränkt von Kulten und Feiern. Anders als in Korinth standen hier nicht die griechischen und römischen Götter im Vordergrund. Weit mehr Ansehen genossen orientalische und ägyptische Gottheiten wie Demeter, Isis oder die große Mutter, deren Heiligtum auf einem Berg über Ephesos lag.

Alle diese Gottheiten aber wurden überstrahlt von einer Göttin, der Artemis von Ephesos. Ihr Tempel lag etwas außerhalb der Stadt und gehörte zu den sieben Weltwundern. Er war viermal so groß wie der Parthenontempel in Athen und durch ihn wurde Ephesos zu einer Art »Lourdes der Antike«[5]. Jedes Jahr kamen Tausende von Pilgern in die Stadt, um dieses Wunder von einem Bauwerk zu bestaunen, den Schutz der Göttin zu erflehen und in den vielen Andenkenläden kleine Artemis-Statuen zu kaufen.

Einmal im Jahr wurde zu Ehren der Göttin ein Fest veranstaltet, bei dem in feierlicher Prozession eine Statue der Artemis durch die Stadt getragen wurde. Voran der Oberpriester und in seinem Gefolge Trompeter, Flötenbläser,

Tempelwärter sowie junge Frauen und Männer, von denen die Statue immer wieder mit Blumen, Kräutern, Räucherwerk und Opfergaben geschmückt wurde.

Jahrhunderte später wurden bei Ausgrabungen drei Statuen der Artemis von Ephesos gefunden. Sie zeigen eine über und über mit Fruchtbarkeitssymbolen verzierte Frauengestalt; eine der Figuren war über drei Meter hoch. Am auffälligsten sind mehrere Reihen von ovalen Gebilden unterhalb des Brustkorbs, die man lange Zeit für weibliche Brüste gehalten hat, weswegen man die Göttin auch die »vielbrüstige« nannte. Heute neigt man eher zu der Ansicht, dass es sich bei diesen »Brüsten« um die Hodensäcke von Stieren handelt. Ob Hoden oder Brüste, jedenfalls spielte bei der Verehrung dieser Göttin die Fruchtbarkeit eine große Rolle.[6]

Der Kult um die Artemis von Ephesos zählte zu den sogenannten Mysterienreligionen, die im ganzen Mittelmeerraum verbreitet waren. Bei solchen Kulten ging es um das Mysterium, also das Geheimnis einer Gottheit, das sich nur Eingeweihten erschließen konnte. Wer in eine Gemeinschaft der Eingeweihten aufgenommen werden wollte, musste sich einem Ritual, zum Beispiel einem Reinigungsbad, unterziehen. Dann wurden ihm heilige Formeln und Zeichen mitgeteilt, über die er strengstes Stillschweigen bewahren musste. In den Feiern der Kultgemeinde wurde das Schicksal einer Gottheit nachgespielt, meistens deren Leben und Sterben, nach dem Vorbild des Werdens und Vergehens in der Natur. Geglaubt wurde, dass der Eingeweihte durch die Teilnahme an diesem Drama heilende Kräfte empfängt, die ihn gegen Leid, Krankheit und sogar gegen den Tod schützen.

Bei einer Weihehandlung wurde ein tiefes Loch in die Erde gegraben, in das ein Priester hineinstieg. Über die Grube wurden durchlöcherte Bretter gelegt, auf denen dann ein Stier geschlachtet wurde, sodass sein Blut durch die Bretter auf den Priester tropfte. Nachdem das Tier verendet war, zog man die Bretter weg und der blutüberströmte Priester stieg wieder aus dem Erdloch – bejubelt von der Menge, für die er den Tod erfahren, dann göttliche Kräfte aufgenommen hatte und dadurch wiedergeboren war.[7]

In diesem geistigen Klima von Ephesos, wo sich Gottheiten wie Attis, Osiris, Isis, Artemis, Kybele und Dionysos kunterbunt vermischten, wo so viele Mythen und Geheimlehren in Umlauf waren, fiel auch Paulus mit seiner Botschaft nicht besonders auf. So etwas wie eine Taufe kannte man schon, ebenso eine heilige Mahlfeier. Und auch ein Gott, der starb und wieder ins Leben zurückkehrte, war eigentlich nichts Neues.

Am meisten Anstoß erregte Paulus wieder einmal in der jüdischen Gemeinde von Ephesos. Lukas berichtet, dass er drei Monate dort aus und ein ging, bis es zum unvermeidlichen Eklat kam und Paulus Hausverbot erhielt. Vielleicht endete es erneut damit, dass Paulus in der Synagoge ausgepeitscht wurde, wie es bei Gotteslästerern üblich war. Auch bei dieser Prozedur nahmen es die gesetzestreuen Juden sehr genau. Wie im Buch Mose festgelegt, durfte die Anzahl der Schläge vierzig nicht überschreiten. Aus Angst, sich zu verzählen, wurde immer ein Schlag weniger verabreicht.

Wie in Korinth musste Paulus sich nach einem anderen Ort für seine Versammlungen umsehen. Dieses Mal half ihm ein Mann namens Tyrannus. Er war vermutlich ein Rhetor, also ein Lehrer in der Kunst des Redens, wie es sie in Ephesos sehr viele gab. Offenbar hatte dieser Tyrannus auch eine eigene Schule, denn Lukas spricht davon, dass er Paulus seinen Lehrsaal zur Verfügung stellte. Dort durfte nun Paulus täglich zu seinen Anhängern über den *neuen Weg* sprechen. Diese Vorträge im Lehrsaal musste Paulus neben seinem Broterwerb halten, denn auf Kosten anderer wollte er auch in Ephesos nicht leben. Er wohnte und arbeitete bei Aquilla und Priscilla. Das Ehepaar war mit ihm von Korinth weggezogen und hatte sich in Ephesos niedergelassen.

Sein Aufenthalt in Korinth lag nun schon fast zwei Jahre zurück, aber dieses Kapitel war für Paulus noch lange nicht abgeschlossen. Eines Tages kamen Leute aus Korinth nach Ephesos. Sie gehörten zum Haushalt jener Cloe, die Paulus bekehrt hatte. Und was sie aus ihrer Heimat berichteten, war mehr als beunruhigend.

Paulus' Werk in Korinth war von einem Mann namens Apollos weitergeführt worden, einem klugen und wortgewandten Prediger aus Alexandria, dem Paulus voll vertraute. Anstatt ihren Glauben zu vertiefen, hatten sich die Korinther nun in Gruppen aufgespalten. Die einen hielten zu Paulus, die anderen zu Apollos, so als ob die Vermittler des Glaubens wichtiger wären als der Glaube selbst. Paulus musste ihnen klarmachen, dass er und Apollos keine Sektenführer waren, sondern nur *Diener*, und dass es nur einen Gott und einen Glauben gibt, die nicht zerteilt werden können.

Paulus war die Sache so wichtig, dass er gleich seinen jungen Freund Timotheus mit seinen Anweisungen nach Korinth schickte. Doch während Timotheus unterwegs war, kam wieder eine Abordnung aus Korinth. Es waren Stephanas, den Paulus einst eigenhändig getauft hatte, Fortunatus und Archaikus. Sie brachten Paulus einen Brief. Als er ihn las, muss er sich gefragt haben, ob die Korinther nicht so ziemlich alles, was er ihnen beigebracht hatte, falsch verstanden hatten. Anscheinend hielten sie ihn, Paulus, für eine Art Guru, der sie in eine elitäre Lehre eingeweiht hatte. Ja, sie benahmen sich so, als hätten sie nun ein geheimes Wissen und wären über alles erhaben. Einige hatten die Freiheit vom Gesetz als Freibrief verstanden, alles zu tun, worauf sie Lust hatten. Mit der Parole »Alles ist mir erlaubt« waren sie nun sozusagen mit höherer Erlaubnis zu ihren alten Gewohnheiten zurückgekehrt, gingen zu Prostituierten, vergnügten sich mit jungen Männern und Knaben, betranken sich hemmungslos und betrogen ihre Ehefrauen.

Aber so hatte Paulus die Freiheit eines Christen nicht gemeint! Das wollte er den Korinthern in einem Brief klarmachen. Timotheus allein würde alle diese Missverständnisse nicht aus der Welt schaffen können. Im ersten Zorn reagiert Paulus sehr heftig: Einen aus der Korinther Gemeinde, der mit der Frau seines Vaters zusammenlebt, will er dem Satan übergeben. Natürlich will er nicht gleich alle, die so etwas machen, in die Hölle schicken. Da könnte er gleich ganz Korinth, ja ganz Griechenland zum Teufel jagen. Nein, was Paulus zur Weißglut treibt, ist, wenn sich einer »Bruder« nennt und dann Dinge macht, die für einen Christen eindeutig ausgeschlossen sind. Jeder soll sich bewusst sein, dass er durch den Glauben ein *Tempel Gottes* ist, und diesen Tempel darf man nicht verkommen lassen oder mutwillig zerstören.

Wie ist es aber nun mit der Freiheit? Verkündet Paulus sie nur großartig, um dann hinterrücks wieder neue Verbotsschilder aufzustellen? Nein, die Freiheit, die Paulus meint, ist eben keine, die nur sich selbst im Auge hat. Was er damit meint, erläutert er an einem Problem, das auch die Korinther beschäftigte. Es ließ sich für sie nicht vermeiden, dass sie zu einem Essen eingeladen wurden, bei dem auch Fleisch auf den Tisch kam, das bei den Opferritualen für fremde Götter verwendet worden war. Fleisch war etwas Besonderes. Und ärmere Leute konnten sich oft nur geweihtes Fleisch leisten, das billig in den Tempeln zu kaufen war. Durfte ein Christ nun dieses Fleisch essen?

Paulus bejaht die Frage umstandslos. Wer an die Liebe Gottes glaubt, der braucht sein Gottvertrauen nicht mehr durch sein Verhalten zu beweisen. Der ist frei von solchen Äußerlichkeiten, der kann essen und trinken, was er will. Für den ist alles, was ist, gut. Und trotzdem würde Paulus in bestimmten Fällen dieses Fleisch nicht essen, dann nämlich, wenn andere, die diese innere Freiheit noch nicht haben, durch derartiges Verhalten irritiert werden. Wichtiger, als auf seine Freiheit zu pochen, ist es darum für ihn, auf andere Rücksicht zu nehmen. Nur wer aus Freiheit auf seine Freiheit verzichtet, der handelt in Liebe. *Wenn wegen einer Speise, die du isst, dein Bruder verwirrt und betrübt wird*, so schreibt Paulus, *dann handelst du nicht mehr nach dem Gebot der Liebe.*[8]

Im gleichen Sinn behandelt Paulus ein Phänomen, das in der Korinther Gemeinde auftrat. Oft kam es vor, dass ein Mitglied eine Erleuchtung erlebte und dann anfing, wie in Trance zu reden. Meistens wirres Zeug, das aber von den anderen als göttliche Eingebung gedeutet wurde. Paulus hat nichts gegen dieses sogenannte Zungenreden, er hat es auch schon bei sich erlebt. Dennoch ist es für ihn wertlos, solange nur der Erleuchtete etwas davon hat und die anderen nichts davon verstehen. Darum fordert er die Korinther dazu auf, bei aller Begeisterung verständlich zu bleiben und darauf zu achten, dass alles, was sie erleben, auch mitteilbar ist. Lieber rede er, so Paulus, fünf Worte mit Verstand, als dass er zehntausend rätselhafte Worte daherstammele. Nur der wirklich Gläubige denke auch an die anderen und stoße Außenstehende nicht durch Geheimnistuerei ab.[9]

Weil Paulus diese Rücksicht auf die Mitmenschen so wichtig nahm, war er entsetzt darüber, was in Korinth aus dem gemeinsamen Essen geworden war. Einigen in der Gemeinde schien es nur noch darum zu gehen, sich möglichst schnell den Bauch vollzuschlagen. Gerade die Reicheren, die mehr Zeit hatten, kamen früher zu den Versammlungen und waren dann schon satt und betrunken, wenn später die Ärmeren von den Feldern oder aus den Werkstätten kamen. Für sie war dann nichts mehr übrig und sie blieben hungrig. Das war für Paulus nicht nur lieblos, sondern auch unwürdig. Denn schließlich war das gemeinsame Essen und Trinken auch Erinnerung an den Tod Jesu Christi. Wer also hungrig ist, dem legt er nahe, doch gefälligst zu Hause zu essen und das *Herrenmahl* nicht zu entwerten zum Fress- und Saufgelage.

Alle Nachrichten aus Korinth deuten darauf hin, dass Paulus' Botschaft dort wie eine private Erlösungsreligion verstanden wurde. Taufe und gemeinsames Mahl galten als Rituale, durch die man in einen auserwählten Kreis von Wissenden aufgenommen wurde. Und von den heiligen Worten und Handlungen versprach man sich die magische Wirkung, gottgleich zu werden und eine himmlische Vollkommenheit zu erlangen. Die verschiedenen Parteien konkurrierten offenbar auch darum, wer den höheren Grad von Heiligkeit erreicht habe. Damit schlich sich nicht nur wieder das alte Leistungsdenken ein. Schlimmer war, dass die Einzelnen glaubten, schon endgültig erlöst zu sein und sich nicht mehr um die irdischen Belange und die Nöte des Mitmenschen kümmern zu müssen.

Paulus versuchte, diesen weltflüchtigen Enthusiasmus der Korinther wieder auf den Boden eines wahren Glaubens zurückzuholen. Dazu verwies er immer wieder auf das Kreuz. Das bedeutet in diesem Zusammenhang, dass auch der gläubige Christ mitten in der Welt lebe und von seinen Ängsten und Nöten ebenso wenig endgültig befreit sei wie von seiner Verpflichtung gegenüber seinem »Bruder« und der Gemeinschaft. Nicht die Abkehr von der Wirklichkeit sei christlich, sondern das Ausharren in ihr in *Güte, Demut, Sanftmut, Geduld*[10]. In diesem Sinne betonte später der Reformator Martin Luther den Doppelcharakter der christlichen Freiheit. Ein »Christenmensch« sei, so Luther, »ein freier Herr über alle Ding und niemand untertan.« Und gleichzeitig sei er »ein dienstbarer Knecht aller Ding und jedermann untertan«. Die Einheit dieser Gegensätze ergibt sich für Luther daraus, dass ein Christ zwar ein »freies Königskind« ist, aber nicht allein auf der Welt lebt, sondern »unter anderen Menschen auf Erden«.[11]

Weil Paulus immer an die Mitmenschen denkt, gibt er auch keine weltfremden Ratschläge auf die Frage der Korinther, wie sie es mit der Ehe halten sollen. Paulus stellt sich da nicht als verpflichtendes Vorbild hin. Er selbst war zwar unverheiratet und würde es auch bleiben. Aber wer das nicht könne, der solle getrost heiraten. Auch soll sich ein gläubiger Mann nicht von seiner Frau trennen, nur weil sie ungläubig ist, was umgekehrt natürlich genauso gilt. Jedem Egoismus und jedem moralischen Zwang erteilt Paulus hier eine Absage. Denn keiner lebe für sich allein und das gelte auch für das intime Zusammenleben von Mann und Frau. Nicht nur der Mann hat ein Recht auf den Leib der Frau, sondern auch die Frau darf über den Leib des Mannes verfügen.[12] Keiner, so Paulus, darf sich dem anderen entziehen – beachtliche Töne im 1. Jahrhundert n. Chr.!

Paulus wollte die Korinther nicht zu nüchternen Realisten machen und ihnen die religiöse Begeisterung austreiben. Er selbst kannte nur zu gut die Sehnsucht nach einem erlösten Dasein, und er war der festen Überzeugung, dass die *Jetztzeit* keinen Vergleich aushält mit der *künftigen Herrlichkeit*. Doch ebenso sehr war er davon überzeugt, dass die Menschen, wie er sich ausdrückt, *auf Hoffnung hin* gerettet sind. Sie sind Gottes Kinder und warten doch auf eine endgültige Erlösung.[13]

Wenn Paulus darauf zu sprechen kommt, wie jemand in dieser Zwischenzeit leben soll, fällt immer wieder das Wort

Liebe. Sie ist sozusagen die Fähigkeit, die Sehnsucht nach dem Göttlichen unter den weltlichen Bedingungen zu leben. Paulus stellt die Liebe über alles. Jemand kann noch so viel wissen, noch so viele Geheimnisse kennen, noch so prophetisch reden, noch so viel von seinem Besitz verschenken, noch so gläubig, noch so fromm sein – alles das nützt ihm nichts, solange er nicht die Liebe hat. Irgendwann, so glaubt Paulus, wird unsere Sehnsucht eingelöst werden. *Für jetzt aber*, so schreibt er, *bleiben Glaube, Hoffnung, Liebe, diese drei; doch am größten unter ihnen ist die Liebe.*[14]

Paulus übergab den Brief an Stephanas und seine Gefährten, die sich damit auf den Weg nach Korinth machten. Es kann sein, dass sie dort noch Timotheus antrafen. Als der nach Ephesos zurückkam, es muss im Sommer 54 gewesen sein, konnte er Paulus nichts Gutes berichten. Nicht nur waren die Korinther durch seinen Brief nicht zur Umkehr bewegt worden. Zu allem Überfluss waren auch noch fremde Missionare in die Stadt gekommen. Sie nannten sich »Apostel« und »Diener Christi«, bestärkten aber die Gemeinde auf dem falschen Weg, den sie eingeschlagen hatte.

Für Paulus war nun Eile geboten, wenn er die Korinther Gemeinde nicht ganz verlieren wollte. Er schrieb einen weiteren Brief und schickte Titus, der ihn schon zum Apostelkonvent nach Jerusalem begleitet hatte, damit los. Paulus saß derweil in Ephesos wie auf Kohlen und wartete auf Titus' Rückkehr. Aber auch er kam mit leeren Händen zurück. Seine Mission war ein Fehlschlag. Er musste Paulus berichten, dass die fremden Missionare noch an Einfluss gewonnen hatten.

Paulus wusste, dass nun ein weiterer Brief nichts mehr nutzen würde. Er entschloss sich, selbst nach Korinth zu reisen, um zu retten, was noch zu retten war. Vermutlich kam er im Herbst 54 dort an. Wie sein Überraschungsbesuch verlaufen ist, darüber weiß man nichts Genaues. Jedenfalls endete er in einem Desaster. In Korinth schlugen ihm nur Ablehnung und Verachtung entgegen. Und schließlich wurde er von einem Gemeindemitglied so schwer beleidigt, dass ihm nichts anderes übrig blieb, als nach kurzer Zeit wieder abzureisen.

Paulus kehrte unverrichteter Dinge nach Ephesos zurück. Er muss sehr verzweifelt gewesen sein. Waren nun seine Sorgen und Mühen um die Korinther völlig umsonst gewesen?

Auch in Ephesos hatte sich die Lage zugespitzt. Paulus hatte viele Freunde gewonnen, sich aber auch viele Feinde gemacht, nicht nur unter den Juden. Schon bald musste er wieder um sein Leben fürchten.

Kapitel XII
Frauen und Sklaven

Wenn man dem Bericht des Lukas über Paulus' Aufenthalt in Ephesos glaubt, dann war diese Zeit ein einziger Triumphzug.[1] Paulus überzeugte demnach mit seinen Predigten Juden wie Griechen und er bekehrte Sektenanhänger, die von Johannes dem Täufer getauft worden waren, aber noch nie von Jesus gehört hatten. Er tat viele Wunder und wurde dafür schließlich so verehrt, dass die Leute ihm Schweiß- und Taschentücher vom Leib rissen, um damit Kranke zu heilen und böse Geister auszutreiben. Als jüdische Exorzisten es ihm nachmachen wollten und im Namen Jesus' auf einen Besessenen einredeten, scheiterten sie kläglich. Umgekehrt bewirkte Paulus, dass Leute, die sich der Zauberei verschrieben hatten, ihren dunklen Künsten abschworen und ihre Zauberbücher öffentlich verbrannten.

Das Bild, das Lukas hier malt, ist das eines Superapostels. Davon ist Paulus in seinen Briefen weit entfernt. Nicht nur schätzt er seine Erfolge viel bescheidener ein. Er verschweigt auch nicht seine Niederlagen, seine Verzweiflung und Todesängste. Er spricht sogar einmal davon, *mit wilden Tieren gekämpft*[2] zu haben. Ob das nun wirklich heißt, dass er im Zirkus von Ephesos einen Tierkampf zu bestehen hatte, was durchaus zum Repertoire der Zirkusspektakel gehörte, sei dahingestellt. Jedenfalls war er in großer Gefahr und musste letztendlich froh sein, lebendig aus Ephesos herauszukommen.

Das Bild vom triumphierenden Apostel passt auch deswegen nicht zu Paulus, weil er sich gerade von solchen strahlenden Gestalten unterscheiden wollte. Das war schwer genug. Denn überall wimmelte es von Wanderpredigern, die viel Wind um sich machten und gegen die Paulus mit seinem Lob der Schwäche immer die schlechteren Karten hatte. Das machten ihm die Nachrichten aus Korinth schmerzlich bewusst.

Die Missionare, die dort aufgetaucht waren, hatten seine Gemeinde im Sturm erobert. Sie traten auch ganz anders auf als Paulus, viel selbstbewusster, viel imponierender, mit viel größeren Versprechungen. Sie hatten auch keine Skrupel, Geld zu nehmen und ihre Künste in den höchsten Tönen anzupreisen. Ja, sogar Empfehlungsschreiben führten sie mit sich, die sie bei jeder Gelegenheit hervorholten. Ihre Besonderheit sollte sich auch in ihrem Äußeren zeigen: Entweder sie waren sehr gepflegt und sorgfältig gekleidet oder sie kamen daher wie abgerissene Landstreicher. So oder so hoben sie sich von den normalen Leuten ab und erschienen als etwas Ungewöhnliches, zumal sie im Ruf standen, über besondere Fähigkeiten und ein exklusives Wissen zu verfügen.

In der Tat waren diese Wanderprediger oft talentierte Schauspieler und glänzende Redner. Jürgen Becker nennt diese umherziehenden Missionare »Virtuosen der ekstatischen Erfahrung« und schreibt über ihr sprachliches Talent: »Da keiner dieser Leute täglich Wunder vollbringen konnte oder demonstrative Taten (z. B. Verzückungen, Wahrsagerei) vorführte, war man vor allem darauf angewiesen, sich rhetorisch stark in den Vordergrund zu spielen. Rede- und Disputiergewandtheit standen hoch im Kurs. Wer nicht glänzen und die Menschen nicht durch blendende Rhetorik überreden konnte, war in dem harten Konkurrenzgeschäft bald ausgebootet.«[3]

In ausschweifenden Reden sagten sie den Leuten die Zukunft voraus oder deuteten deren Träume. Sie rühmten sich auch besonderer Kräfte, die es ihnen ermöglichten, in eine himmlische Welt aufzusteigen. Und natürlich versprachen sie, diese Kräfte weiterzugeben, damit jeder sich über sein irdisches Schicksal erheben kann und Anteil an einem göttlichen Glück gewinnt.

Kein Wunder, dass die Korinther Paulus schnell vergessen hatten und begeistert den neuen Heilsbringern nachliefen. Sie machten sich nun auch lustig über den selbsternannten Apostel Paulus mit seinen ewigen Ermahnungen zu Rücksicht und Zurückhaltung. Was war das doch für eine kleinliche und anstrengende Lehre im Vergleich zu der Aussicht, in rauschhaften Zuständen sich wie ein Gott zu fühlen! Und was war Paulus doch eigentlich für eine armselige Figur im Vergleich zu den mitreißenden, wortgewaltigen neuen Aposteln!

Bei seinem Kurzbesuch in Korinth hatten einige seiner früheren Anhänger ihm offenbar ins Gesicht gesagt, was sie nun von ihm hielten und dass sie nichts mehr mit ihm zu tun haben wollten. Es müssen sehr verletzende Worte gefallen sein und Paulus war bei seiner Abreise am Boden zerstört. Aber er wollte seine Gemeinde in Korinth nicht aufgeben.

Also schrieb er einen weiteren Brief[*], wie er später sagte *aus großer Bedrängnis und Herzensnot, unter vielen Tränen*[4].

Aber was sollte er noch schreiben? Wie konnte er es mit diesen *Lügenaposteln*, wie er sie nannte, aufnehmen? Sollte er sich selber anpreisen und versuchen, seine Gegner zu übertrumpfen? Das konnte und wollte er nicht. Hier meldete sich wieder sein *Stachel im Fleisch*, der es ihm verbot, mit seinen Fähigkeiten und Verdiensten zu prahlen. Hatte Paulus doch zu akzeptieren gelernt, dass er schwach ist und alles, was er ist, Gott zu verdanken hat. Wenn er also jemanden loben wollte, dann nicht sich, sondern Gott.

Mit dieser Einstellung konnte er aber den Korinthern nicht imponieren. Einen schwachen Apostel verachteten sie. Sie erwarteten, dass er ihnen beweist, wie überlegen er den anderen Aposteln ist. Und wenn wirklich eine göttliche Kraft in Paulus wirkte, wie er immer behauptete, dann musste man das doch sehen und erleben können, dann musste er auch wie ein Gott auftreten und wirken.

Nun denn – wenn die Korinther nur mit großartigen Taten und Verdiensten zu beeindrucken waren, dann würde eben Paulus dieses Spiel mitspielen. Dann wollte er sich in seinem Brief eben benehmen wie ein Narr und aufzählen, was er alles kann und durchgemacht hat: dass er wegen seines Glaubens schon oft ins Gefängnis geworfen wurde, dass er häufiger als andere geschlagen wurde, dass er Schiffbrü-

---

[*] Was wir heute als den zweiten Brief an die Korinther kennen, setzt sich vermutlich aus mehreren, zu verschiedenen Zeiten und in wechselnden Situationen geschriebenen Briefen zusammen.

che, Hunger, Durst, Kälte, Räuber und Feinde überstehen musste, dass er aber auch Offenbarungen hatte, in den *dritten Himmel* entrückt wurde und Worte vernahm, *die ein Mensch nicht aussprechen kann*[5].

Das alles zählt Paulus den Korinthern auf. Nur indem er dazu in die Rolle eines Narren schlüpft, kann er seine Schwächen umbiegen zu persönlichen Stärken. Doch Paulus ist kein Narr. Das will er den Korinthern klarmachen. Er will nicht in alte Fehler zurückfallen und aus seinen Schwächen Profit schlagen. Er will nicht ein falsches Spiel spielen und seine Schwäche nur vorgaukeln, also weder damit taktieren, um Mitleid zu erregen, noch damit kokettieren, als scheine er nur schwach und sei im Grunde stark. Nein, Paulus bleibt bei der Aufzählung seiner Niederlagen, Verluste und Ängste. Er ist schwach und nichts als schwach. Und das kann und darf er sein, weil sich gerade in dieser Schwäche Gottes Kraft zeigt. Gott sagt zu einem Menschen Ja, selbst wenn er ausgestoßen, krank, leidend, verlacht, behindert ist. *Eigentlich sollte ich von euch gerühmt werden*, schreibt Paulus in seinem Brief, *denn in nichts bin ich hinter den Überaposteln zurückgeblieben, obgleich ich nichts bin.*[6]

Paulus will ein Nichts bleiben. Das ist seine Rettung, weil er nur so voll und ganz auf Gottes Ja vertrauen kann. Damit geht er auf volles Risiko. Er lässt kein Hintertürchen offen. Keine Versicherung bleibt für den Notfall. Er setzt sich selbst aufs Spiel, weil er nichts zu verlieren hat.

Paulus beauftragte Titus, den Brief nach Korinth zu bringen. Er selbst blieb in Ephesos und wartete gespannt auf die Antwort der Korinther. Währenddessen war er alles andere als untätig. Im Gegenteil, man wundert sich, wie ein einzelner Mann so viele verschiedene Aufgaben bewältigen konnte. Nicht nur arbeitete er weiter in seiner Werkstatt und hielt seine Versammlungen im Lehrsaal des Tyrannus ab. Daneben schrieb er Briefe an andere Gemeinden und trieb seine Mission voran. Und das nicht bloß in Ephesos, sondern weit darüberhinaus. Ephesos war gleichsam nur eine Basisstation, von der aus er kleinere und größere Reisen unternahm: ins Innere der Provinz Asien, das Mäandertal entlang zu Städten wie Hierapolis oder Laodicea und in die Küstenlandschaften nordwärts bis Troas.

Dabei war Paulus nicht auf sich allein gestellt. Er hatte Helfer, die mit der Zeit immer zahlreicher wurden. Zu den alten Mitstreitern wie Titus und Timotheus kamen nun Leute wie Apollos, der gelehrte Mann aus Alexandria, Epaphras, der für Paulus im Lykostal unterwegs war, oder Archippus aus der Stadt Kolossae. Mehr als fünfzig Mitarbeiter des Paulus sind namentlich bekannt.[7] Darunter waren viele Frauen. Am Ende seines Römerbriefs grüßt er neunundzwanzig Personen, von denen zehn weiblich sind. Das allein zeigt schon, wie sehr Paulus Frauen geschätzt hat und wie wichtig sie für ihn waren. Und das in einer Gesellschaft, in der Frauen wenig bis nichts zählten.

Trotzdem galt Paulus lange Zeit und gilt teilweise auch heute noch als frauenfeindlich. Dabei bezieht man sich auf Stellen in den Briefen an die Korinther, vor allem auf eine, wo es heißt, dass die Frauen in den Versammlungen schweigen sollen.[8] Dieser Satz hat in der Tat viel Unheil angerichtet. Zweitausend Jahre lang hat er als Begründung herhalten müssen, wenn Frauen in Kirche und Gesellschaft kurzgehalten und unterdrückt wurden. Dabei ist sich die Forschung heute weitgehend einig, dass dieser Satz gar nicht von Paulus stammen kann, sondern ihm erst später sozusagen untergejubelt wurde. Zu fremd nimmt er sich im Text aus, wo Paulus kurz vorher das Recht der Frau auf prophetische Reden ausdrücklich betont. Zu krass steht er im Widerspruch zu der zentralen Botschaft des Paulus, dass es für einen Gläubigen keinen Unterschied mehr gibt zwischen Juden und Griechen, Freien und Sklaven, Mann und Frau.[9]

Freilich ist auch Paulus ein Kind seiner Zeit und verteidigt zum Beispiel die jüdische Sitte, dass Frauen zumindest im Gottesdienst einen Schleier tragen sollten. Letztendlich aber zählen solche Traditionen für ihn nicht gegenüber der Einsicht, dass vor Gott alle gleich sind. Offenbar gab es nach dem Tode des Paulus Bestrebungen, diese radikale Gleichstellung wieder rückgängig zu machen oder zumindest einzuschränken. So wurden Briefe in seinem Namen geschrieben, in denen die Unterordnung der Frau als gottgewollt dargestellt wird.

Wie sich im Lauf der Zeit schleichend eine männliche Lesart durchgesetzt hat, das zeigt besonders eindrücklich der »Fall Junia«. Junia und ihr Mann Andronikus werden von Paulus im Römerbrief als angesehene Apostel genannt, die schon mit ihm im Gefängnis gewesen seien und sich schon vor ihm zu Christus bekannt hätten. So wurde es auch bis ins Mittelalter weiter überliefert. Bis plötzlich aus Junia

»Junias« wurde, also aus einer Frau ein Mann. Und dabei blieb es, sogar noch in den neuesten Übersetzungen.[10]

Heute weiß man aber, dass es den männlichen Namen »Junias« überhaupt nicht gegeben hat und Junia eine Frau gewesen sein muss. Anscheinend konnte oder wollte man sich einfach nicht vorstellen, dass eine Frau Apostelin war.

Dabei haben Theologinnen wie Elisabeth Schüssler Fiorenza oder Susanne Heine nachgewiesen, dass gerade Frauen von Paulus' Botschaft angezogen wurden und es viele Frauen in seinem Umkreis gab, die eine wichtige Rolle spielten. Sie gehörten, wie Elisabeth Schüssler Fiorenza feststellt, »zu den angesehensten MissionarInnen und LeiterInnen der frühchristlichen Bewegung«. Und Susanne Heine schreibt: »Um Paulus gerecht zu werden, muss man sehen und anerkennen, dass er die Mitarbeit dieser Frauen nicht nur nirgends in Zweifel zieht, sondern bestätigt, schätzt und stellenweise hervorhebt.«[11] Lydia war eine einflussreiche Persönlichkeit in Philippi und wohl auch in ihrer Heimatstadt Thyatira. Priscilla bewährte sich in Ephesos als Lehrerin. Phöbe hatte in Kenchreae als *Dienerin der Gemeinde* eine herausragende Stellung. Frauen wie die temperamentvollen Evodia und Syntyche aus Philippi waren für Paulus völlig gleichwertige Mitstreiter für das Evangelium.

Ob diese Frauen nun »Prophetinnen« oder »Apostel« oder »Mitarbeiterinnen« genannt wurden, war nicht so wichtig. Sie hatten keine Ämter in heutigem Sinn. Sie machten einfach nur das, was sie am besten konnten. Die eine konnte gut organisieren, die andere gut trösten, eine dritte gut reden. Jeder Mann und jede Frau hat nach Paulus eine

Geistesgabe, die für das Zusammenleben wertvoll ist und die allein darum schon Anerkennung verdient.[12] Mit dieser Auffassung stand er im Gegensatz zu seiner Zeit, in der Frauen so gut wie rechtlos waren und jüdische Männer tagtäglich ihrem Gott dafür dankten, dass sie nicht als Heide, nicht als Sklave und nicht als Frau geboren worden waren. Und Paulus steht auch, wie man ergänzen muss, im Gegensatz zu einer Kirche, die Frauen vom Priesteramt ausschließt.

In Ephesos konnte sich Paulus auf eine Frau besonders verlassen. Es war Prisca oder, in der Verkleinerungsform, Priscilla, die Frau des Aquila. Wenn Paulus von den beiden spricht, nennt er sie meistens vor ihrem Mann, was ungewöhnlich war und zeigt, wie sehr er sie geschätzt hat. Paulus wohnte und arbeitete vermutlich bei dem Ehepaar, in dessen Haus sich wohl auch regelmäßig Christen versammelt haben. Priscilla muss die treibende Kraft in dieser Gemeinde gewesen sein und stand in einer besonders engen Verbindung zu Paulus. Er erwähnt, dass sie einmal sogar ihr Leben riskiert hat, um ihn zu retten.

In welche Notlage Paulus geraten war und wie Priscilla ihm geholfen hat, das lässt sich nicht mehr herausfinden. Es kann aber durchaus sein, dass dieser Zwischenfall im Zusammenhang steht mit einem Aufstand gegen Paulus, den Lukas ausführlich schildert. Mag sein, dass Lukas in seiner Geschichte über diesen Aufstand der Silberschmiede maßlos übertreibt oder vieles einfach erfunden hat.[13] Dennoch liegt der Geschichte ein Konflikt zugrunde, der viel über Paulus' Botschaft aussagt – der Konflikt zwischen Glaube und Geschäft.

Diesem Konflikt konnte Paulus in Ephesos kaum entgehen. Die Stadt war nicht nur berühmt für ihre Göttin Artemis, sondern auch für ein blühendes Handwerk, das mit dem Kult gutes Geld verdiente. Wenn Paulus durch die Straßen von Ephesos ging, konnte er überall die Läden sehen, wo kleine, versilberte Statuen der Artemis und Nachbildungen des berühmten Tempels verkauft wurden. Vielleicht verlor er eines Tages auch die Geduld wie Jesus, als der auf die Händler und Käufer im Tempel zu Jerusalem losging und sie von diesem heiligen Ort vertreiben wollte.

Natürlich konnten Paulus und seine kleine Schar von Anhängern den jahrhundertealten Artemis-Kult nicht zum Einsturz bringen. Aber es konnte doch ein Riss entstehen, wenn da einer auftrat und behauptete, dass es nur einen Gott gibt und die große Artemis nur ein Götze sei; dass man das Göttliche entehrt, wenn man daraus Kitsch und Nippes macht; dass es überhaupt scheinheilig ist, Frömmigkeit zu heucheln, um bare Münze daraus zu schlagen.

In Lukas' Schilderung ist es der Silberschmied Demetrius, der als Erster die Gefahr sieht, die von Paulus ausgeht. Er trommelt auch gleich seine Berufskollegen zusammen, um ihnen vor Augen zu halten, was da auf sie zukommt. Seine Rede lässt an Deutlichkeit nichts zu wünschen übrig. Er sagt klipp und klar, warum den Silberschmieden in Ephesos daran gelegen sein muss, dass die große Göttin Artemis ihre Faszination für die Massen behält und ihr Ruf nicht beschädigt wird. Nicht weil sie so religiös sind, sondern weil ihr Wohlstand von diesem Kult abhängt. Wenn es keine Göttin mehr gibt, gibt es auch kein Geschäft mehr. So einfach ist das.

Die Rede des Demetrius leuchtet auch gleich allen ein. Die aufgebrachte Menge wird immer größer und sie zieht zum Theater der Stadt mit dem Schlachtruf: *Groß ist die Artemis von Ephesos!* Unterwegs fallen dem Protestzug zwei Begleiter des Paulus in die Hände, Gaius und Aristarch, die nun mit zum Theater geschleppt werden.

Paulus bleibt der Aufruhr in den Straßen nicht verborgen. Er will sich nicht verstecken, sondern sich den Leuten stellen. Nur mit Mühe können ihn Freunde, die um sein Leben fürchten, zurückhalten. Inzwischen hat sich eine riesige Menschenmenge im Theater versammelt, die unaufhörlich ruft: *Groß ist die Artemis von Ephesos!* Ein Jude namens Alexander will zu der Menge sprechen und wohl sagen, dass nicht die Juden, sondern eine kleine abtrünnige Sekte für die Aufregung verantwortlich ist. Aber seine Worte gehen unter im Geschrei der Leute, die immer lauter rufen: *Groß ist die Artemis von Ephesos!* Zwei Stunden lang geht das so weiter, bis endlich die Kehlen heiser werden und die Aufregung sich legt. Da erhebt sich der Stadtschreiber und verkündet nüchtern, dass jede Anklage vor das zuständige Gericht und die Prokonsulen gebracht werden muss. Wer sich nicht daran hält oder Selbstjustiz üben will, wird von den römischen Behörden angeklagt. Auf diese Ansprache hin löst sich die Menge auf.

Wieder geht Paulus bei Lukas als Sieger aus einer gefährlichen Situation hervor. Er hat den Glauben an die große Artemis ins Wanken gebracht und kann unter dem Schutz der römischen Besatzungsmacht Ephesos unbehelligt verlassen. Von einer Verhaftung erwähnt Lukas nichts. Und doch ist ziemlich sicher, dass Paulus im Jahre 54 mehrere Monate in Ephesos im Gefängnis saß, bewacht von der Prätorianergarde des Statthalters.[14] Welcher Vergehen er angeklagt war, ist nicht mehr zu sagen. Vielleicht haben Leute wie Demetrius einen weiteren Versuch gemacht und Paulus bei den Römern als politischen Aufwiegler angeschwärzt. Jedenfalls hatten die Behörden dieses Mal eingegriffen und Paulus wartete nun auf sein Urteil. Er war alles andere als zuversichtlich, er rechnete sogar damit, dass er nicht mehr mit dem Leben davonkommt.

Die Haft im Palast des Statthalters war nicht besonders streng. Paulus konnte Briefe schreiben und Besuche empfangen. Timotheus und Priscilla kümmerten sich um ihn, und auch andere Freunde und Mitarbeiter gingen in der Zelle aus und ein, um Paulus Nachrichten von den Gemeinden zu bringen. Bis Mazedonien sprach es sich herum, dass Paulus verhaftet worden ist. Und im Winter schickten die treuen Philipper Epaphroditus auf den weiten Weg nach Ephesos, um ihm Geschenke zu bringen.[15]

Noch überraschender war ein anderer Besuch, den Paulus eines Tages erhielt. Es war ein Mann namens Onesimus. Er war ein Sklave, genauer gesagt ein entlaufener Sklave. Paulus kannte seinen Herrn Philemon. Er war ein reicher Bürger aus Kolossae im Lykostal, etwa zweihundert Kilometer östlich von Ephesos, den Paulus zum neuen Glauben bekehrt hatte. Onesimus war ihm davongelaufen und hatte dabei wohl auch noch Geld mitgehen lassen.

Das war eine ernste Sache, denn Sklaven waren Eigentum ihres Herrn und galten so viel wie Tiere, die man zur Arbeit einsetzen konnte. Flüchtige Sklaven wurden oft von Sklavenjägern gesucht. Und wenn einer erwischt wurde, landete er nicht selten für den Rest seines Lebens auf einer Galeere oder er wurde mit einem heißen Eisen gebrandmarkt oder sogar zum Tode verurteilt.

Paulus hätte Onesimus gerne bei sich behalten, aber er durfte und konnte es nicht. Er musste ihn zu seinem Herrn zurückschicken. Was er allerdings für ihn tun konnte, war, einen Brief an Philemon zu schreiben, um für Onesimus einzutreten.

Der sehr persönliche Brief, den Paulus nun schrieb, der sogenannte Philemonbrief, zeigt, dass er ein großes Herz hatte, aber auch ein Schlitzohr war. Er wusste, dass er Philemon nicht mit Nettigkeiten und Bitten beeindrucken konnte. Und so schrieb er mit viel Charme und einer bezwingenden Freundlichkeit, die fast schon etwas von Erpressung an sich hat: *Ich, Paulus, ein alter Mann, der jetzt für Christus im Kerker liegt, ich bitte dich für mein Kind Onesimus, dem ich im Gefängnis zum Vater geworden bin [...] Ich schicke ihn zu dir zurück, ihn, das bedeutet mein eigenes Herz. Ich würde ihn gerne bei mir behalten, damit er an deiner Stelle dient, solange ich um des Evangeliums willen im Gefängnis bin. Aber ohne deine Zustimmung wollte ich nichts tun. Deine gute Tat soll nicht erzwungen, sondern freiwillig sein. Denn vielleicht wurde er nur deshalb eine Weile von dir getrennt, damit du ihn für ewig zurückerhältst, nicht mehr als Sklaven, sondern als weit mehr: als geliebten Bruder. Das ist er jedenfalls für mich, um wie viel mehr dann für dich, als Mensch und auch vor dem Herrn. Wenn du dich mir ver-*

bunden fühlst, dann nimm ihn also auf wie mich selbst!
Wenn er dich aber geschädigt hat oder dir etwas schuldet,
setz das auf meine Rechnung! Ich, Paulus, schreibe mit eige-
ner Hand: Ich werde es bezahlen – um nicht davon zu reden,
dass du dich selbst mir schuldest. Ja, Bruder, um des Herrn
willen möchte ich von dir einen Nutzen haben. Erfreue mein
Herz; wir gehören beide zu Christus. Ich schreibe dir im
Vertrauen auf deinen Gehorsam und weiß, dass du noch
mehr tun wirst, als ich gesagt habe.[16]

Kann man jemanden freundlicher zwingen? Kann man jemandem herzlicher drohen? Es ist nicht überliefert, wie es
Onesimus ergangen ist. Aber was blieb Philemon anderes
übrig, als seinem Sklaven zu vergeben und ihn wieder bei
sich aufzunehmen, zumal Paulus auch noch seinen baldigen
Besuch ankündigt? Was es bedeuten kann, wenn Paulus zu
Besuch kommt, hat er schon den Korinthern zu verstehen
gegeben, als er ihnen schrieb: *Was zieht ihr vor: Soll ich mit*
dem Stock zu euch kommen oder mit Liebe und im Geist
der Sanftmut?[17]

Es bleibt aber die Tatsache, dass Paulus den Onesimus in
die Sklaverei zurückgeschickt hat. Hätte er ihm nicht zur
Flucht verhelfen sollen? Hätte er nicht gegen das unmensch-
liche Sklaventum protestieren sollen? Hätte er nicht von
Philemon verlangen sollen, Onesimus die Freiheit zu schen-
ken? Paulus hat das alles nicht getan. Im Gegenteil: Der Gemeinde in Korinth hat er den Rat gegeben, dass jeder in seinem Stand bleiben soll. Auch der Sklave, der frei werden
kann, soll weiter Sklave bleiben. Ist es nicht zynisch, wenn
Paulus dauernd von Freiheit und von der Gleichheit von

Mann und Frau, Sklave und Freiem redet, aber Unterdrückung und Unfreiheit zulässt, ja auch noch gutheißt?

Paulus war kein Politiker, auch kein Sozialreformer. Er war ein durch und durch religiöser Mensch. Er hielt Gesetze für notwendig, aber er glaubte nicht daran, dass Gesetze Menschen ändern können. Eine wirkliche Verbesserung der äußeren Verhältnisse kann es für ihn nur geben, wenn sich zuvor die einzelnen Menschen von Grund auf verändern, das heißt, wenn sie die Liebe Gottes annehmen, wenn sie glauben. Wer wirklich glaubt, ist für Paulus unfähig, andere zu unterdrücken oder auszubeuten. Unter Menschen, die glauben, verschwindet jede Ungerechtigkeit, auch die Sklaverei. Einfach, weil der andere zum *Gotteskind*, zum *geliebten Bruder* wird. Und ein Bruder kann seinen Bruder nicht zum Sklaven machen.

Das war Paulus' Glaube. Ein Traum vielleicht, eine Utopie. Aber was für ein großartiges Versprechen!

Irgendwie muss es Paulus gelungen sein, aus dem Gefängnis wieder herauszukommen. Vermutlich haben ihm Priscilla und Aquila unter Lebensgefahr geholfen. Es spricht vieles dafür, dass Paulus Ephesos fluchtartig verlassen hat. Er reiste die Küste entlang nach Norden bis zu der Stadt Troas, die er schon von seiner letzten Reise her kannte. Er hatte gehofft, hier Titus zu finden und von ihm zu erfahren, wie es mit den Korinthern steht. Aber er traf Titus nicht an und segelte hinüber nach Mazedonien. Auch dort konnte er Titus nicht finden. Paulus war voller Sorge und verzweifelt. Hinzu kam, dass er wieder auf Ablehnung und Feindschaft stieß.

Überall bedrängten uns Schwierigkeiten, schrieb er später, *von außen Widerspruch und Anfeindung; im Innern Angst und Furcht.*[18]

Endlich tauchte Titus auf. Und er hatte gute Nachrichten. Die Korinther hatten sich überzeugen lassen und bedauerten ihr Verhalten. Sie hatten sich von den fremden Aposteln abgewandt und wollten nun wieder auf Paulus hören. Sogar jenen Mann aus ihrer Gemeinde, der Paulus so tief beleidigt hatte, wollten sie bestrafen und wieder fleißig Geld sammeln für die Armen in Jerusalem.

Paulus war überglücklich. Er schrieb einen Versöhnungsbrief nach Korinth und schickte Titus damit wieder los. Er selbst wollte bald nachkommen. In Philippi erzählte er von dem neu erwachten Eifer der Korinther und die dortige Gemeinde schloss sich spontan der Spendenaktion an. In Paulus entstand nun der Plan, die gesamte Kollekte aus den griechischen Gemeinden selbst nach Jerusalem zu bringen. Anschließend wollte er endlich aufbrechen nach Rom und nach Spanien.

Paulus hatte sicher schon gehört, dass in Rom ein neuer Kaiser regierte. Der alte, Claudius, war im Jahr 54 n. Chr. gestorben. Sein Nachfolger hieß mit vollem Namen Nero Claudius Cäsar Drusus Germanicus. Aber alle Welt nannte ihn nur Nero. Paulus hat wohl nicht geahnt, dass dieser Kaiser bald sein Schicksal bestimmen würde.

Kapitel XIII
Ein Traum zerplatzt

Ein Samstagabend in Troas, am westlichen Rand Kleinasiens. Paulus hat sich mit seinen Freunden in einem Haus
versammelt, um gemeinsam das Mahl zur Erinnerung an
Christi Tod zu feiern. Das Zimmer, in dem sie zusammensit-
zen, befindet sich im dritten Stock des Mietshauses.

Es herrscht Abschiedsstimmung, denn es ist Paulus' letzter Abend in Troas. Morgen will er aufbrechen nach Jerusalem, um die Spenden dort abzuliefern. Das Geld hat er auf
einer langen Reise gesammelt. Nachdem er endlich Titus
getroffen hatte, machte er sich auf den Weg nach Korinth.
In großem Bogen reiste er zunächst in den Norden Griechenlands, wahrscheinlich bis an die Grenze zu Illyrien, wo
heute Albanien und Montenegro liegen, und von dort die
Westküste entlang wieder südwärts in die Hauptstadt der
Provinz Achaia.

Der Empfang in Korinth war herzlich. Alle waren versöhnlich gestimmt. Und die Korinther wollten sicher etwas
gutmachen, als sie tief in die Tasche griffen, um Paulus'
Spendenaktion zu unterstützen. Von Korinth wollte Paulus
eigentlich direkt mit dem Schiff nach Syrien. Dass er dann
doch auf dem Landweg durch Griechenland wanderte, war
eine Vorsichtsmaßnahme. Seine Freunde hatten ihn nämlich
gewarnt, dass Anschläge auf ihn geplant sind. Und so änder-

te Paulus seine Route und kam noch einmal nach Mazedonien und Troas.

Paulus weiß, dass er seine Freunde in Troas wahrscheinlich das letzte Mal sieht. Und es ist, als ob er ihnen noch einmal alles sagen möchte, was ihm wichtig ist. Es ist schon Mitternacht und Paulus kann immer noch nicht aufhören zu reden. Unter den Zuhörern ist auch ein junger Mann namens Eutychus. Er hat sich in dem engen, überfüllten Raum in das offene Fenster gesetzt. Anfangs hat er Paulus noch aufmerksam zugehört. Doch je länger der redet, desto müder wird Eutychus, bis er die Augen nicht mehr aufhalten kann und einschläft. Ein entsetzter Schrei geht durch die versammelte Gemeinde, als Eutychus plötzlich aus dem Fenster fällt. Einige rennen sofort die Treppen hinunter und finden Eutychus regungslos auf dem Boden liegen. Alle glauben, er sei tot. Jetzt kommt auch Paulus nach. Er beugt sich über den jungen Körper und meint zu den Umstehenden, sie sollten sich nicht aufregen, der Junge lebe noch. Daraufhin geht er wieder hinauf in das Zimmer und redet weiter – bis zum Morgengrauen. Eutychus rappelt sich tatsächlich wieder hoch und man bringt ihn nach Hause.

So oder so ähnlich erzählt Lukas diese Geschichte vom Fenstersturz des Eutychus.[1] Ob der junge Mann tatsächlich tot war und Paulus ihn durch ein Wunder wieder zum Leben erweckt hat, bleibt unklar. Zu Paulus passen aber solche Wunder nicht. Vor allem gibt es für ihn nach dem Tod keine Rückkehr ins Leben. Was kommt, hat einen anderen Namen. Auferstehung.

Paulus hatte wohl gar nicht oder nur wenig geschlafen, als er von Troas aufbrach. Offenbar war er sehr aufgewühlt und nachdenklich und wollte erst einmal mit seinen Gedanken alleine sein. Alle, die ihn begleiten wollten – Sopater, Aristarch, Sekundus, Gaius, Timotheus, Tychikus und Trophimus –, schickte er mit dem Schiff voraus nach Assos. Er selbst ging zu Fuß über die schmale Landzunge, um dann auf das Schiff umzusteigen.

Wie sie es wohl mit der Kollekte geregelt hatten? Es muss eine Menge Geld gewesen sein, das sie da mit sich führten. Hatte es Paulus bei sich? Oder hatten sie es sicherheitshalber aufgeteilt?

Ob seine Begleiter wussten, was diese Kollekte für Paulus bedeutete? Sie war weit mehr als eine milde Gabe für die Armen in Jerusalem. Es war Geld von Heiden. Und ob die Gemeinde in Jerusalem dieses vergiftete Heidengeld annahm oder nicht, war gleichbedeutend mit der Frage, ob sie Paulus' Mission, ja sein ganzes Lebenswerk anerkannten oder ablehnten. Das Geld war, wie es Jürgen Becker ausdrückt, »eine Art Nagelprobe, wie es Jerusalem mit dem Heidenchristentum hält«.[2]

Paulus war nicht sehr zuversichtlich. Ja, er hatte Angst. Diese Angst ist schon in seinem Brief an die römische Gemeinde zu spüren, den er in Korinth geschrieben hat. Darin bittet er die Empfänger, für ihn zu beten, *dass ich vor den Ungläubigen in Judäa gerettet werde, dass mein Dienst für Jerusalem von den Heiligen dankbar aufgenommen wird.*[3]

Dieser Brief zeigt auch, wie gespalten sein Verhältnis zum eigenen Volk war. Einerseits geht er mit Israel hart ins Gericht, weil es so verblendet ist und die neue Botschaft nicht annehmen will. Andererseits wünscht er sich nichts mehr, als dass auch sein Volk zur Einsicht kommt und gerettet wird. Ja, einmal geht er sogar so weit zu sagen, dass er selber verflucht und von Gott getrennt sein möchte, wenn dadurch seine jüdischen *Brüder* zum richtigen Glauben finden würden.[4]

Solche Worte beweisen, wie sehr Paulus auch noch Saulus war, wie sehr er an seinem Volk hing und warum er unbedingt vor seiner Reise nach Rom und Spanien nach Jerusalem wollte. Er war ein alter Mann und würde von so einer weiten und gefährlichen Reise höchstwahrscheinlich nicht zurückkommen. Er konnte doch nicht ein Missionsfeld zurücklassen, wo er so viele Heiden für die neue Botschaft gewonnen hatte, aber seine eigenen Brüder immer noch in der Dunkelheit ihres alten Glaubens lebten! Er konnte doch nicht akzeptieren, dass er an seinem eigenen Volk endgültig gescheitert war! Er musste noch einen Versuch machen, wenigstens die Anerkennung seiner Brüder in Jerusalem zu finden. Erst dann konnte er beruhigt und mit gestärktem Rücken zu neuen Ufern aufbrechen.

Paulus erinnert an den ungeliebten Sohn in John Steinbecks Roman »Jenseits von Eden«, der die Zuwendung seines Vaters gewinnen will und dem zum Schluss nichts anderes mehr einfällt, als Geld zu verdienen, das er dem Vater zum Geburtstag schenkt. Der weist es aber zurück, weil er nur das schnöde Geld sieht, aber nicht die Qual und die Sehnsucht dahinter.

Auch für Paulus stehen die Zeichen schlecht. Wenn man

dem Bericht des Lukas glauben darf, war schon die Fahrt nach Jerusalem voll dunkler Vorahnungen und Gefahren. Überall traf er auf besorgte Menschen, die ihn warnten. Überall lauerten Feinde, die es auf sein Leben abgesehen hatten. Auch um Ephesos machte Paulus einen weiten Bogen und ging erst südlich davon an Land, um sich tränenreich von alten Freunden zu verabschieden. Dann reiste er mit dem Schiff weiter an den Inseln Kos und Rhodos vorbei zu den Hafenstädten Patara und Myra und von dort über das offene Meer an die Küste Palästinas, nach Tyrus und Caesarea.

Man nimmt an, dass Paulus im Frühsommer 57 oder 58 n. Chr. nach Jerusalem gekommen ist. Eine ungünstigere Zeit für seinen Besuch hätte er sich fast nicht aussuchen können. Die Stimmung im Heiligen Land war aufgeheizt. Immer stärker wurde die jüdische Sehnsucht nach einem Messias, der das Gottesvolk von der römischen Knechtschaft befreit. Aber kein Messias am Kreuz sollte es sein, sondern einer, der mit dem Schwert in der Hand an der Spitze eines Heeres die Römer aus dem Land jagt.

Tatsächlich tauchten immer wieder Leute auf, die behaupteten, der ersehnte Messias zu sein, und die zum Aufstand aufriefen. Die Römer griffen bei solchen Unruhen hart durch. Es gab über die Jahre Tausende von Toten und die angeblichen Propheten wurden ans Kreuz genagelt. Nicht lange vor Paulus' Ankunft hatte ein ägyptischer Prophet für Aufsehen gesorgt. Er hatte in der Wüste eine Armee um sich gesammelt und wollte sie nach Jerusalem führen. Die Stadtmauern, so sagte er voraus, würden einstürzen wie damals die Mauern von Jericho. Es geschah aber kein Wunder, stattdessen erwarteten sie schwer bewaffnete römische Kohorten, die keine Gnade kannten. Der ägyptische Anführer war rechtzeitig geflohen und stand nun bei den Römern ganz oben auf der Liste der gesuchten Rädelsführer.

Aus solchen Aktionen war nur zu lernen, dass ein offener Aufstand gegen die römische Militärmacht reiner Selbstmord war. Erfolgreicher waren dagegen radikale Gruppen wie die Zeloten, die gegen die Römer eine Art »Guerillakampf« führten, römische Amtsstellen überfielen und Schuldurkunden verbrannten. Besonders berüchtigt waren die sogenannten Sikarier, Fanatiker, die mit einem sichelartig gebogenen Dolch missliebige Personen beseitigten. Diese »Dolchleute« mischten sich bei Festen als fromme, harmlose Pilger unter das Volk, stachen blitzschnell zu und verschwanden unerkannt im Gedränge.

In dieser Situation lebten alle Nichtjuden in Jerusalem gefährlich. Auch und besonders der Jude Paulus. Überall wurde erzählt, dass er alle unter den Heiden lebenden Juden dazu auffordert, von Moses abzufallen, die Kinder nicht mehr zu beschneiden und die Bräuche nicht zu halten.[5] Von so jemandem besucht zu werden, war für die christlichen Juden nicht einfach. Zwar berichtet Lukas, dass sich Jakobus und die anderen Jünger freuten, aber es dürfte eine geteilte Freude gewesen sein. Die Urgemeinde hatte einen schweren Stand in Jerusalem. Um geduldet zu werden, durften sie nicht zu sehr auffallen und bei den traditionellen Juden keinen Anstoß erregen.

Wenn bekannt geworden wäre, dass die Nazarener von

Paulus unreines Heidengeld annahmen, wäre unter den Juden ein Sturm der Empörung ausgebrochen. Also werden sie das Geld wohl etwas verlegen genommen und dann über die Sache den Mund gehalten haben. Aber auch ohne das heikle Geldgeschenk war Paulus' Besuch eine hochexplosive Angelegenheit. Er galt als Verräter. Darum galt es, die Situation zu entschärfen. Paulus musste für alle zeigen, dass er trotz seiner Offenheit für die Heiden ein guter Jude geblieben war. Also sollte er zusammen mit vier anderen Männern ein mehrtägiges Ritual im Tempel vollziehen und für alle die Kosten übernehmen. Das galt unter Juden als besonders fromme Tat.

Paulus war einverstanden. Was blieb ihm auch anderes übrig? Hätte er sich geweigert, wäre er keine Minute mehr seines Lebens sicher gewesen. Er war zwar bereit, alles hinzunehmen, was auf ihn zukam. Aber sich ins offene Messer zu stürzen, das war weder besonders vernünftig noch besonders christlich.

Der Plan schien aufzugehen. Als aber Paulus am siebten und letzten Tag im Tempel opferte und sich den Reinigungsvorschriften unterzog, erkannten ihn Juden aus der Provinz Asia, wo er missioniert hatte, und schrien gleich los, dass dies der Mensch sei, der gegen die Juden und die Gesetze lehrte. Einige hatten Paulus auch mit seinem griechischen Begleiter, dem Heidenchristen Trophimus, gesehen und glaubten nun, dass er diesen Ungläubigen mit in den Tempel genommen hatte. Ob das stimmte oder nicht, spielte keine Rolle mehr. Die Menge geriet sofort in helle Aufregung. Von allen Seiten stürzten sich die Juden auf Paulus, zerrten ihn aus dem Heiligtum und hätten ihn wohl im Vorhof erschlagen, wenn nicht römische Soldaten eingegriffen hätten.

In der Zwingburg Antonia, direkt an der nordwestlichen Ecke des Tempelbezirks, waren römische Truppen stationiert, die bei jedem Tumult sofort alarmiert wurden und in kürzester Zeit über eine Freitreppe auf den Tempelplatz gelangen konnten. Das war Paulus' Glück. Der Befehlshaber der Kohorte, Militärtribun Claudius Lysias, ließ Paulus festnehmen. Und weil er in dem Durcheinander und dem Lärm nicht herausfinden konnte, was eigentlich passiert war, befahl er, Paulus in die Kaserne zu bringen. Die Soldaten mussten Paulus hochheben und ihn über die Köpfe der Menge tragen, so groß war das Gedränge und so aufgebracht waren die Massen.

Der Tribun hatte schon gedacht, er hätte mit Paulus einen großen Fang gemacht und dass es sich bei ihm um den gesuchten Ägypter handeln würde, der mit seiner Wüstenarmee nach Jerusalem marschiert war. Nun musste er feststellen, dass es sich bei Paulus um einen gebildeten Juden handelte, der Griechisch sprach und unglaublicherweise auch noch das römische Bürgerrecht besaß. Als er darauf aufmerksam gemacht wurde, erschrak Claudius Lysius nicht wenig, denn er hatte schon Befehl gegeben, Paulus auspeitschen zu lassen, um so ein Geständnis zu erzwingen. Nun machte er seine Anordnungen schnell rückgängig und befahl, von dem Gefangenen die Hände zu lassen.

Wie alle Römer, die über jüdische Angelegenheiten urteilen mussten, war auch der Tribun Claudius Lysius in einer prekären Lage. Er sollte jede Unruhe im Keim ersticken, aber welche religiösen Zwistigkeiten hinter diesen Unruhen steckten, davon verstand er nichts, wollte sich vielleicht auch möglichst wenig einmischen. Darum ist es nur verständlich, dass er, wie Lukas berichtet, Rat bei den jüdischen Führern einholen wollte.

Am Tag nach der Verhaftung ließ er Paulus vor die Hohenpriester und den Hohen Rat bringen. In dem Bericht, den Lukas von dieser Versammlung gibt, benimmt sich Paulus zunächst ziemlich aufmüpfig. Er macht vorlaute Bemerkungen, und als ihm der Hohepriester Hananias daraufhin eine Ohrfeige geben lässt, wirft er ihm ein deftiges Schimpfwort an den Kopf. Er nennt ihn eine *getünchte Mauer*, und solche weiß getünchten Mauern gab es nur bei Gräbern und Aborten.

Doch Paulus ist nicht nur ein unbeherrschter Heißsporn, er kann auch sehr geschickt taktieren. Er lenkt das Gespräch auf das Thema Auferstehung und spaltet damit sofort die Versammlung. Die einen, die Sadduzäer, glauben nämlich nicht an Auferstehung, an Engel und an Geister; die anderen, die Gruppe der Pharisäer, dagegen schon, und sie nehmen Paulus deshalb in Schutz. Darüber kommt es nun zu einem so lautstarken Schlagabtausch, dass Claudius einschreiten und Paulus in Sicherheit bringen muss.

Somit war auch dieser Klärungsversuch gescheitert und der Tribun war so klug wie zuvor. Jedenfalls konnte er nach dem ganzen Streit um die Auferstehung auch nicht besser verstehen, warum die Juden Paulus mit so viel Hass verfolgten. Überhaupt wird es Claudius Lysius unverständlich gewesen sein, wie man sich über die Frage, was nach dem Tod kommt, so in die Haare kriegen konnte. Für ihn als Römer gab es keinen Gott, der irgendwann einmal ein Gericht abhalten wird und die Toten auferweckt. Er war Soldat, und er betrachtete wahrscheinlich den Tod einfach als das Ende, nach dem nichts mehr kommt. Oder er glaubte wie viele andere Menschen seiner Zeit, dass die Toten in eine dunkle Unterwelt kommen und da als Schatten ihr Dasein fristen. Oder dass sich die unsterbliche Seele vom toten Körper trennt und in eine himmlische Sphäre aufsteigt. Das waren die üblichen Vorstellungen in der römisch-hellenistischen Welt.

Für Paulus sind das alles billige Vertröstungen und Humbug. Die Rede von einer Existenz über den Tod hinaus oder von Auferstehung ist für ihn leeres Geschwätz, wenn nicht die entscheidende Voraussetzung anerkannt wird – dass nämlich Christus gestorben und auferstanden ist. *Wenn Christus nicht auferweckt worden ist*, so schrieb er an die Korinther, *dann ist euer Glaube nutzlos.*[6] Das heißt, ein »Nachher« gibt es nicht etwa von Natur aus, sondern einzig und allein durch einen Akt von außen, dadurch, dass Gott aus Liebe zu den Menschen sogar den Tod auf sich genommen hat. Durch seine Auferstehung hat er laut Paulus bewiesen, dass seine Liebe stärker ist als der Tod. Und wenn ein Mensch an diese Heilstat glaubt, dann verliert auch für ihn der Tod seinen Schrecken. *Verschlungen ist der Tod vom Sieg*, so beschreibt es Paulus und ruft triumphierend aus: *Tod, wo ist dein Sieg? Tod, wo ist dein Stachel?*[7]

Natürlich muss auch ein gläubiger Mensch sterben, daran führt kein Weg vorbei, aber für ihn ist der Tod nicht mehr das absolute Ende, sondern ein Übergang oder ein Durchgang. Es vollzieht sich mit ihm eine Verwandlung.

Paulus behauptet jedoch nicht, dass der Mensch in ein ganz und gar anderes Wesen verwandelt werde oder aufgehe in einer Gottheit wie ein Tropfen im Meer. Und schon gar nicht denkt er, dass nur ein Teil des Menschen wie die Seele weiterlebe. Dazu bejaht Paulus viel zu sehr das irdische Leben. Für ihn kann man den Menschen nicht zerlegen in verschiedene Teile, in einen Körper, der verfällt, und eine Seele, die bleibt.

Für Paulus ist der Mensch eine Einheit und nur als Ganzes kann er wiederauferstehen. Romano Guardini, für den die Gedanken des Paulus die Grundlage für den christlichen Glauben an ein Leben nach dem Tod sind, hat darum auch eine rein geistige Auferstehung als »ziemlich gleichgültig« bezeichnet, weil sie der Wirklichkeit des Menschen, vor allem seiner Individualität, seiner Unverwechselbarkeit und Einzigartigkeit, nicht gerecht wird.[8] Was wir später sein werden, ist demnach leiblich und geistig zugleich. Es ist eine Einheit, die jeder schon zu Lebzeiten erfahren kann, wenn er glücklich ist oder wenn ihm die Liebe gelingt.

Natürlich wurde Paulus auch von den Leuten aus den Gemeinden gefragt, wie denn dieser neue, auferstandene Mensch aussehen wird. Und er hat immer wieder mit neuen Worten versucht, diesen Zustand zu beschreiben. Einmal greift er zum Bild vom Samen, aus dem das Korn wächst. Der Samen muss zugrunde gehen, damit das Getreide entstehen kann. Was entsteht, ist neu, ist anders, und doch ist der Samen noch irgendwie da.

Ein anderes Mal meint er, Auferstehung sei so ähnlich, wie wenn der Leib ein neues Kleid bekommt. *Seht*, so schrieb er an die Korinther, *ich enthülle euch ein Geheimnis: Wir werden nicht alle entschlafen, aber wir werden alle verwandelt werden – plötzlich, in einem Augenblick, beim letzten Posaunenschall. […] Denn dieses Vergängliche muss sich mit Unvergänglichkeit bekleiden und dieses Sterbliche mit Unsterblichkeit.*[9]

Was aus uns wird, das können wir nach Paulus immer nur ahnen, wenn wir notdürftig Bilder und Worte zu Hilfe nehmen. Du wirst, so würde er sagen, einen anderen Leib haben, einen geistigen, einen seelischen oder wie immer du es nennen willst. Er wird jedenfalls dein Instrument sein, mit dem du Freude und Liebe zeigen kannst, so wie es nur Töne und Melodien geben kann, wenn es ein Musikinstrument gibt, das sie hervorbringt.

Folgt man Paulus weiter, dann darf man nicht annehmen, dass verschiedene Welten existieren. Es gibt nur eine Welt. Doch die ist viel größer, als wir es uns vorstellen können, und hat Dimensionen, die wir nur erahnen. Vielleicht ist es so, wie der Naturwissenschaftler und Theologe Teilhard de Chardin es annimmt, dass das Universum sich auf ein Ziel zubewegt, in dem physikalische und geistige Prozesse zusammenlaufen und wo in einem neuen Evolutionssprung die Menschen in einem größeren Ganzen aufgehen und trotzdem als Individuen bewahrt werden.[10] Nach diesen Vorstellungen sind wir Menschen im Übergang aus einem kleineren in einen größeren Kreis. Wir stehen an der Grenze zwischen zwei Schichten oder Stufen der Wirklichkeit und verwandeln uns von der einen in die andere hinüber. Der Weltgeist, so drückt es Hermann Hesse auf seine Weise aus, will uns Stufe um Stufe heben. Und es sei nicht ausgeschlossen, dass auch die Todesstunde uns neue Räume eröffnet.[11]

Das alles brauchen wir aber nicht zu verstehen. Es reicht, wenn wir nur offen sind für das Unbekannte und Neue, das auf uns wartet. Und diese Offenheit ist vielleicht das Wichtigste.

Aber noch lebt Paulus. Lukas, an den wir uns hier halten müssen, schildert ihn inmitten von Intrigen, Nachstellungen und Mordkomplotten. Einige fanatische Juden haben geschworen, so lange nichts zu essen und zu trinken, bis sie Paulus umgebracht haben. Sie haben bereits einen Plan ausgeheckt. Der Hohe Rat soll Paulus noch einmal vorladen. Auf dem Weg von der Festung Antonia zum Ratssaal wollen ihn die Verschwörer dann niederstechen.

Der Plan fliegt aber auf. Lukas weiß von einem Neffen des Paulus, einem Sohn seiner Schwester, der von den Mordabsichten erfährt und den Tribun Claudius Lysius darüber informiert. Der lässt daraufhin Paulus in der Nacht unter starker Bewachung nach Caesarea bringen, wo der Statthalter Felix residiert, der nun entscheiden muss, was mit Paulus weiter geschieht. Auch wenn Paulus schuldlos scheint und das römische Bürgerrecht besitzt, kann er ihn nicht freilassen. Die Aufregung um diesen sonderbaren Prediger ist viel zu groß. Felix muss ihn in Haft behalten, so lange, bis er sich ein Bild von dem Fall gemacht hat und ein Urteil fällen kann.

Jenen Felix oder Markus Antonius Felix, wie er mit vollem Namen heißt, hat es wirklich gegeben, auch wenn man nicht genau weiß, wann er Statthalter von Judäa war. Er war ein ehemaliger Sklave und hatte seinen steilen Aufstieg seinem Ehrgeiz und seinem einflussreichen Bruder Pallas in Rom zu verdanken. Die Geschichtsschreiber stellen ihm kein gutes Zeugnis aus. Er soll geherrscht haben wie ein König, aber mit der Einstellung eines Sklaven, voller Willkür und Grausamkeit.[12] Dazu passt auch, dass er in Lukas' Bericht darauf spekuliert, von Paulus bestochen zu werden. Ob er wohl davon gehört hat, dass Paulus auf seinen Reisen viel Geld gesammelt hat? Seine Zeit als Statthalter ging dem Ende zu und vielleicht wollte er sich bei dieser Gelegenheit noch etwas für sein privates Vermögen beiseiteschaffen. Das war ihm vermutlich wichtiger als diese ganze Affäre um einen alten Juden, von dem keiner wusste, was er eigentlich verbrochen haben soll.

Doch ob er wollte oder nicht, Felix musste sich um den Fall Paulus kümmern. Mit der Verlegung des Gefangenen war die Angelegenheit vorerst entschärft, aber noch lange nicht erledigt. Das zeigte sich, als nach einigen Tagen der Hohepriester Hananias persönlich nach Caesarea kam. In seiner Begleitung war auch ein römischer Anwalt namens Tertullus, der schwere Vorwürfe gegen Paulus erhob und ihn eine *Pest*, einen *Unruhestifter* und *Rädelsführer der Nazoräersekte* nannte.

Wie viel Widerstand und wie viel Hass Paulus bei den gesetzestreuen Juden hervorgerufen haben muss, das hat der Dichter Franz Werfel Anfang des 20. Jahrhunderts auf literarische Weise darzustellen versucht. In seiner dramatischen Legende »Paulus unter den Juden« versuchen mehrere Rabbiner, den Apostel zur Umkehr zu bewegen, auch mit Drohungen:

»PAULUS: Wovor soll ich mich fürchten, da ich die Furcht des Todes nicht mehr fürchten muss?

RABBI BESCHWÖRER: […] Alle Besessenen sprechen so. (*Zu Paulus*) Ich will dich heilen. Mir ist die Macht gegeben über den Geist, der dich besitzt.

PAULUS: Wenn dir Macht gegeben ist über diesen Geist, wem ist dann Macht gegeben über den Messias, den Erstgeborenen Gottes?

RABBI MEIR: Törichter Mensch! Fühlst du denn nicht, dass die Güte der Väter einen Versuch macht, dich zu retten?

PAULUS (*leise*): Ich bin gerettet.

RABBI ZADDOK: Das sagst du, Gesetzesleugner? Hier ist Israel! Und Israel lebt durchs Gesetz, wie ein Geschöpf durchs Wasser lebt […]. Was wissen wir vom Ewigen?! Aber die Thora ist der Stab, dessen oberes Ende Gott hält und dessen unteres Ende in Israels Hand liegt.

PAULUS: O Rabbi! Der Stab war unter uns in Menschengestalt. Ich habe sein Licht gesehen.

RABBI ZADDOK: Du! Du! Wer bist du? Ein Irrtum, der um sich nicht weiß. Bist du mehr als das heilige Volk Gottes? Was rühmst du dich?

PAULUS: Ich rühme mich nicht. Ich bin eine arme leere Hülse, die der Erreger verbraucht.

RABBI MEIR (*freudig*): Schau! Geh in dich! Widerrufe! […]

PAULUS: (*ruhig*): Liebe Väter, ihr kennt mich. War ich nicht ein Muster der Schule, ein Jud des Ernstes? Seht mich an! […] Bin ich schuldig geworden, weil die Wahrheit eingezogen ist?

RABBI HUNA: Wir haben vergebens die Nacht geopfert. Ich hab's vorausgesehen. Der Mann ist verloren und verfallen.«[13]

Wenn man sich vorstellt, dass ein Römer wie der Statthalter Felix solche Auseinandersetzungen mitverfolgt hat, kann man verstehen, warum er letztlich ratlos war. Einen Verstoß gegen römische Gesetze konnte er nicht feststellen. Darum ist es nicht verwunderlich, dass er sich vor einer Entscheidung drückte. Vielleicht hatte er schon für sich beschlossen, die Sache zu verschleppen und seinem Nachfolger aufzuhalsen.

Dieser Nachfolger hieß Porcius Festus, und als er, etwa um das Jahr 58 n. Chr., sein Amt antrat, saß Paulus immer noch im Gefängnis. Was ihm sein Vorgänger Felix da hinterlassen hat, das wurde ihm schon bei seinem Antrittsbesuch in Jerusalem deutlich gemacht. Die Anführer der Juden bestürmten ihn und verlangten, dass er Paulus wieder nach Jerusalem bringen lässt. Doch darauf ging Festus nicht ein. Er wollte Paulus in Caesarea den Prozess machen, und so blieb den jüdischen Anklägern wieder nichts anderes übrig, als in die Residenzstadt des römischen Statthalters zu reisen.

Dieser zweite Prozess gegen Paulus verläuft laut Lukas

nicht viel anders als der erste. Die Juden beschuldigen ihn, ihre Gesetze und die Gesetze des Kaisers verletzt und außerdem den Tempel entweiht zu haben. Beweise dafür können sie nicht vorbringen. Und Paulus hat ein reines Gewissen, sich selbst und Gott gegenüber.

Festus hat wieder nichts gegen Paulus in der Hand. Und langsam scheint er diese Streiterei leid zu sein. Laut denkt er darüber nach, Paulus doch den Juden auszuliefern, die dann in Jerusalem über ihn richten sollen. Paulus ist damit natürlich ganz und gar nicht einverstanden. Er weiß, dass dies sein sicheres Todesurteil wäre. Und so macht er von seinem Recht als römischer Staatsbürger Gebrauch und verlangt, dass sein Fall vor den Kaiser gebracht wird.

Nach kurzer Beratung ist Festus einverstanden: *An den Kaiser hast du appelliert; zum Kaiser sollst du gehen*, sagt er in Lukas' Bericht.[14]

So wurde Paulus' sehnlichster Wunsch, nach Rom zu kommen, doch noch erfüllt. Nur anders, als er es sich gedacht hatte. Als Gefangener des Kaisers Nero wurde er auf einem Schiff in die Hauptstadt des römischen Weltreiches transportiert. Er verließ das Heilige Land und sah es nie wieder. So blieb es ihm auch erspart, den Untergang seines Volkes zu erleben. Denn aus der Feindschaft gegen Rom wurde ein Aufstand und dann ein offener Krieg, in dem die Juden hoffnungslos unterlegen waren. Im Jahr 71 fiel Jerusalem, der Tempel ging in Flammen auf und ein großer Teil der jüdischen Bevölkerung geriet in Gefangenschaft oder wurde in die Sklaverei verschleppt.

Kapitel XIV
Wo bist du?

Rom, die Hauptstadt des Römischen Reiches – das Ziel, das Paulus seit Jahren vor Augen hat. Man erwartet, dass er nun dieses Zentrum der damaligen Welt mit seiner neuen Botschaft erobert, dass er vor Kaiser Nero tritt und ihm unerschrocken seinen Glauben an den einen Gott bekennt. Man erwartet, dass er freikommt und mit offenen Armen von der großen christlichen Gemeinde Roms, an die er seinen wohl wichtigsten Brief geschrieben hat, aufgenommen wird. Man erwartet, dass er den christlichen Glauben auch in der Machtzentrale der heidnischen Welt weiterverbreitet und dass die Christen von einer Sekte zu einer starken Bewegung werden.

All das geschieht nicht, jedenfalls nicht bei Lukas. Kaum ist Paulus in Rom angelangt, wird sein Bericht spärlich und knapp, als ob ihm die Luft ausginge. Das wenige, das Lukas zu berichten hat, kann man gar nicht recht glauben, so unwahrscheinlich klingt es. Demnach soll Paulus in einem Mietshaus gewohnt haben, wo er zwar unter Hausarrest stand und bewacht wurde, aber Besuch empfangen durfte. *Er blieb zwei volle Jahre in seiner Mietwohnung*, schreibt Lukas, *und empfing alle, die zu ihm kamen. Er verkündete das Reich Gottes und trug ungehindert und mit allem Freimut die Lehre über Jesus Christus, den Herrn, vor.*[1]

Mit diesem Satz endet der Bericht des Lukas und zugleich die Apostelgeschichte. Und ab hier verliert sich die Spur des Paulus im Dunkeln. Nichts mehr erfährt man von Lukas darüber, wie es mit dem Prozess weiterging und was aus Paulus geworden ist. Ob er freigesprochen oder verurteilt oder hingerichtet worden ist. Oder ob er seine Missionsreise nach Spanien doch noch unternommen hat oder ob Rom seine letzte Station war.

An dieser Ungewissheit liegt es sicher auch, dass sich so viele Geschichten um das Ende des Paulus ranken. Geht man nach einer Sammlung von Legenden, den sogenannten Paulus-Akten, dann ist der Apostel in Rom noch einmal Petrus begegnet. Beide wurden angeblich dem Kaiser Nero vorgeführt, der sie schließlich hat hinrichten lassen. Petrus wurde mit dem Kopf nach unten gekreuzigt, Paulus wurde mit dem Schwert enthauptet.[2]

Diese legendenhaften Überlieferungen könnten durchaus einen historischen Kern haben, denn es sind christliche Schriften aus den ersten Jahrhunderten bekannt, die davon ausgehen, dass Paulus und Petrus als Märtyrer unter Nero den Tod fanden.[3]

Es ist also durchaus wahrscheinlich, dass Paulus den ersten spontanen Christenverfolgungen unter Nero im Jahr 64 zum Opfer gefallen ist. Anlass für diese Verfolgungen war ein Brand, der große Teile der Stadt Rom zerstörte. Der Historiker Sueton behauptet, dass Nero selbst die Brände hatte legen lassen, weil er die Hässlichkeit der Gebäude und die engen Straßen nicht mehr ertragen konnte. Er selbst soll in einem Theaterkostüm von einem Turm aus die

Feuersbrunst beobachtet und dazu auf der Leier gesungen haben.[4]

Die Gerüchte über eine absichtliche Brandstiftung führten zu einem Aufruhr in der Bevölkerung, sodass Nero sich genötigt sah, einen Sündenbock zu suchen. Er fand ihn in der unbeliebten Sekte der Christen. Den Zorn der Römer auf sie zu lenken, war leicht, denn sie waren unbeliebt, und es wurde ihnen nachgesagt, blutrünstige Rituale zu betreiben und sogar Menschenfleisch zu essen. Zuerst wurden die stadtbekannten Christen verhaftet. Dann begann die Hetzjagd auf alle, die man irgendwie verdächtigte, zu dieser Sekte zu gehören. Und man begnügte sich nicht damit, sie zu töten, sondern machte aus dem Massaker eine Volksbelustigung. Im Zirkus wurden sie in Tierhäute eingenäht und dann von Hunden zerrissen. Sie wurden massenweise gekreuzigt oder dienten, mit Pech bestrichen und angezündet, als lebende Fackeln zur Beleuchtung von Neros Gärten.

Es ist anzunehmen, dass Paulus als bekannter Anführer in der ersten Welle der Verfolgung zu Tode kam. Sein römisches Bürgerrecht hat ihn wohl vor einer bestialischen Hinrichtung geschützt. Durchaus vorstellbar also, dass er, wie es die Legende erzählt, mit dem Schwert enthauptet wurde. Jedenfalls hat sich diese Überlieferung über die Jahrhunderte erhalten. Und wie viele Märtyrer, die mit dem Marterinstrument ihrer Hinrichtung dargestellt werden, so erscheint auch Paulus auf vielen Bildern mit einem Schwert in der Hand.

Eine andere Überlieferung, die bis in das dritte Jahrhundert zurückgeht, erzählt, dass Paulus außerhalb der Stadt, an der Via Laurentia, hingerichtet wurde. An dieser Stelle wurde später die Kirche San Paolo alle Tre Fontane errichtet. Die drei Quellen sollen entsprungen sein, als der abgeschlagene Kopf des Paulus drei Mal auf dem Boden aufschlug. Ein Hirte soll das Haupt des Paulus gefunden haben, das dann zusammen mit dem Leichnam in ein Grab an der Straße nach Ostia gelegt wurde. Hier muss es schon in der Mitte des zweiten Jahrhunderts eine Art Gedenkstätte gegeben haben. Erst Kaiser Konstantin, der dem Christentum zum Durchbruch verhalf, ließ über dem angeblichen Grab des Paulus eine bescheidene Kirche errichten. Und im Jahr 384, unter Kaiser Theodosius, entstand hier eine monumentale Grabeskirche, San Paolo fuori le Mura, zu deutsch Sankt Paul vor den Mauern. Sie wurde 1823 durch einen Brand zerstört und dann wieder aufgebaut.

Diese Basilika war lange Zeit die größte Kirche der Welt – bis der Petersdom errichtet wurde. Überhaupt trat Paulus in den Schatten des ersten Apostels. Galten beide lange Zeit als gemeinsame Gründer der Kirche von Rom, wurde Petrus immer mehr in den Vordergrund geschoben. Er, der Fels und Verwahrer der Himmelsschlüssel, galt nun als der erste Papst und genoss somit einen höheren Stellenwert als der schwierige Wanderapostel.

In neuester Zeit hat es um das vermeintliche Grab des Paulus wieder viel Wirbel gegeben. Zeitungen sprachen sogar von einer archäologischen Sensation.[5] Ein vom Vatikan beauftragter Archäologe, der Italiener Giorgio Filippi, hat seit dem Jahr 2003 Grabungen in der Basilika durchgeführt und dabei unter der Mittelachse einen steinernen Sarg freigelegt. Was sich in dem gut erhaltenen Sarkophag befindet, ist nicht bekannt. Aber auch wenn Gebeine gefunden werden, ist nicht sicher, ob es sich um die des Apostels handelt. Immerhin sind Reliquien des heiligen Paulus über die ganze Welt verstreut. Der Schädel etwa wird in der Lateran-Kirche aufbewahrt, weitere Knochen in London, Münster, Malta oder Saragossa.

Von Paulus ist natürlich mehr übrig geblieben als Knochen und Kirchenbauten. Vor allem sind es seine Briefe, die sich erhalten haben und aus denen er immer wieder sehr lebendig hervortritt. Es fällt mir daher schwer, von Paulus' Ende zu reden. Lieber ist mir das Bild von Paulus, dem Reisenden, der nicht nur gewaltige Strecken zurückgelegt, sondern auch eine lange Reise durch die Zeiten angetreten hat. Rom, so beschließe ich also, soll nicht das Ende sein. Gehen wir daher nochmals zurück an den Anfang von Paulus' letzter Reise, nach Caesarea, wo er auf seinen Abtransport nach Rom wartete. So kurz und knapp bei Lukas der Bericht über die Zeit in Rom ausfällt, so ausführlich und farbig schildert er die Fahrt dorthin.

Als unsere Abfahrt nach Italien feststand, wurden Paulus und einige andere Gefangene einem Hauptmann der kaiserlichen Kohorte namens Julius übergeben. Wir bestiegen ein Schiff aus Adramyttium, das die Orte entlang der Küste Kleinasiens anlaufen sollte, und fuhren ab [...]. Mit diesen Worten beginnt in der Apostelgeschichte eine der berühmtesten und abenteuerlichsten Seefahrten der Weltgeschichte.[6] Zu Anfang verläuft alles noch einigermaßen normal. In Myra, an der Küste Lyziens, wechselt der Gefangenentransport auf ein ägyptisches Handelsschiff, das nach Italien unterwegs ist. Es hat Getreide geladen und außerdem befinden sich 267 Menschen an Bord. Die Herbststürme sind schon stark, und das Schiff hat Mühe, von der kleinasiatischen Küste aus einen Hafen im Süden Kretas zu erreichen. Der Kapitän beschließt, auf Kreta zu überwintern, aber er will noch einen geeigneteren Hafen der Insel ansteuern.

Als das Schiff ablegt und auf dem Meer ist, beginnt das Unheil. Ein furchtbarer Orkan bricht los, der sogenannte Eurakylon. Dem gewaltigen Sturm ist das Schiff hilflos ausgeliefert. Die Matrosen können nichts anderes mehr tun, als die Segel einzuholen, das Schiff mit einem starken Seil zu umspannen und es treiben zu lassen. Viele Tage tobt der Sturm, man sieht weder die Sonne am Tag noch die Sterne in der Nacht. Das Schiff wird in den riesigen Wellen hin und her geworfen, und es entgeht dem Untergang nur, weil die Matrosen Teile der Ladung über Bord werfen.

Bei Lukas ist es nur Paulus, der nicht verzweifelt und den anderen Mut macht. Und in der Tat ist nach vierzehn Nächten endlich Land in Sicht. Doch bei diesem Sturm ist die Landung an einer Küste gefährlicher als die Fahrt auf dem Meer. Paulus fordert die anderen auf, zu essen, damit sie kräftig genug sind, um sich zu retten, falls das Schiff an den Küstenfelsen zerschellt. Die Matrosen lenken das Schiff zu einem flachen Strand, doch es läuft auf eine Sandbank auf und das Heck des Schiffes wird von der Brandung zerschmettert. Die Soldaten wollen die Gefangenen töten, damit sie nicht fliehen können. Doch der Hauptmann hält sie davon ab und befiehlt allen, sich zu retten. Wer schwimmen kann, springt über Bord, die anderen klammern sich an

Planken und andere Schiffsteile, um so das rettende Ufer zu erreichen. Dort haben Einheimische den Schiffbruch beobachtet und machen nun ein Feuer, an dem sich die durchnässten und frierenden Männer wärmen können. Als Paulus ein Bündel Reisig in das Feuer legen will, schießt eine Schlange daraus hervor und beißt ihn in die Hand. Alle denken, Paulus sei nun tödlich vergiftet. Aber nichts geschieht und die Einheimischen halten ihn für einen Gott.

Die schiffbrüchige Besatzung muss nun auf der Insel, es ist Malta, überwintern. Paulus wird von einem römischen Verwalter in sein Haus aufgenommen. Dort heilt er nicht nur den erkrankten Vater seines Gastgebers, sondern auch die anderen Kranken der Insel.

Diese hochdramatische Schilderung des Schiffbruchs ist lange Zeit für einen besonders zuverlässigen historischen Bericht gehalten worden. Das liegt an den genauen nautischen und geografischen Kenntnissen, die der Verfasser beweist, aber auch an dem »Wir« der Erzählung, das glauben lässt, dass Lukas selbst als Augenzeuge dabei war.

Die »Echtheit« der Geschichte ist inzwischen aber stark angezweifelt worden. Einige Forscher halten es für ausgeschlossen, dass ein Schiff in einem so starken Sturm die fast tausend Kilometer von Kreta bis Malta überstehen kann.[7] Sie verweisen auch auf die Strömungen in diesem Teil der Adria, die ein führerloses Schiff unweigerlich an die Westküste des Peloponnes treiben muss. Manche haben sich auch die Mühe gemacht, herauszufinden, welche Schlangen es auf den in Frage kommenden Inseln gibt, giftige oder ungiftige, um das Wunder zu erklären, dass Paulus den Schlangenbiss überlebt hat.

Die Bewohner Maltas haben sich bis heute nicht von solchen Einwänden beirren lassen. Es gibt dort eine St. Pauls-Bucht, wo Paulus nach dem Schiffbruch an Land geschwommen sein soll, und eine Grotte, wo er angeblich gehaust hat. Und jedes Jahr im Februar wird mit großer Begeisterung ein Fest zu Ehren des heiligen Paulus, der natürlich Schutzpatron der Insel ist, gefeiert. Durch die Straßen der Hauptstadt La Valetta zieht dann eine bunte Prozession aller Vereine, und auf manchen Fahnen, die sie tragen, ist die berühmte Schlange zu sehen, die Paulus gebissen hat.

Der Kult um Paulus auf Malta ist mittlerweile freilich eine Attraktion für die Touristen geworden. Daran wird sich nichts ändern, auch wenn Theologen noch so sehr darauf beharren, dass Lukas seine Geschichte erfunden hat nach einem Muster, das in vielen Romanen und Reiseberichten seiner Zeit vorkam. Seefahrt, Seenot und Rettung des Helden waren beliebte Themen, man denke nur an die Abenteuer des Odysseus.

Mit diesem Hinweis ist die Schilderung des Lukas noch lange nicht als belanglose Fantasie entlarvt. Eine Geschichte muss nicht wertlos sein, nur weil sie unwahrscheinlich ist oder sich an Vorbilder hält. Im Gegenteil: Kommen bestimmte Motive häufig vor, spricht das dafür, dass sich hier eine symbolische Sprache entwickelt hat, in der sich auch religiöse Erfahrungen ausdrücken. Für den Philosophen Hans Blumenberg, der den Themenbereich Seefahrt und Schiffbruch untersucht hat, gibt es eine christliche Bilderwelt, in der das Meer der »Erscheinungsort des Bösen« ist. »Die Irrfahrt«, so Blumenberg, »ist in ihrer reinen Form Ausdruck für die Willkür der Gewalten, die Verweigerung der Heimkehr, […] die sinnlose Umtreibung und schließlich den Schiffbruch, in denen die Zuverlässigkeit des Kosmos fraglich […] wird.«[8] Mit anderen Worten: Wer sich vom festen, sicheren Land auf das Meer wagt, betritt den Bereich des Unberechenbaren, der Gefahren, der Orientierungslosigkeit. Das Meer ist darum auch, so sieht es der Theologe Eugen Drewermann, ein Symbol für die Abgründe des Daseins, ja für die Angst, die ein Leben ohne Gott erzeugt.[9]

So ist es auch zu verstehen, warum es in der Apokalypse des Johannes am Ende der Zeit kein Meer mehr gibt. Die Angst ist verschwunden. Doch auch schon vorher kann der Glaube ein Vertrauen schaffen, das einen Menschen trägt, auch wenn die letzten Sicherheiten zu zerbrechen drohen. Jesus von Nazareth hat es vorgelebt. Der Evangelist Markus erzählt, wie Jesus mit seinen Jüngern auf dem Meer in einen Sturm gerät. Während bei den Jüngern Panik ausbricht, weil das Boot schon voll Wasser läuft, schläft Jesus seelenruhig auf einem Kissen. Als die Jünger ihn wecken, beruhigt er den Wind und tadelt die Jünger: *Was seid ihr Feiglinge! Noch immer habt ihr kein Vertrauen?*[10]

Noch zugespitzter ist diese Situation, wenn ein Schiff untergeht und nur noch Wrackteile übrig bleiben, an denen sich die Menschen festhalten können. Paulus hat das erlebt, als er einen Tag und eine Nacht auf hoher See trieb, bevor er gerettet wurde. Doch gerade in dieser extremen Notlage hat ihn die Zuversicht nicht verlassen.

Der Schiffbrüchige, der, nur an ein Stück Holz geklammert, über unauslotbaren Tiefen auf einer unendlichen Wasserwüste treibt, ist immer wieder als Bild für den glaubenden Menschen gesehen worden. Am eindrücklichsten hat diesen Zusammenhang vielleicht der Dichter Paul Claudel in seinem Drama »Der seidene Schuh« dargestellt. In der Eingangsszene haben Seeräuber ein Schiff versenkt und einen Missionar auf einen Balken gefesselt, der nun im tosenden Wasser treibt. Mit seinen letzten Gedanken gesteht er sich, wie mühsam er oft die göttlichen Gebote empfunden hat und wie wenig Lust er manchmal hatte, sie zu erfüllen. Aber nun, da er jeden Moment in der nächsten Welle ertrinken kann, in dieser ausweglosen Lage, versteht er, dass sein Glaube immer bedroht war von Zweifeln und Ängsten, so wie der Balken, an den er gefesselt ist, sein allerletzter Halt vor dem Nichts ist. »Doch heute«, so redet er zu Gott, »kann ich enger nicht mehr an dich gebunden sein, als ich es bin, und mag ich auch meine Glieder eines um das andere durchgehn, keines kann sich auch nur ein wenig von dir entfernen. So bin ich wirklich ans Kreuz geheftet, das Kreuz aber, an dem ich hänge, ist an nichts mehr geheftet. Es treibt auf dem Meere.«[11]

Für Joseph Ratzinger, den späteren Papst Benedikt, ist das ein Bild nicht nur für den Gläubigen, sondern auch für alle Ungläubigen und Atheisten. So wie der Gläubige immer von einem Meer von Zweifeln umgeben ist, so kann auch der Gottesleugner nie ganz sicher sein, ob es nicht etwas gibt, was über seine scheinbar abgeschlossene Welt hinausgeht. Das »Vielleicht doch« lässt ihm keine Ruhe. Auch er entkommt nicht dem »Dilemma des Menschseins«, das darin besteht, dass es für niemanden eine letzte Sicherheit geben kann. »Wer der Ungewissheit des Glaubens entfliehen will«, so Ratzinger, »wird die Ungewissheit des Unglaubens erfahren müssen [...].«[12]

Für dieses Dilemma ist Paulus der beste Zeuge. In seinen besten Momenten ist er sich absolut sicher, dass nichts uns von der Liebe Gottes trennen kann, *weder Tod noch Leben, weder Engel und Mächte, weder Gegenwärtiges noch Zukünftiges, weder Gewalten der Höhe oder Tiefe.*[13] Gleichzeitig kennt Paulus den *Stachel im Fleisch*, der ihn daran hindert, überheblich zu werden, und ihn seine Ängste und Schwächen bejahen lässt. Diese Spannung zwischen Glaube und Zweifel führen bei Paulus zu Widersprüchen, die ganz unvereinbar scheinen. So ermahnt er seine Gemeinden bei jeder Gelegenheit, sich um ein friedvolles Zusammenleben zu bemühen, auf andere Rücksicht zu nehmen, gütig und treu zu sein und Sanftmut und Selbstbeherrschung zu üben. Das klingt fast wie Hohn, wenn man weiß, wie Paulus selbst oft mit seinen Nächsten umgegangen ist, wie er seine Gemeinden beschimpft und bedroht hat, wie er auf seine Gegner oft am liebsten mit dem Stock losgegangen wäre oder keine Gnade kannte, wenn sich ein Gemeindemitglied schuldig gemacht hatte. Und was die Selbstbeherrschung angeht, so beweisen seine Briefe recht drastisch, wie schnell mit ihm der Gaul durchgegangen ist.

Es wäre aber falsch, Paulus diese Widersprüche zum Vorwurf zu machen oder deswegen seine Glaubwürdigkeit anzuzweifeln. Glaubwürdig ist er gerade, weil er seine Schwächen nicht verleugnet, sondern anerkennt und daraus die Erfahrung einer Kraft schöpft, die weit über ihn hinausgeht. Diese Kraft war es, die Paulus sozusagen dauernd über sich hinausgehoben hat – und an der er fast verzweifelt wäre, weil seine Schwächen, sein *Fleisch*, wie er sagt, ihn daran gehindert haben, das einzulösen, wovon er als Versprechen so tief erfüllt war. Er blieb eben, wie er selber sagte, ein *tönernes Gefäß*, in das ein *Schatz* gelegt ist, immer in Gefahr, zu zerspringen.

So war Paulus zeit seines Lebens ein Suchender. Er wollte Christus immer besser erkennen. Das, was dessen Tod und dessen Auferstehung bedeuten, sollte immer tiefer auch sein eigenes Leben bestimmen. Er glaubte jedoch nicht, dass er dies schon erreicht hätte. *Brüder,* so schreibt er im Brief an die Philipper, *ich bilde mir nicht ein, dass ich es schon ergriffen hätte. Eines aber tue ich: Ich vergesse, was hinter mir liegt, und strecke mich nach dem aus, was vor mir ist. Das Ziel vor Augen, jage ich nach dem Siegespreis: der himmlischen Berufung, die Gott uns in Christus schenkt.*[14]

Petrus wurde der Fels, auf den die Kirche gebaut worden ist. Könnte Paulus das Vorbild für all jene sein, die Suchende geblieben sind? Können sich alle auf ihn berufen, die im Lauf der Zeiten mit ihren Fragen nie an ein Ende gelangt, aber trotzdem wach geblieben sind?

Dafür spricht, dass sich aus der Botschaft des Paulus nie ein fertiges System hat machen lassen, sondern starke Anregungen von ihm ausgegangen sind, die gerade auf problematische Charaktere gewirkt haben: auf einen Augustinus, der mit seiner sinnlichen Natur gerungen hat; auf einen Luther,

der gegen seine inneren Teufel um einen liebenden Gott gekämpft hat; auf einen Kierkegaard, der wie Paulus an einem
Stachel im Fleisch litt und sich deshalb jegliches Lebens-
glück versagte.

All diese Paulus-Nachfolger waren keine Heiligen, sondern höchstens große Menschen in dem Sinne, dass ihre
Fehler genauso groß waren wie ihre Verdienste. Bei ihnen lag
der göttliche Schatz wieder in sehr zerbrechlichen menschlichen Gefäßen. Sie haben Paulus auch auf ihre je eigene Art
verstanden, manchmal vielleicht sogar missverstanden, was
aber fruchtbarer war, als wenn sie sich nur an den Buchsta-
ben gehalten hätten.

Der Grundkonflikt zwischen Paulus und den gesetzestreu-
en Juden kann sich zu jeder Zeit wiederholen. Immer geht
es darum, dass sich die Erfahrung göttlicher Freiheit und
Liebe nicht in Formeln und Gesetzen einfangen und weitergeben lässt. Und immer ist es gerade die Religion, die in der
Gefahr steht, dieser Versuchung zu erliegen. Der Mensch
will dann durch sein religiöses Verhalten einen Zugang zu
Gott erzwingen, so wie zur Zeit von Jesus und von Paulus
der fromme Jude sich beschneiden ließ und die Gesetze er-
füllte, um vor Gott und den Mitmenschen als Gerechter da-
zustehen. Paulus' Protest gegen jede Form von Religion, die
versucht, durch eigene Leistung Gott für sich zu gewinnen,
ist ein Impuls, der in der Geschichte weitergewirkt hat. Luther wandte sich gegen den Ablasshandel, Kierkegaard gegen die verlogene Frömmigkeit einer selbstgerecht gewordenen Kirche.

In neuerer Zeit war es Dietrich Bonhoeffer, der sogar ein

»religionsloses Christentum« gefordert hat. Für Bonhoeffer ist die Zeit der frommen Worte, der Innerlichkeit und der ständigen Gewissensprüfung vorbei. Der heutige Mensch sei mündig geworden und gehe nun einer religionslosen Zeit entgegen. Dem religiösen Menschen gibt Bonhoeffer die Schuld dafür, dass heute nicht mehr an Gott geglaubt werden kann. Durch seine Flucht aus der Wirklichkeit, seine fromme Seelenpflege und seine Gewissensängstlichkeit hat dieser Mensch, so sein Vorwurf, Gott nicht gefunden, sondern den Weg zu ihm versperrt.

Bonhoeffer, der 1945 von den Nazis ermordet worden ist, hat diese Einstellung vor allem in der Gefängnishaft entwickelt, in der Begegnung mit anderen Häftlingen. Bereits im Juni 1942 schrieb er: »Ich spüre, wie in mir der Widerstand gegen alles ›Religiöse‹ wächst, oft bis hin zu einer instinkthaften Abscheu – was sicher auch nicht gut ist. Ich bin keine religiöse Natur.« Und im April 1944 heißt es in einem Brief aus dem KZ Flossenbürg: »Oft frage ich mich, warum mich mein ›christlicher Instinkt‹ mehr zu den Religionslosen als zu den Religiösen hinzieht, und zwar durchaus nicht in der Absicht der Missionierung, sondern ich möchte fast sagen ›brüderlich‹.«[15]

Bonhoeffer wollte nicht den Nihilismus ausrufen. Er war überzeugt, dass man nach Darwin, Nietzsche, Freud und Marx nicht mehr in der alten Weise von Gott reden kann. Das Ende der Religion bedeutet für ihn auch nicht das Ende des Glaubens. Vielmehr fordert er dazu auf, nach neuen Wegen zu suchen, um den Menschen unserer Tage den christlichen Glauben wieder näherzubringen.[16]

Die Suche nach diesen Wegen kann zu Ergebnissen führen, die für uns völlig ungewohnt sind. Es können daraus recht seltsame Heilige hervorgehen, die wir als solche überhaupt nicht mehr erkennen. Etwa eine Figur wie der Wertpapiermakler Jack Bolling in Walker Percys Roman »Der Kinogeher«. Dieser Jack Bolling wird nicht mehr losgelassen von der »Idee der Suche«. Was er eigentlich sucht, weiß er nicht genau, nur dass diese Suche etwas ist, »was jeder unternähme, wäre er nicht in die Alltäglichkeit seines Lebens versunken«. Seine Familie glaubt, er hätte den Glauben verloren, und betet für ihn. Ihn selbst wiederum machen die Glaubensbekenntnisse anderer nur verzweifelt und aggressiv. Das geht so weit, dass es dunkel in seinem Kopf wird, wenn er nur das Wort »Gott« hört. Einstmals hat er Unmengen von Büchern über Gott und die Welt gelesen, doch als er damit fertig war, lag er in seinem Hotelzimmer und musste feststellen, dass er zwar das Universum geordnet hatte, er selbst aber als Rätsel übrig geblieben war. Nun betreibt er eine »horizontale Suche«, die darin besteht, dass er bewusst und sehr wach darauf wartet, dass sich ihm die Magie eines Ortes und des Augenblicks auftun. An ein Ziel kommt er mit seiner Suche nicht, obwohl er große Vorbilder hat. Aber deren Worte und Handlungen kann er nicht einfach übernehmen, ohne dass seine Suche falsch wird, denn, so stellt er am Schluss fest: seine Zeit ist »eine andre«.[17]

Auch unsere Zeit ist eine andere. Und auch wir können die Worte und Handlungen eines Paulus nicht mehr so einfach übernehmen, um das zu erfahren, was er »Geist« nennt.

Helfen kann uns dabei vielleicht jener Paulus, der uns auf einem Gemälde Albrecht Dürers entgegenblickt. Es hängt in der Alten Pinakothek in München. Vier Apostel sind darauf dargestellt: Johannes, Petrus, Markus und Paulus. Aber während Johannes und Petrus in ein Buch vertieft sind und Markus in eine unbestimmte Ferne sieht, hat sich Paulus dem Betrachter zugewandt und schaut ihn mit einem bohrenden, ja herausfordernden Blick an, als wollte er sagen: Und was ist mit dir?

Dieser Blick des Paulus erinnert an die chassidische Geschichte über den Rabbi Schneur Salman, der verleumdet worden ist und nun in Petersburg im Gefängnis sitzt. Der oberste Polizist kommt in seine Zelle, unterhält sich mit dem frommen Mann und stellt ihm endlich eine Fangfrage. Er will wissen, warum Gott, der doch allwissend ist, Adam, der sich nach dem Sündenfall im Paradiesgarten versteckt hat, mit den Worten sucht: »Wo bist du?« »Nun«, antwortet der Rabbi, »in jeder Zeit ruft Gott jeden Menschen an: ›Wo bist du in deiner Welt?‹ So viele Jahre und Tage von den dir zugemessenen sind vergangen, ›wie weit bist du derweilen in deiner Welt gekommen?‹ So etwa spricht Gott: ›Sechsundvierzig Jahre hast du gelebt, wo hältst du?‹«

Als der Polizist die Zahl seiner Jahre hört, legt er dem Rabbi die Hand auf die Schulter und sagt »Bravo!«. Aber sein Herz, so heißt es in der Geschichte, flatterte.[18]

Der Rabbi erklärte nicht sachlich die Bibelstelle, sondern wendete die Frage auf den Fragenden zurück. So wird deutlich, dass nicht nur Adam in der biblischen Geschichte, sondern auch der Polizist sich vor Gott und letztlich vor sich selber versteckt. Nur wenn er aus seinem Versteck hervor-kommt, so könnte man sagen, kann er die Verantwortung für sein Leben übernehmen und Gott begegnen. Anders ge-sagt, er muss einen Schritt auf Gott zumachen, um gefunden werden zu können.

Ebenso hat sich Paulus Leser gewünscht, die sich nicht verstecken, sondern ihm entgegenkommen. Denn er wusste, dass nur das verstanden werden kann, was schon vorher in einem angelegt ist, und dass er nur den erreichen kann, der seine Fragen und Zweifel als die eigenen entdeckt. So könn-te der Blick, den Paulus auf dem Gemälde Albrecht Dürers dem Betrachter zuwirft, auch bedeuten: Und wo bist du?

Zeittafel

Ereignisse und Stationen im Leben des Paulus können nicht genau datiert werden. Die hier angegebenen Jahreszahlen sind daher nur Annäherungen, mit einer Unschärfe von einem oder mehreren Jahren nach oben und unten. Wenn in der Literatur zu Paulus die zeitlichen Angaben für ein Ereignis sehr weit auseinanderliegen, habe ich mich für einen Mittelwert entschieden.

Um 8 n. Chr. Saulus/Paulus wird in der kleinasiatischen Stadt Tarsus geboren. Er wächst in der jüdischen Gemeinde auf, die umgeben ist von einer römisch-hellenistisch und orientalisch geprägten Kultur.

23 n. Chr. Saulus/Paulus kommt nach Jerusalem und wird Schüler des berühmten Rabbi Gamaliel.

32 n. Chr. Nach der Hinrichtung des Jesus von Nazareth wird der Pharisäer Saulus/Paulus zum fanatischen Verfolger der Jesus-Anhänger, die sich *Der neue Weg* nennen. Auch bei der Steinigung des Stefanus soll er dabei gewesen sein.
Bei einer Strafexpedition gegen Jesus-Leute erlebt er in der Nähe von Damaskus eine Offenbarung. Er wird von einem Licht geblendet und hört eine Stimme. Blind und hilflos wird er nach Damaskus gebracht und begegnet dort dem Juden Ananias.
Nach seiner Genesung zieht er sich in die Wüstenlandschaft der Arabia zurück.

35 n. Chr. Nach seiner Rückkehr nach Damaskus entkommt er nur knapp der Verfolgung durch die Handlanger des Nabatäerkönigs Aretas. Er hält sich zwei Wochen in Jerusalem auf und lernt den Apostel Petrus kennen.

Danach begibt er sich in die Gegend seiner Heimatstadt Tarsus und beginnt zu missionieren.

42 n. Chr.   Barnabas bringt Paulus nach Antiochia, wo sich aus der jüdischen Gemeinde eine Bewegung gegründet hat, die man »Christen« nennt.

45 n. Chr.   Zusammen mit Barnabas unternimmt Paulus seine erste Missionsreise ins Innere Kleinasiens zu Orten wie Ikonien, Lystra oder Derbe. Sie gewinnen viele Anhänger, werden jedoch auch von gesetzestreuen Juden verfolgt. In Lystra wird Paulus sogar gesteinigt, überlebt aber schwer verletzt.

48 n. Chr.   Um die Frage zu klären, ob auch Heidenchristen beschnitten werden müssen, findet in Jerusalem ein Treffen statt, an dem auch Paulus und Barnabas teilnehmen. Wie dieses sogenannte Apostelkonzil endete, darüber gibt es unterschiedliche Überlieferungen. Nach Paulus wurde sein Weg eines gesetzesfreien Christentums anerkannt und er erhielt die Erlaubnis für die weitere Missionierung von Heiden.

49 n. Chr.   Petrus kommt zu Besuch nach Antiochia. Als er sich von den Heidenchristen distanziert, greift ihn Paulus scharf an. Offenbar enttäuscht vom fehlenden Rückhalt seiner Gemeinde, verlässt Paulus Antiochia.
Er beginnt, mit Silas und Timotheus als Begleiter, seine zweite Reise, die ihn über Kleinasien hinaus bis nach Mazedonien führt. In Philippi und Thessalonike gründet er neue Gemeinden, wird aber auch wieder von orthodoxen Juden verfolgt.

51 n. Chr.   Paulus kommt nach Athen und hält, laut Lukas, eine Rede auf dem Areopag. Enttäuscht über die Ignoranz der Athener, reist er weiter nach Korinth, der Hauptstadt der Provinz Achaia. Er wohnt und arbei-

tet bei dem christlichen Ehepaar Aquila und Priscilla und sammelt viele Anhänger um sich.

Aufgebrachte Juden klagen ihn vor dem römischen Statthalter Gallio an. Der spricht ihn jedoch frei.

Über Ephesos kehrt Paulus zurück nach Palästina.

52 n. Chr. Aufbruch zur dritten Missionsreise. Nach einem erneuten Besuch der galatischen Gemeinden kommt Paulus nach Ephesos. Er gerät in Konflikt mit den Silberschmieden der Stadt, die, angeführt von einem gewissen Demetrius, um ihr Einkommen fürchten, weil Paulus den Artemis-Kult angreift.

Abgesandte aus Korinth berichten von Unruhen und Streit in der Gemeinde. Paulus schreibt einen Brief an die Korinther und schickt seinen Gefährten Timotheus dorthin.

54 n. Chr. Paulus kommt selbst nach Korinth, trifft aber auf so heftige Ablehnung, dass er nach kurzem wieder abreist. Fremde Missionare sind in die Gemeinde eingedrungen und haben sie gegen Paulus aufgebracht. Aus Ephesos schreibt Paulus einen verzweifelten Brief, den Titus nach Korinth bringt.

55 n. Chr. In Ephesos gerät Paulus in Lebensgefahr und wird ins Gefängnis geworfen. Dort besucht ihn der entlaufene Sklave Onesimus. Paulus schreibt an dessen Herrn Philemon einen Brief, in dem er ihn bittet, seinen Sklaven wie einen Bruder wieder aufzunehmen.

Vermutlich mit Hilfe von Priscilla kommt Paulus aus dem Gefängnis frei und flieht aus Ephesos. Er reist über Troas nach Mazedonien und trifft dort Titus, der ihm gute Nachrichten aus Korinth überbringt. In den mazedonischen und griechischen Gemeinden sammelt Paulus Geld für Jerusalem.

56 n. Chr. Paulus ist zum dritten Mal in Korinth. Er versöhnt sich mit der Gemeinde und reist mit dem gesammel-

ten Geld die kleinasiatische Küste entlang zurück
nach Jerusalem. Er hofft, seine jüdischen Brüder
doch noch für seinen neuen Glauben zu gewinnen.
Danach will er nach Rom reisen und sich dann ein
neues Missionsgebiet in Spanien erschließen.

58 n. Chr.   In Jerusalem legt Paulus, um seinen guten Willen zu
zeigen, ein traditionell jüdisches Gelübde ab. Fanatische Juden erkennen ihn auf dem Tempelplatz und
Paulus wird von römischen Soldaten festgenommen.
Nach Gerüchten über geplante Anschläge auf Paulus
wird er nach Caesarea gebracht und verbringt dort
lange Zeit im Gefängnis. Vor dem Statthalter Porcius Festus beruft er sich auf sein römisches Bürgerrecht und wird mit einem Gefangenentransport nach
Rom gebracht.

60 n. Chr.   Nach einer dramatischen Überfahrt, die mit einem
Schiffbruch endet, kommt Paulus in Rom an. Hier
verlieren sich seine Spuren im Dunkeln.

62 n. Chr.   Der Legende nach wurde Paulus im Zuge der Christenverfolgungen unter Nero mit dem Schwert hingerichtet.

Rom

Italien

Mazedonie

Phil:

Thessalonike

Boroea

Pydna

Olymp

Sizilien

Delphi

Eu

Achaia

At

Korinth

Syrakus

Malta

Krete

Frühe Reisen ....

1. Missionsreise —·—·—·—

2. Missionsreise — — — —

3. Missionsreise ——————

Reise nach Rom —··—··—

Bibliografie

Bücher zu Paulus

Becker, Jürgen: Paulus. Der Apostel der Völker, Tübingen: Mohr 1998

Berger, Klaus: Paulus, München: Beck 2005

Biser, Eugen: Paulus. Zeugnis – Begegnung – Wirkung, Darmstadt: Wissenschaftliche Buchgesellschaft 2003

Biser, Eugen: Paulus. Zeuge – Mystiker – Vordenker, München: Piper 1992

Biser, Eugen: Paulus, der letzte Zeuge der Auferstehung. Antworten für heute, Regensburg: Pustet 1981

Biser, Eugen: Der unbekannte Paulus, Düsseldorf: Patmos 2003

Biser, Eugen: Paulus für Christen, Freiburg: Herder 1985

Bornkamm, Günther: Paulus. Stuttgart, Berlin, Köln: Kohlhammer 1993

Drane, John: Paulus. Das Leben und die Briefe des Apostels, Gießen: Brunnen-Verlag 1978

Grant, Michael: Paulus. Apostel der Völker, Bindlach: Gondrom 1987

Hildebrandt, Dieter: Saulus Paulus. Ein Doppelleben, München: dtv 1999

Krahe, Susanne: Das riskierte Ich. Paulus aus Tarsus. Ein biografischer Roman, München: Kaiser Verlag 1991

Meinrad Limbeck: Mit Paulus Christ sein: Sachbuch zur Person und Theologie des Apostels Paulus. Stuttgart: Verlag Katholisches Bibelwerk 1989

Lüdemann, Gerd: Paulus, der Gründer des Christentums, Lüneburg: zu Klampen 2001

Lütgehetmann, Walter: Paulus für Einsteiger, Paderborn: Bonifatius 1998

Knox, John: Chapters in a Life of Paul, Macon: Mercer University Press 1987

Lohse, Eduard: Paulus. Eine Biografie, München: Beck 2003

Sanders, E. P.: Paulus. Eine Einführung, Stuttgart: Reclam 1999

Schelke, Karl Hermann: Paulus. Leben – Briefe – Theologie, Darmstadt: Wissenschaftliche Buchgesellschaft 1981

Schneller, Ludwig: Paulus. Das Leben des Apostels, Leipzig: H. G. Wallmann 1933

Tresmontant, Claude: Paulus, Hamburg: Rowohlt 2003

Venetz, Hermann-Josef/Bieberstein, Sabine: Im Bannkreis des Paulus, Würzburg: Echter 1995

Paulus. Ein unbequemer Apostel. Welt und Umwelt der Bibel. Archäologie – Kunst – Geschichte. Verlag Katholisches Bibelwerk e. V., Heft Nr. 20, 6. Jg, 2. Quartal 2001

Theologische Schriften zu Paulus

Barth, Karl: Kurze Erklärung des Römerbriefes, München: Siebenstern TB-Verlag 1967

Dauer, Anton: Paulus und die christliche Gemeinde im syrischen Antiochien, Weinheim: Beltz 1996

Detering, Hermann: Der gefälschte Paulus. Das Urchristentum im Zwielicht, Düsseldorf: Patmos 1995

Dietzfelbinger, Christian: Die Berufung des Paulus als Ursprung seiner Theologie, Neukirchen-Vluyn: Neukirchener Verlag 1985

Ellwein, Eduard: D. Martin Luthers Epistelauslegung, Göttingen: Vandenhoeck & Ruprecht, 1. Band: Der Römerbrief (1963); 2. Band: Die Korintherbriefe (1968); 3. Band: Briefe an die Epheser, Philipper und Kolosser (1973); 4. Band: Der Galaterbrief (1980)

Guardini, Romano: Das Christusbild der paulinischen und johanneischen Schriften, Würzburg: Werkbund 1961

Hänchen, Ernst: Die Apostelgeschichte, Göttingen: Vandenhoeck & Ruprecht 1977

Hainz, Josef (Hrsg.): Unterwegs mit Paulus. Otto Kuss zum 100. Geburtstag. Regensburg: Pustet 2006

Hengel, Martin/Schwemer, Anna Maria: Paulus zwischen Damaskus und Antiochien. Die unbekannten Jahre des Paulus, Tübingen: Mohr Siebeck 1998

Jervell, Jacob: Die Apostelgeschichte, in: Kritisch-exegetischer Kommentar über das Neue Testament, hrsg. von Ferdinand Hahn und Dietrich-Alex Koch, Göttingen: Vandenhoeck & Ruprecht 1998

Käsemann, Ernst: An die Römer, Tübingen: Mohr 1980

Schweitzer, Albert: Die Mystik des Apostels Paulus, Tübingen: Mohr 1954

Strecker, Christian: Die liminale Theologie des Paulus. Zugänge zur paulinischen Theologie aus kulturanthropologischer Perspektive, Göttingen: Vandenhoeck & Ruprecht 1999

Theissen, Gerd: Psychologische Aspekte paulinischer Theologie, Göttingen: Vandenhoeck & Ruprecht 1983

Kuss, Otto: Paulus. Die Rolle des Apostels in der theologischen Entwicklung der Urkirche, Regensburg: Pustet 1971

Lüdemann, Gerd: Paulus, der Heidenapostel, Band 1: Studien zur Chronologie, Göttingen: Vandenhoeck & Ruprecht 1980

Kierkegaard, Sören: Der Pfahl im Fleisch, Hamburg: Furche-Verlag 1962

Klauck, Hans-Josef: Apokryphe Apostelakten, Stuttgart: Katholisches Bibelwerk 2005

Sporschill, Georg (Hrsg.): Der Weg des Paulus, München, Wien: Herold 1985

Wolff, Christian: Der erste Brief des Paulus an die Korinther, Leipzig: Evangelische Verlagsanstalt 2000

Antike Welt und Urchristentum

Barrett, Charles K./Thornton, Claus Jürgen (Hrsg.): Texte zur Umwelt des Neuen Testaments, Tübingen: Mohr 1991

Blanck, Horst: Einführung in das Privatleben der Griechen und Römer, Darmstadt: Wissenschaftliche Buchgesellschaft 1996

Bradford, Ernle: Die Reisen des Paulus, München: Universitas 1982

Bruce, F. F.: Zeitgeschichte des Neuen Testaments, Teil I: Von Babylon bis Golgatha, Wuppertal: Brockhaus 1975, Teil II: Von Jerusalem bis Rom, Wuppertal: Brockhaus 1976

Bultmann, Rudolf: Das Urchristentum im Rahmen der antiken Religionen, München: dtv 1992

Carcopino, Jérôme: Rom. Leben und Kultur in der Kaiserzeit, Stuttgart: Reclam 1992

Downey, Glanville: Ancient Antioch, Princeton, New Jersey: Princeton University Press 1963

Elliger, Winfried: Paulus in Griechenland (Philippi, Thessaloniki, Athen, Korinth), Stuttgart: Verlag Katholisches Bibelwerk 1990

Elliger, Winfried: Ephesos. Geschichte einer antiken Weltstadt, Stuttgart u. a.: Kohlhammer 1985

Felten, Joseph: Neutestamentliche Zeitgeschichte oder Judentum und Heidentum zur Zeit Christi und der Apostel. Zwei Bände, Regensburg: Manz 1925

Flavius, Josephus: Jüdische Altertümer. Übersetzt und eingeleitet von Dr. Heinrich Clementz, Bd. II, Buch XI bis XX, Köln: Verlag Joseph Melzer 1959

Flavius, Josephus: Geschichte des Jüdischen Krieges, Wiesbaden: Fourier 2001

Hamman, Adalbert: Die ersten Christen, Stuttgart: Reclam 1985

Hammond, Mason: The City in the Ancient World, Cambridge, Massachusetts: Harvard University Press 1972

Hasenfratz, Hans-Peter: Die antike Welt und das Christentum, Darmstadt: Wissenschaftliche Buchgesellschaft 2004

Heine, Susanne: Frauen der frühen Christenheit, Göttingen: Vandenhoeck & Ruprecht 1987

Knox, John: Philemon among the letters of Paul, London: Collins 1960

Kolb, Frank: Die Stadt im griechischen Altertum, München: Beck 1984

Lohse, Eduard: Umwelt des Neuen Testaments, Göttingen: Vandenhoeck & Ruprecht 1983

Maier, Johann: Das Judentum. Von der Biblischen Zeit bis zur Moderne, Bindlach: Gondrom Verlag 1988

Meeks, Wayne A.: Zur Soziologie des Urchristentums. Ausgewählte Beiträge zum frühchristlichen Gemeinschaftsleben in seiner gesellschaftlichen Umwelt, München: Kaiser 1979

Millard, R. Alan: Pergament und Papyrus, Tafeln und Ton. Lesen und Schreiben zur Zeit Jesu, Gießen, Basel: Brunnen-Verlag 2000

Pausanias: Reisen in Griechenland. Gesamtausgabe in drei Bänden, hrsg. von Ernst Meyer und Felix Eckstein, Zürich: Artemis und Winkler 1986

Perowne, Stuart: Die Reisen des Apostels Paulus, Freiburg: Herder 1973

Sampley, J. Paul (ed.): Paul in the Greco-Roman World, Harrisburg: Trinity Press 2003

Stambaugh, J. E./Balch, D. L.: Das soziale Umfeld des Neuen Testaments, Göttingen: Vandenhoeck & Ruprecht 1992

Stark, Rodney: Der Aufstieg des Christentums, Weinheim: Beltz 1997

Stauffer, Ethelbert: Jerusalem und Rom im Zeitalter Jesu Christi, Bern: Francke 1957

Stegemann, E. W./Stegemann, W.: Urchristliche Sozialgeschichte. Die Anfänge im Judentum und die Christusgemeinden in der mediterranen Welt, Stuttgart, Berlin, Köln: Kohlhammer 1997

Sueton (= Gaius Suetonius Tranquillus): Das Leben der Caesaren. Übersetzt und herausgegeben von Andre Lambert, München: dtv 1980

Theißen, Gerd: Studien zur Soziologie des Urchristentums, Tübingen: Mohr 1979

Theißen, Gerd: Die Religion der ersten Christen. Eine Theorie des Urchristentums, Gütersloh: Kaiser 2000

Welt und Umwelt der Bibel. Archäologie – Kunst – Geschichte.
Vierteljahreszeitschrift des Katholischen Bibelwerks e. V.
Werfel, Franz: Paulus unter den Juden, Dramatische Legende in
6 Bildern. Berlin: Paul Zsolnay 1926

Theologische Grundlagen

Biser, Eugen: Einweisung ins Christentum, Düsseldorf: Patmos
1997

Buber, Martin: Hundert chassidische Geschichten, Zürich: Manesse 1998

Buber, Martin: Zwei Glaubensweisen, Gerlingen: Schneider 1994

Bultmann, Rudolf: Theologie des Neuen Testaments, Tübingen:
Mohr 1980

Conzelmann, H./Lindemann, A.: Arbeitsbuch zum Neuen Testament, Tübingen Mohr 1980

Drewermann, Eugen: Tiefenpsychologie und Exegese. Zwei Bände, Olten: Walter 1991

Fromm, Erich: Haben und Sein, München: dtv 1980

Goppelt, Leonhard: Theologie des Neuen Testaments, Göttingen:
Vandenhoeck & Ruprecht 1981

Guardini, Romano: Christliches Bewusstsein. Versuche über Pascal, München: dtv 1962

Guardini, Romano: Die letzten Dinge. Die christliche Lehre vom
Tode, der Läuterung nach dem Tode, Auferstehung, Gericht und
Ewigkeit, Mainz: Matthias-Grünewald-Verlag 1989

Guardini, Romano: Welt und Person. Versuche zur christlichen
Lehre vom Menschen, Würzburg: Werkbund 1950

Harnack, Adolf von: Das Wesen des Christentums, Gütersloh: Gütersloher Verlagshaus Mohn 1977

Kierkegaard, Sören: Einübung ins Christentum und anderes, München: dtv 1977

Kierkegaard, Sören: Die Krankheit zum Tode und anderes, München: dtv 1976

Küng, Hans: Credo. Das Apostolische Glaubensbekenntnis – Zeit-genossen erklärt, München: Piper 1992

Küng, Hans: Die Frau im Christentum, München: Piper 2001

Rienecker, Fritz (Hrsg.): Lexikon zur Bibel, Wuppertal: Brockhaus 1991

Loos, Friedrich: Leitfaden zum Studium der Dogmengeschichte, 1. und 2. Teil: Alte Kirche, Mittelalter und Katholizismus bis zur Gegenwart, hrsg. von Kurt Aland, Tübingen: Max Niemeyer Verlag 1968

Papst Benedikt XVI.: Enzyklika DEUS CARITAS EST an die Priester und Diakone, an die gottgeweihten Personen und an alle Christ-gläubigen über die christliche Liebe. Verlautbarungen des Apos-tolischen Stuhls, Nr. 171. Herausgegeben vom Sekretariat der Deutschen Bischofskonferenz. Bonn 2006

Ratzinger, Joseph: Einführung ins Christentum, München: Kösel 1968

Schüssler Fiorenza, Elisabeth: Zu ihrem Gedächtnis. Eine feminis-tisch-theologische Rekonstruktion der christlichen Ursprünge, Mainz: 1989

Sloterdijk, Peter: Eurotaoismus. Zur Kritik der politischen Kine-tik, Frankfurt am Main: Suhrkamp 1980

Sloterdijk, Peter: Weltfremdheit, Frankfurt am Main: Suhrkamp 1993

Teilhard de Chardin, Pierre: Der Mensch im Kosmos, München: Beck 1964

Weischedel, Wilhelm: Der Gott der Philosophen, Band 1, Mün-chen: dtv 1979

Zimmerli, Walther: Grundriss der alttestamentlichen Theologie, Stuttgart u. a.: Kohlhammer 1982

Quellenverzeichnis

Die Briefe des Apostels Paulus sowie die Apostelgeschichte werden zitiert nach der Einheitsübersetzung der Heiligen Schrift. Das Neue Testament. Ökumenischer Text, Stuttgart: Katholische Bibelanstalt 1980.
Die Texte werden dabei wie folgt abgekürzt:

Apg	Apostelgeschichte
Röm	Brief an die Römer
1 Kor	Erster Brief an die Korinther
2 Kor	Zweiter Brief an die Korinther
Gal	Brief an die Galater
Eph	Brief an die Epheser
Phil	Brief an die Philipper
Kol	Brief an die Kolosser
1 Thess	Erster Brief an die Thessalonicher
2 Thess	Zweiter Brief an die Thessalonicher

Prolog
Liebesbriefe aus Korinth

1 Paulusakten III: Taten des Paulus und der Thekla, in: Edgar Hennecke, Neutestamentliche Apokryphen II, Tübingen 1964, S. 243
2 Millard, R. Alan: Pergament und Papyrus, Tafeln und Ton. Lesen und Schreiben zur Zeit Jesu, Gießen, Basel: Brunnen-Verlag 2000, sowie Jean-Noel Aletti: Wie man zur Zeit des Paulus schrieb, in: Welt und Umwelt der Bibel, Heft 19, 1. Quartal 2001, Paulus, S. 71
3 E. P. Sanders: Paulus. Eine Einführung, Stuttgart: Reclam 1995, S. 98 und 106
4 Friedrich Nietzsche: Morgenröte § 68, in: F. N., Werke in drei Bänden, hrsg. von Karl Schechta, München: Hanser 1960, Erster Band, S. 1058

5 Adolf von Harnack: Das Wesen des Christentums, Gütersloh: Verlagshaus Mohn 1977, S. 109
6 Peter Sloterdijk: Zorn und Zeit, Frankfurt am Main: Suhrkamp 2006,
  S. 117
7 Günther Bornkamm: Paulus, Stuttgart u.a.: Kohlhammer 1993, S. 21
8 2 Kor 3, 3 (anders zitiert)
9 1 Kor 13, 1–13

I. Das große Licht

 1 Nach dem Evangelium des Lukas, Lk 2, 1–21
 2 Deuteronomium 21, 23
 3 Apg 8, 1a
 4 Gal 1, 13
 5 Lev 24, 10–16
 6 Apg 9, 1–9; 22, 5–16; 26, 12–19
 7 Stewart Perowne: Die Reisen des Apostels Paulus, Freiburg, Basel,
   Wien: Herder 1973, S. 20 f.
 8 Edith Stein: Beiträge zur philosophischen Begründung der Psychologie
   und der Geisteswissenschaften, Tübingen: Max Niemeyer 1970, S. 76
 9 Phil 3, 7 ff. (andere Übersetzung)
10 Romano Guardini: Vom Sinn der Schwermut, Mainz: Matthias-Grünewald-Verlag 1987, S. 56
11 nach: Enzyklika »Deus Caritas est« von Papst Benedikt XVI. vom 25.
   Dezember 2005, Vatikan: Libreria Editrice, S. 15
12 Erika Lorenz (Hrsg.): Lockruf des Hirten. Teresa von Ávila erzählt ihr
   Leben, München: Kösel-Verlag 1999, S. 141

II. Götter über Tarsus

 1 Augustinus: Bekenntnisse. Übertragen und eingeleitet von Herman
   Hefele, Wiesbaden: VMA Verlag, Drittes Buch, 7.–12. Kapitel; Kurt
   Flasch: Augustinus. Einführung in sein Denken, Stuttgart: Reclam
   1980, S. 41 ff.
 2 Röm 1, 17
 3 Heinrich Fausel: D. Martin Luther, Gütersloh: Gütersloher Verlagshaus 1983, S. 54.
 4 1 Kor 13, 12
 5 Peter Sloterdijk: Weltfremdheit, Frankfurt am Main: Suhrkamp, S. 17 f.
 6 Welt und Umwelt der Bibel. Archäologie – Kunst – Geschichte, Heft
   19, 1. Quartal 2001: Paulus. Ein unbequemer Apostel

7 Strabons Geographika. Griechenland. Buch XIV–XVIII. Hrsg.von Stefan Radt, Göttingen: Vandenhoeck & Ruprecht 2005, Buch XIV
8 Helmuth Plessner: Die Stufen des Organischen und der Mensch. Einleitung in die philosophische Anthropologie, Berlin: de Gruyter 1975
9 Rudolf Otto: Das Heilige. Über das Irrationale in der Idee des Göttlichen und sein Verhältnis zum Rationalen, München: Beck 1991
10 nach Meinrad Limbeck: Mit Paulus Christ sein: Sachbuch zur Person und Theologie des Apostels Paulus. Stuttgart: Verlag Katholisches Bibelwerk 1989, S. 27 f.
11 nach: Michael Neumann-Adrian/Christoph K. Neumann: Die Türkei. Ein Land und 9000 Jahre Geschichte, München: List 1990, S. 114
12 Johann Maier: Das Judentum. Von der biblischen Zeit bis zur Moderne, Bindlach: Gondrom Verlag 1988, S. 532 f.
13 Deuteronomium 30, 15 f. und 19

III. Eine Reise nach Jerusalem

1 Gal 1, 14
2 Eduard Lohse: Umwelt des Neuen Testaments, Göttingen: Vandenhoeck & Ruprecht 1983, S. 21 ff.
3 Sueton (= Gaius Suetonius Tranquillus): Leben der Caesaren. Übersetzt und herausgegeben von Andre Lambert, München: dtv 1980, S. 121–163
4 Welt und Umwelt der Bibel, Heft 13, 3. Quartal 1999, Der Tempel von Jerusalem (mit Faltplan des Tempels)
5 Eduard Lohse: Umwelt des Neuen Testaments, S. 51 ff.
6 ebenda, S. 53 f.
7 Röm 7, 7
8 Jürgen Becker: Paulus. Der Apostel der Völker, Tübingen: Mohr 1998, S. 51
9 Sören Kierkegaard: Die Krankheit zum Tode und anderes, München: dtv 1976

IV. In die Wüste

1 Vgl. H. Conzelmann/A. Lindemann: Arbeitsbuch zum Neuen Testament, Tübingen: Mohr 1980, S. 342 f.
2 2 Kor 5, 17
3 nach Romano Guardini: Christliches Bewusstsein, S. 29 f.
4 Gal 1, 17
5 Martin Hengel/Anna Maria Schwemer: Paulus zwischen Damaskus und Antiochien, Tübingen: Mohr Siebeck 1998, S. 184 ff.

6 Karl Jaspers: Die maßgebenden Menschen. Sokrates, Buddha, Konfuzius, Jesus. S. 35
7 Sören Kierkegaard: Das Buch Adler, in: ders., Einübung ins Christentum und anderes, München: dtv 1977, S. 317–518, S. 374
8 2 Kor 4, 7
9 vgl. dazu Hannah Arendt: Der Apostel Paulus und die Ohnmacht des Willens, in: dies., Vom Leben des Geistes. Das Wollen, München: Piper 1998, S. 298–307
10 Röm 7, 15
11 Romano Guardini: Das Christusbild der paulinischen und johaneischen Schriften, Würzburg. Werkbund-Verlag 1953, S. 73
12 Augustinus: Bekenntnisse, 11. Buch, 9. Kapitel, S. 283
13 1 Kor 8, 3

V. Der Stachel im Fleisch

1 Martin Hengel/Anna Maria Schwemer: Paulus zwischen Damaskus und Antiochien. Die unbekannten Jahre des Apostels, Tübingen: Mohr Siebeck 1998, S. 237ff.
2 ebenda, S. 274ff.
3 Ernst Hänchen: Die Apostelgeschichte, Göttingen: Vandenhoeck & Ruprecht 1977, S. 361
4 Glanville Downey: Ancient Antioch, Princeton: University Press 1963, S. 73ff.
5 Sueton: Leben der Caesaren, München: dtv 1972, S. 164–200
6 Jürgen Becker: Paulus. Der Apostel der Völker, S. 108
7 Eugen Biser: Paulus. Zeuge, Mystiker, Vordenker, München, Zürich: Piper 1992, S. 157
8 Sören Kierkegaard: Paulus, in: ders., Der Einzelne und sein Gott, Basel, Wien: Herder 1961, S. 92–106
9 Sören Kierkegaard: Die Tagebücher 1834–1855, ausgewählt von Theodor Haecker, München: Kösel 1949, S. 52
10 Ludwig Wittgenstein: Tractatus logico-philosophicus. Logisch-philosophische Abhandlung, Frankfurt am Main: Suhrkamp 1982, S. 115
11 1 Kor 9, 16

VI. Von Zauberern und falschen Göttern

1 Johann Maier: Das Judentum. Von der biblischen Zeit bis zur Moderne, Bindlach: Gondrom Verlag 1988, S. 507ff.; Fritz Rienecker (Hrsg.): Lexikon zur Bibel, Wuppertal. Brockhaus 1991, S. 776f.

2 Apg Kapitel 13–14
3 Dazu: Hans-Peter Hasenfratz: Die antike Welt und das Christentum. Menschen, Mächte, Gottheiten im Römischen Weltreich, Darmstadt: Wissenschaftliche Buchgesellschaft 2004
4 Thomas Mann: Mario und der Zauberer, in: ders., Die Erzählungen. Zweiter Band, Frankfurt am Main: Fischer 1975, S. 502–542; vgl. auch: Dieter Hildebrandt, Saulus Paulus, München, Wien: Hanser 1989, S. 95 f.
5 2 Kor 11, 26–27
6 D. Ludwig Schneller: Das Leben des Paulus, Leipzig: H. G. Wallmann 1926, S. 106
7 Ovid (Publius Ovidius Naso): Metamorphosen. Übersetzt von Erich Rösch, Zürich, München: dtv 1990, S. 218–221
8 Apg 14, 15
9 2 Kor 5, 19
10 2 Kor 11, 25
11 siehe dazu H. Conzelmann/A. Lindemann: Arbeitsbuch zum Neuen Testament, Tübingen: Mohr Siebeck, S. 199 f.

VII. *Zwischen Antiochia und Jerusalem*

1 Dazu John Stambaugh: The Ancient Roman City. Baltimore: Johns Hopkins University Press 1988, sowie: Jérôme Carcopino: Rom. Leben und Kultur in der Kaiserzeit, Stuttgart: Reclam 1992
2 Rodney Stark: Der Aufstieg des Christentums. Neue Erkenntnisse aus soziologischer Sicht. Weinheim: Beltz 1977, S. 182 ff.
3 Günther Bornkamm: Paulus, S. 55
4 Apg 15, 1
5 Gal 2, 9
6 Apg 15, 1 ff.
7 nach Gal 2
8 Erich Fromm: Haben oder Sein. Die seelischen Grundlagen einer neuen Gesellschaft, Stuttgart: dtv 1980
9 Rudolf Bultmann: Theologie des Neuen Testaments, Tübingen: Mohr 1980, S. 239 ff.
10 1 Kor 6, 12
11 1 Kor 7, 31 und 3, 22
12 Gal 2, 16
13 nach Apg 10, 9 ff.
14 Gal 2, 14
15 Hainz, Josef (Hrsg.): Unterwegs mit Paulus. Otto Kuss zum 100. Geburtstag. Regensburg: Pustet 2006, S. 270

VIII. Von der Stärke der Schwäche

1 E.W. Stegemann/W. Stegemann: Urchristliche Sozialgeschichte, Stutt-gart, Berlin, Köln: Kohlhammer 1997, S. 258 f.
2 1 Kor 4, 9–13
3 Ludwig Schneller: Paulus, S. 143 f.
4 Adalbert Hamman: Die ersten Christen, Stuttgart: Reclam 1985, S. 37 f.
5 2 Kor 4, 16
6 2 Kor 12, 10
7 Winfried Elliger: Paulus in Griechenland. Philippi. Thessaloniki. Athen. Korinth, Stuttgart: Verlag Katholisches Bibelwerk 1987, S. 23 ff.
8 Markusevangelium 5, 1–20, dazu auch: Eugen Drewermann: Das Markusevangelium. Bilder von Erlösung, Teil 1, Olten: Walter-Verlag 1987, S. 360 ff.
9 T. E. Lawrence: Die sieben Säulen der Weisheit, München: dtv 1979, S. 555
10 Heinrich von Kleist: Das Erdbeben von Chili, in ders.: Sämtliche Wer-ke, Bd. 3, Basel: Stroemfeld 1993
11 nach Eugen Biser: Paulus für Christen, S. 125
12 Röm 8, 15–16
13 Phil 4, 12

IX. Kein Gott der Philosophen

1 Sueton: Das Leben der Caesaren. Übersetzt und herausgegeben von Andre Lambert, München: dtv 1980
2 Welt und Umwelt der Bibel, Heft 1, 1996, darin: Das Haus in bib-lischer Zeit
3 1 Thess 2, 9
4 Martin Luther: Vorrede zum Brief des Paulus an die Römer, in: Luther Deutsch, Die Werke Martin Luthers, hrsg. von Kurt Aland, Band 5, Die Schriftauslegung, Stuttgart: Vandenhoeck & Ruprecht 1963, S. 45–61, S. 47
5 Winfried Elliger: Paulus in Griechenland. Philippi, Thessaloniki, Athen, Korinth, Stuttgart 1990
6 nach Jakob Jervell: Die Apostelgeschichte [Kritisch-exegetischer Kom-mentar über das Neue Testament], Göttingen: Vandenhoeck & Rup-recht 1998, S. 443
7 1 Kor 1, 22–27
8 Wilhelm Weischedel: Der Gott der Philosophen, Band 1, München: dtv 1979, S. 48 ff.

9 Joseph Ratzinger: Einführung in das Christentum, München: Kösel 1968, S. 112
10 nach Romano Guardini: Christliches Bewusstsein, Versuche über Pascal, München: dtv 1962, S. 118
11 Martin Luther: Die Heidelberger Disputation, in: Luther Deutsch. Die Werke Martin Luthers, hrsg. von Kurt Aland, Band 1: Die Anfänge, Göttingen: Vandenhoeck & Ruprecht 1969, Thesen 20–22
12 Fjodor M. Dostojewskij: Der Idiot, München: dtv 1976
13 Platon: Politeia, in: ders., Sämtliche Werke, Band 3, Hamburg: Rowohlt 1982, 361e–362a, S. 100
14 Pausanias: Reisen in Griechenland und Athen, Düsseldorf, Zürich: Artemis und Winkler 2001, Bücher I–IV: Attika, Argolis, Lakonien, Messenien. Zu Korinth siehe S. 165 ff.

X. *Im Haus des Titius Justus*

1 Stichwort »Kreuz« in: Lexikon zur Bibel, hrsg. von Fritz Rienecker, Wuppertal: Brockhaus 1991, S. 812 ff.
2 1 Kor 2, 2
3 Die Beschreibung der Stadt basiert auf Winfried Elliger: Mit Paulus unterwegs in Griechenland, S. 89 ff.; Faltplan »Das antike Korinth«, Verlag Welt und Umwelt der Bibel
4 vgl. Apg 18, 1–22
5 dazu: Alltagsleben: Die Handwerker, in: Welt und Umwelt der Bibel, Heft 10, 4 1998, S. 64 f.
6 vgl. den ersten Brief an die Thessalonicher, bes. 1 Thess 4, 13–18
7 1 Thess 5, 2 f.
8 1 Kor 9, 19 und 22
9 E. W. Stegemann/W. Stegemann: Urchristliche Sozialgeschichte, S. 252 ff.
10 Gal 2, 19, Röm 6, 6; Phil 3, 10
11 2 Kor 3, 6
12 Ich folge hier den Ausführungen von Dieter Hildebrandt: Saulus Paulus, S. 213 ff.; zur Frage der Datierung siehe auch Jürgen Becker: Paulus. Der Apostel der Völker, S. 30 f.
13 Apg 18, 12–17
14 Colin Thubron: Die Seefahrer des Altertums, Amsterdam: Time-Life Bücher 1982, S. 155
15 2 Kor 11, 25
16 2 Kor 4, 8–11
17 2 Kor 4, 8–10

XI. Auch von dieser Welt

1 Phil 1, 22–24
2 Gal 3, 1, Übersetzung nach F. Mussner: Der Galaterbrief, Freiburg
  1981, S. 206 f.
3 Eugen Biser: Paulus. Zeugnis – Begegnung – Wirkung, Darmstadt:
  Wissenschaftliche Buchgesellschaft 2003, S. 45
4 Winfried Elliger: Ephesos. Geschichte einer antiken Weltstadt, Stuttgart u. a.: Kohlhammer 1985, S. 61 ff.
5 Ernle Bradford: Die Reisen des Paulus, München: Universitas 1982,
  S. 223
6 Winfried Elliger: Ephesos, S. 113–121
7 Eduard Lohse: Umwelt des Neuen Testaments, Göttingen: Vandenhoeck & Ruprecht 1983, S. 171–179
8 Röm 14, 15, vgl. auch 1 Kor 8, 1–13
9 1 Kor 14, 1–40
10 Kol 3, 12
11 Martin Luther: Von der Freiheit eines Christenmenschen, in: ders.,
  Schriften, Stuttgart: Reclam 1980, S. 124–173, S. 125 und 145
12 vgl. 1 Kor 7, 3–5
13 Röm 8, 18 und 24 (Übersetzung nach Biser: Paulus für Christen,
  S. 162)
14 1 Kor 13, 13

XII. Frauen und Sklaven

1 Apg 19
2 1 Kor 15, 32
3 Jürgen Becker: Paulus. Der Apostel der Völker, S. 252
4 2 Kor 2, 4
5 die sogenannte »Narrenrede«, 2 Kor 11, 16–12, 13
6 2 Kor 12, 11
7 Becker, S. 196
8 1 Kor 14, 34
9 Gal, 3, 28
10 Walter Lütgehetmann: Paulus für Einsteiger, Paderborn: Bonifatius
  1998, S. 171 ff.
11 Elisabeth Schüssler Fiorenza: Zu ihrem Gedächtnis … Eine feminis-
  tisch-theologische Rekonstruktion der christlichen Ursprünge, Mainz
  1988, S. 186; Susanne Heine: Frauen der frühen Christenheit, Göttingen: Vandenhoeck & Ruprecht 1987, S. 96.

12 Hans Küng: Die Frau im Christentum, München: Piper 2001, S. 23 f.
13 Apg 19, 21–40
14 Phil 1, 13
15 Phil 4, 18
16 Der Brief an Philemon, Phlm 9–21
17 1 Kor 4, 21
18 2 Kor 7, 5

XIII. Ein Traum zerplatzt

1 Apg 20, 7–12
2 Jürgen Becker: Paulus, S. 275
3 Röm 15, 31
4 Röm 9, 3
5 Apg 21, 21
6 1 Kor 15, 17
7 1 Kor 15, 54b–55
8 Romano Guardini: Die letzten Dinge. Die christliche Lehre vom Tode, der Läuterung nach dem Tode, Auferstehung, Gericht, Ewigkeit, Mainz: Matthias-Grünewald-Verlag 1989, S. 64
9 1 Kor 15, 51–53
10 Teilhard de Chardin: Der Mensch im Kosmos, München: Beck 1964, bes. S. 250 ff.
11 frei nach Hermann Hesse: Stufen, in: ders., Gesammelte Werke, Band 1, Frankfurt am Main: Suhrkamp 1970, S. 119
12 vgl. F. F. Bruce: Zeitgeschichte des Neuen Testaments, Teil II, Wuppertal: Brockhaus 1976, S. 148 f.
13 Franz Werfel: Paulus unter den Juden, Berlin, Wien, Leipzig: Paul Zsolnay Verlag 1926
14 Apg 25, 12

XIV. Wo bist du?

1 Apg 28, 30–31
2 Die Paulus-Akten, in: Apokryphen zum Alten und Neuen Testament, hrsg. von Alfred Schindler, Zürich: Manesse Verlag 1989, S. 657–700, S. 694 f.
3 vgl. Bruce: Zeitgeschichte des Neuen Testaments, S. 208 ff.
4 Sueton: Leben der Caesaren, S. 275
5 »Die Welt« vom 1. Juli 2005
6 Apg 27, 1–44

7 Heinz Warnecke: Die tatsächliche Romfahrt des Apostels Paulus, Stuttgarter 1987 = Stuttgarter Bibel Studien 127, mit einem Geleitwort von Alfred Suhl

8 Hans Blumenberg: Schiffbruch mit Zuschauer, Frankfurt am Main: Suhrkamp 1979, S. 11

9 Eugen Drewermann: Tiefenpsychologie und Exegese, Band 2, Olten: Walter Verlag 1991, S. 401

10 Übersetzung nach Eugen Drewermann: Das Markusevangelium, Erster Teil, Olten: Walter-Verlag 1988, S. 350

11 Paul Claudel: Der seidene Schuh, Salzburg: Otto Müller 1939, S. 16

12 Joseph Ratzinger: Einführung ins Christentum, S. 22 f.

13 Röm 8, 38

14 Phil 3, 13–14

15 Dietrich Bonhoeffer: Widerstand und Ergebung. Briefe und Aufzeichnungen aus der Haft. Hrsg. von Christian Gremmels, Eberhard Bethge und Renate Bethge, Gütersloh: Chr. Kaiser Verlag 1998, S. 406 f.

16 Peter H. A. Neumann (Hrsg.): »Religionsloses Christentum« und »nicht-religiöse Interpretationen« bei Dietrich Bonhoeffer, Darmstadt: Wissenschaftliche Buchgesellschaft 1990

17 Walker Percy: Der Kinogeher, Frankfurt am Main: Suhrkamp 1980

18 nach Martin Buber: Hundert chassidische Geschichten, Zürich: Manesse Verlag 1998, S. 29

Danksagung

Mein Lektor Frank Griesheimer war von der ersten Idee an an diesem Buch beteiligt. Ohne ihn wäre es nicht so geworden, wie es ist.

Mein besonderer Dank gilt Dr. Werner Anetsberger, der das Manuskript mit den kritischen Augen eines Theologen gelesen und mir bei auftauchenden Fragen mit seinem Wissen geholfen hat.

© Christina Häusler

Alois Prinz

Alois Prinz, geboren 1958 in Wurmannsquick (Niederbayern), studierte Literaturwissenschaft und Philosophie in München und lebt heute mit seiner Familie als freischaffender Autor in der Nähe von München. Bei Beltz & Gelberg veröffentlichte er bereits die Biographien *Das Paradies ist nirgendwo. Die Lebensgeschichte des Georg Forster*; *Beruf Philosophin oder Die Liebe zur Welt. Die Lebensgeschichte der Hannah Arendt* (ausgezeichnet mit dem Evangelischen Buchpreis); *Lieber wütend als traurig. Die Lebensgeschichte der Ulrike Marie Meinhof* (ausgezeichnet mit dem Deutschen Jugendliteraturpreis); *Auf der Schwelle zum Glück. Die Lebensgeschichte des Franz Kafka* und zuletzt *Der Brandstifter. Die Lebensgeschichte des Joseph Goebbels.*

Alois Prinz

Der Brandstifter

Die Lebensgeschichte des Joseph Goebbels

Mit Fotos, 320 Seiten (ab 14), Gebunden 81098
Die besten 7 Bücher für junge Leser (Deutschlandfunk)

Sein Name gilt als Inbegriff des skrupellosen
Demagogen und der Massenmanipulation:
Gestützt auf teilweise unbekannte Dokumente
zeichnet Alois Prinz den Lebensweg von
Joseph Goebbels eindringlich nach, der zum
gnadenlosen »Verführer der Massen« wurde.
Ein tiefer Blick in die Abgründe des
ideologischen Wahns.

Alois Prinz

Lieber wütend als traurig

Die Lebensgeschichte der Ulrike Marie Meinhof

Mit Fotos, 336 Seiten (ab 14), Gulliver TB 74012

Ulrike Marie Meinhof (1934–1976) war
Bürgerstochter, renommierte Journalistin und
Mitbegründerin der Roten Armee Fraktion –
eine christliche Pazifistin, die schließlich die
Welt mit Gewalt verändern wollte. Mit
gebotener Distanz erzählt der Autor ein Leben,
in dem sich die Nachkriegsgeschichte der
Bundesrepublik spiegelt und das zugleich
fundamentale Fragen politischer Ethik aufwirft.

GULLIVER www.gulliver-welten.de
Beltz & Gelberg, Postfach 10 01 54, 69441 Weinheim